Inhalt

Gisela Graichen
(Hrsg.)

Schatzjäger in Deutschland

C 14 – Vorstoß in versunkene Welten

Mit einem Nachwort
von Hans Helmut Hillrichs

GOLDMANN

Umwelthinweis
Alle bedruckten Materialien dieses Taschenbuches
sind chlorfrei und umweltschonend.

Der Goldmann Verlag ist ein Unternehmen
der Verlagsgruppe Bertelsmann

Vollständige Taschenbuchausgabe Oktober 2000
Wilhelm Goldmann Verlag, München
in der Verlagsgruppe Bertelsmann GmbH
© der deutschsprachigen Ausgabe 1998
by C. Bertelsmann Verlag GmbH, München,
in der Verlagsgruppe Bertelsmann GmbH
Umschlaggestaltung: Design Team München
unter Verwendung eines Fotos des Landesamtes für
Denkmalpflege, Wiesbaden (Fotograf: P. Will)
Satz: DTP im Verlag
Litho: Lorenz & Zeller, Inning a.A.
Druck: J.P. Himmer, Augsburg
Verlagsnummer: 15091
AM · Herstellung: Sebastian Strohmaier
Made in Germany
ISBN 3-442-15091-4
www.goldmann-verlag.de

1 3 5 7 9 10 8 6 4 2

Die Mauerreste gehören zur Umwallung eines Palastes oder Schatzhauses, aus den Säulentrümmern ergänzt sich ein Tempel, die zahlreich gefundenen Inschriften enthüllen ein Alphabet und eine Sprache, und deren Entzifferung und Übersetzung ergibt ungeahnte Aufschlüsse über die Ereignisse der Vorzeit, zu deren Gedächtnis jene Monumente erbaut worden sind. Saxa loquuntur.

Sigmund Freud (1896)

Gisela Graichen

»Waren die Deutschen Cannibalen?«

Die Raubgräber haben Spuren hinterlassen. An der schweren Eisentür sind die blanken Abdrücke des Schweißbrenners deutlich zu erkennen. Sie knackten den Eingang zur Höhle. Doch sie buddelten nur oberflächlich. Die kompakten Fundschichten entdeckten sie nicht – zum Glück der Archäologen.

Die Beute – 15 Kleinbronzen und drei menschliche Schädel – landete im heimischen Wohnzimmer und gottlob nicht auf dem florierenden Markt der professionellen Schatzsucher, die inzwischen auf Bestellung arbeiten oder ihre Ware im Internet anbieten. Es war auch kein Grabraub aus rituellen Gründen, keine – Archäologen wohlbekannte – Entwendung von Skeletten zum Feiern von Satanskulten und schwarz-magischen Zusammenkünften, die keineswegs nur nächtens auf Friedhöfen, sondern bevorzugt in abseits gelegenen, zerfallenen Gemäuern stattfinden. Ahnungslose Spaziergänger mögen sich dort über aus Ästen hergestellte, verkehrt aufgehängte Kreuze wundern. Eingeweihte erkennen den Treffpunkt, indem sie die Decken kleiner Nischen im Fels oder Ruinengemäuer abtasten: Frischer Ruß zeugt von Kerzen und nächtlichen Ritualen.

Die Denkmalschützer sprachen von einem Akt der Barbarei, der mit erheblicher krimineller Energie geplant und durchgeführt worden sei, und schalteten die Kriminalpolizei ein. Die Fundzusammenhänge einer erst wenige Jahre zuvor entdeckten, unversehrten bronzezeitlichen Höhle waren in Teilen auf immer zerstört. Ein kurzer Vorbericht in einer Fachzeitschrift hatte ge-

Vorhergehende Doppelseite:
Lichtensteinhöhle bei Osterode am Harz: eine nicht von Raubgräbern gestörte Fundschicht von 800 v. Chr. mit verstreut umherliegenden Menschenknochen.

nügt. Mit »ohnmächtigem Zorn« wurde nach dem Einbruch beklagt, »daß in einer Zeit, in der Sammler und sogar Museen Fundstücke zu horrenden Preisen unbesehen ihrer Herkunft aufkaufen, die Veröffentlichung einer Fundstelle gleichbedeutend mit ihrer Preisgabe ist. Archäologische Fachliteratur gehört heute zum Rüstzeug eines jeden Raubgräbers.« Daß die Grabfledderer inzwischen hochspezialisiert sind und modernste Methoden wie Luftbildentzerrung beherrschen, zeigt der nachfolgende Beitrag: »Grabraub per Internet«. Die Zeiten eines geruhsam mit dem Metallsuchgerät Wiesen und Felder abschreitenden »Hobbyforschers« gehören einer schon fast romantischen Vergangenheit an.

Die Archäologen kamen den Tätern auf die Spur. Noch ehe sie in deren Wohnzimmer in der nahe gelegenen Stadt Osterode/Harz die Beweise sicherstellen konnten, wurden die Bronzen und Schädel anonym zurückgegeben. Die jungen Burschen, die aus

1972 entdeckter Eingang mit Eisentür. Die Spuren des Schweißgeräts sind noch deutlich zu erkennen, mit dem Raubgräber die Tür aufbrachen.

Abenteuerlust handelten, hatten kapiert, daß Raubgrabungen kein Kavaliersdelikt sind und inzwischen auch schwer bestraft werden – bei Wiederholungsdelikten droht Gefängnis.

Dem zuständigen Kreisarchäologen war klar: Der Fundort ließ sich nicht mehr geheimhalten. Erst 1972 war die Felsspalte in der Steilwand des 261 Meter hohen Lichtenstein bei Dorste aufgespürt worden. Heimatforscher hatten nach einem von alters her überlieferten Fluchttunnel gesucht, der von der oberhalb liegenden mittelalterlichen Burg Lichtenstein ins Freie führen sollte. Die Burg ist längst verfallen, aber ein geheimer Gang, eine alte Sage, vielleicht verborgene Schätze... – das regte die Phantasie an. Tatsächlich legte man den überwucherten, nur 50 Zentimeter hohen Eingang frei, kroch bäuchlings bis auf 48 Meter vor, entdeckte erst Jahre später, daß der Stollen noch weiter führte, erkundete ihn bis auf 115 Meter und stieß dabei auf Kammern mit Menschenknochen und Schmuck. Die benachrichtigten Archäologen erkannten zwar sofort die Sensation des beklemmenden Funds, aufgrund der erschwerten Arbeitsbedingungen – die Klufthöhle ist stark verwinkelt und zum Teil nur 30 Zentimeter hoch – und der mangelnden finanziellen Mittel fanden aber keine Grabungen statt. Durch das Verschließen mit der massiven Eisentür wähnte man die aufregende Neuentdeckung sicher. Doch unvorsichtigerweise hatte ein Denkmalschützer geschrieben: »Reiche Funde werden erwartet.«

Nach dem Einbruch wurde 1995 die erste Plangrabung angesetzt, finanziert vom Kreis Osterode am Harz und mit Forschungsmitteln des Landes Niedersachsen. Kreisarchäologe Dr. Stefan Flindt hat heute, nach zwei weiteren Kampagnen, den Beweis: In der Lichtensteinhöhle fanden zwischen 900 und 700 v. Chr. uns grausam erscheinende Rituale, Kultmahlzeiten und Menschenopfer statt. Hier, in diesem wunderschönen friedlichen Tal der Söse am Rande des Südwestharzes, lag nicht weniger als ein »jungbronzezeitlicher Kultplatz von mitteleuropäischem Rang«.

Zwei Kinderopfer

Auf Bauch und Knien rutschend taste ich mich in der Dunkelheit vorwärts. Trotz aller Vorsicht stoße ich immer wieder mit dem Schutzhelm gegen die scharfkantige Decke. Es ist feucht, glitschig, kalt. Steil abfallende Kamine bewältige ich auf dem Hosenboden. Der Boden ist glatter, schlieriger Lehm. Flindts Bemerkungen fallen knapp aus: »Dort, unter dem kleinen Vorsprung, lagen drei komplett erhaltene menschliche Schädel. Gleich neben Ihren Knien fanden wir mehrere Armvoll Röhrenknochen. Vermutlich störten sie beim nächsten Aufsuchen der Opferstätte und wurden einfach an den Rand geschoben.«

Der Stollen ist eng, verwinkelt, düster, die Wand ausgezackt und ohne Halt. Die feuchte Kälte kriecht in den Körper, der Rücken schmerzt in der gebückten Haltung. Es gibt zweifellos Plätze, an denen ich mich wohler fühle. Flindt beruhigt mich: »Raus kommen sie alle.« Stimmt nicht ganz. An die 40 Skelette hat er inzwischen gefunden. Während Flindt ausmalt, wie die den Göttern Geweihten in Panik durch die Opferhöhle krochen, die man anscheinend hinter ihnen verschlossen hatte, versuche ich verzweifelt, einen um 90° abknickenden Kamin hinabzukommen, indem ich mich mit Rücken und Beinen fest gegen die Wände presse. Wir erreichen – zu guter Letzt – eine etwas größere Kammer, in der man fast stehen kann. Der Boden ist in mehreren Schichten abgetragen, hier sind die Wissenschaftler aktuell tätig. Die Katakombe ist hell ausgeleuchtet, aus der rechten, erst teilweise ausgegrabenen Wand ragt ein längliches Teil, am Ende handlich rund, endlich etwas zum Festhalten.

Ich will erleichtert zugreifen – meine Hand sieht in diesem Schimmer in dem weißen, engen Gummihandschuh gespenstisch aus –, als ich genauer hinschaue und Flindt auch schon erklärt: »Oberschenkel mit Kugelgelenk eines jungen Erwachsenen.« Gleich daneben steckt ein Unterkiefer, die Zähne sind – nach fast drei Jahrtausenden – erstaunlich gut erhalten. Die freigelegte

Fläche, mehrere Quadratmeter, ist übersät mit Knochen und Bronzeteilen. Millimeterweise werden die Fundschichten abgetragen, wird vermessen, gezeichnet, fotografiert. Wegen der Enge ist die Arbeit extrem schwierig: Da herkömmliche EDV-gestützte Vermessungsgeräte nur bedingt einsetzbar sind, bauten die Archäologen ein Nivelliergerät mit Hilfe eines Laserpointers so um, daß Fluchtlinien und Höhen ermittelt werden können.

Sachlich werde ich auf die freigelegten Indizien für die Opferrituale hingewiesen: das angebrannte Stroh, die Fleischreste und Fischwirbel mit Brandspuren. Neben den Relikten der Kultmahlzeiten standen vollständige Schalen und Becher. Mindestens 15 Feuerstellen haben die Ausgräber identifizieren können, die an derselben Stelle in größeren, jahrelangen Abständen gebrannt haben, die Opferschichten. Plötzlich wird Stefan Flindts Stimme leiser, als er auf einen Haufen kleinerer, schmaler, gebogener Knochen zeigt. »Kinderopfer«, sagt er. »Rippen

Grabungsleiter Stefan Flindt im extrem engen Durchgang vor der Grabkammer. Die Wände sind sinterüberzogen.

von zwei Kindern. Die waren höchstens zwei, drei Jahre alt. An ihren Fingern lagen kleine Ringe aus Bronzedraht.«

Der Archäologe ist von Berufs wegen gewohnt, mit Knochenfunden, auch menschlichen, umzugehen. Er steht sozusagen immer mit einem Bein im Grab. Berührt ihn dieser Fund mehr als andere? Eindeutig ja, meint er. »Diese Kinder ... und wie sie umgekommen sind ... Ich habe einen kleinen Neffen, der ist im gleichen Alter. Und wenn man spekuliert, was sich hier abgespielt hat ...«

Gibt es nur Spekulationen oder auch handfeste Erkenntnisse? Was haben die Wissenschaftler bisher als gesichert herausgefunden?

Jäger der vergessenen Zeit

Die Zerstörungen durch die Raubgräber zeigten sich glücklicherweise als weitaus geringer als befürchtet. Der größte Teil der Fundschicht – bis zu 30 Zentimeter dicke Knochenlagen – ist unberührt. Seit der letzten Opferhandlung und dem Verschluß der Höhle ist sie bis zur Entdeckung vor wenigen Jahren nicht mehr betreten worden und hat es auch keine natürlichen Veränderungen gegeben: eine unberührte Zeitkapsel, die jetzt angestochen wird, um Informationen aus einer Epoche vor drei Jahrtausenden zu bekommen. Die Forschungsbedingungen sind hier auch deswegen ideal, weil im Höhleninneren eine konstant niedrige Temperatur von 7–8 °C herrscht, die Feuchtigkeit des Gipsgesteins trägt zu dem ungewöhnlich guten Erhaltungszustand der Knochen bei.

Die Lichtensteinhöhle ist vor 100 000 bis 50 000 Jahren entstanden, als sich stark strömende Gewässer in den Gips einfraßen. Durch eine schnelle Senkung des Grundwasserspiegels im Tal fiel sie trocken und blieb so erhalten. Die bronzezeitlichen Menschen haben zu ihrer Nutzung als Opferstätte nur geringe

Veränderungen vorgenommen: die Erweiterung eines Durchgangs und Stapelung von größeren Steinen in der Kammer, in der wir jetzt kauern. Flindt erhofft sich die Entdeckung eines Altars, wie er in Höhlen des benachbarten Ith freigelegt worden ist.

In den fünf Kammern der extrem engen Canyonhöhle fanden sich bis jetzt: Menschenknochen von über dreißig Individuen, zum Teil in ungeordneter Anhäufung, zum Teil in ungestörtem anatomischen Verband; einfacher Bronzeschmuck wie Ringe, Spiralen, Gürtelbeschläge, Armringe; zwei wohl aus dem Mittelmeerraum importierte blau-weiße Perlen, durchbohrte Knochenplättchen, Nadeln, zwei mehrteilige Ringgehänge mit Perlen aus Bernstein und blauem Glas und Reste von Kienspänen, die als Fackeln zur Beleuchtung gedient haben mögen; ein Stück Fell, durch die Kupfersalze eines Fußrings konserviert, vermutlich ein Teil der Bekleidung.

Doch die spannendsten Befunde ergaben sich im »Bernd-Saal«, in dem wir uns aufhalten, benannt nach dem Göttinger Professor für Anthropologie Bernd Herrmann, der auch schon sehr früh die Hypothese einer Menschenopferstätte entwickelte. Denn hier stehen wir vor den jahrtausendealten Belegen für den Ablauf der Kulthandlungen, die uns so fremd erscheinen.

Nachdenklich starre ich in die dunkle Schicht Holzkohle, in die Spuren des vor über 2500 Jahren erloschenen Feuers. Was hat sich hier abgespielt? Was war das für ein rätselhafter Kult, der fast zweihundert Jahre lang in Intervallen immer wieder ausgeübt wurde? Welche geheimnisvollen Rituale wurden hier im zuckenden Fackelschein begangen, welche blutigen Zeremonien? Und: Wieso ist Flindt sicher, daß diese Menschen, deren Knochen vor uns liegen, tatsächlich hier geopfert wurden? Denn

Bernd-Saal: Unter einem menschlichen Oberschenkel ist eine Abfolge ehemaliger ritueller Feuerstellen erkennbar, darüber die spätere Deckschicht des schräg angeschnittenen Sedimentkegels mit den von außen hereingeworfenen Relikten der Kultfeiern.

eins scheint gewiß: Die »Auserwählten« sind aus eigener Kraft in die Höhle hineingekrochen.

Ein sanfter Tod

Der Eingang, den Opfer und Priester/innen benutzten, mußte ein anderer gewesen sein als der 1972 entdeckte, denn der Tunnel wurde erst mittels künstlicher Erweiterungen durch die Archäologen passierbar. Wo war der alte Einstieg in das Heiligtum?

Bei Vermessungsarbeiten am Berg wurde oberhalb der Lichtensteinhöhle der Einstieg zu einer weiteren Höhle entdeckt. Nach 20 Metern stürzt der schmale Stollen acht Meter senkrecht in die Tiefe und mündet versteckt im hinteren Teil des Bernd-Saals. Anscheinend war dies der einzige vorgeschichtliche Zugang. Aber auch ein Zugang, da sind sich die Experten einig, der aufgrund seiner verwinkelten Enge einen Transport von Leichen unmöglich machte. Daß diese zerstückelt in die Lichtensteinhöhle transportiert wurden, kann ebenfalls ausgeschlossen werden, weil die Ausgräber auf zwei Skelette im anatomischen Verband stießen. Man nimmt an, daß dies die beiden letzten Opfer waren.

Irgendwann wurde der antike Zugang verschüttet. Über Jahrtausende betrat niemand mehr die Höhle, blieb ihr Geheimnis bewahrt. Flindt schließt nicht aus, daß es weitere Opferhöhlen in der Umgebung gibt. Und er hat den Beweis, daß man auch irgendwo da draußen Kultfeiern beging, denn in die senkrechte Schachtspalte wurden immer wieder Relikte von solchen Ritualen geworfen. Feiern, die wohl mit Musik und Tanz, mit Gebe-

Flindt und ein Grabungsmitarbeiter untersuchen die Klüfte im vorderen Teil der Lichtensteinhöhle. Die Kluftstrukturen zeigen die alten Niveaus des Höhlenbachs, der ein ein typisches Profil in die Wände eingeschnitten hat – wichtig für die Entstehungsgeschichte der Höhle.

18

ten und Gesängen, mit Zauber und Magie, mit Essen und Trinken verbunden waren – und deren materielle Zeugnisse vor uns liegen. Im Laufe der rund zwei Jahrhunderte entstand der meterhohe Kegel, den die Archäologen jetzt ausgraben.

Die schwarzen Schichten bestehen aus mit Holzkohle von Ästen, Reisig und Gräsern, die nicht aus dieser Gegend stammen, versetztem Boden. Wo da draußen hatten die rituellen Feiern stattgefunden? Die Kultorte gilt es zu lokalisieren. Hinweise ergeben sich auch aus den ebenfalls ortsfremden Kieselsteinen, sogenannten Handschmeichlern, die zusammen mit den Überresten der Kulthandlungen und großen Mengen von Tonscherben von oben versenkt wurden. Die Gefäße müssen bereits vorher zertrümmert worden sein: Was den Göttern geweiht, soll der Mensch nicht mehr benutzen. Dazwischen lagen Bronzen, Knochengeräte und angebrannte, zerschlagene Knochen, teilweise mit Schnittspuren.

Hinweise auf Kannibalismus? Flindt winkt ab. Ob die Knochen von Mensch oder Tier stammen, sei noch ungeklärt. Aber die Zeit und die Kultur der Menschen kann er aufgrund der typischen Keramik und des Schmucks mit Gewißheit bestimmen: In der jüngeren Bronzezeit, genauer Urnenfelderzeit, hat eine Gruppe von Menschen, die zur Thüringer Unstrutkultur gehörte, vom 10. bis zum 8. Jahrhundert v. Chr. hier ihren Göttern geopfert. Zu einer Zeit also, als weiter südlich nach dem Tod Davids dessen Sohn Salomo neuer König der Israeliten wurde (964 v. Chr.), Sparta (um 950 v. Chr.) und Karthago (814 v. Chr.) gegründet wurden und Homer im 8. Jahrhundert v. Chr. seine Heldenepen schrieb, die das Bild der griechischen Götterwelt formten.

Wenn auch die Feiern, die »Gottesdienste«, innerhalb und außerhalb der Höhle stattgefunden haben – die Opfer sind im Innern zu Tode gekommen. Haben die Ausgräber die Todesursache ermitteln können?

»Es war wohl ein sanfter Tod«, sagt Flindt. »Es gibt an den

Skeletten keine Spuren von Gewaltanwendungen, also zerbrochene Knochen, eingeschlagene Schädel, ein zertrümmerter Brustkorb oder Verbrennungen. Wie genau sie umgekommen sind, ist schwer zu beurteilen, weil Erwürgen, Verhungern, Verdursten keine Spuren hinterlassen.«

Aus vergleichbaren Opferhandlungen wissen wir, daß Rausch und Drogen eine Rolle spielten. Dem vorgeschichtlichen Menschen war der Gebrauch von pflanzlichen Rauschmitteln durchaus bekannt, wie Mythologien, antike Berichte und Grabfunde belegen. Flindt läßt daher die Knochen im Göttinger Institut für Anthropologie untersuchen. Gifte können unter bestimmten Bedingungen noch nach Tausenden von Jahren in der Knochensubstanz nachgewiesen werden. Auch die Keramikgefäße werden auf den Inhalt hin analysiert: Lassen sich Spuren – vielleicht magischer – Gewächse finden? Erste Ergebnisse gibt es, aber der Prähistoriker will noch nicht darüber sprechen, ehe sie durch Versuchsreihen wissenschaftlich belegbar sind.

Götterspuren

Warum opfern Menschen Menschen? Ein uns unverständliches und doch religiöses Brauchtum, das sogar zum rituellen Kannibalismus, also zu Menschenfresserei aus kultischen Gründen, führen kann. Auch wenn der geistige Hintergrund des bronzezeitlichen Menschen ein anderer war als unserer, auch wenn der einzelne sicher einen anderen Stellenwert im Gefüge von Natur und über- und unterirdischen Mächten hatte, denen man sich viel stärker ausgeliefert fühlte als wir heute, auch wenn das Bemühen, diese Mächte durch Weihegaben günstig zu stimmen, ein sehr viel intensiveres war – ein Menschenopfer galt auch für den prähistorischen Menschen als etwas Besonderes.

Man brachte an bestimmten, »von Natur aus« heiligen Plätzen seine Gaben dar: Früchte des Feldes, um Fruchtbarkeit für

das Land und seine Bewohner zu erflehen, manchmal Tiere, auch Waffen mit der Bitte um Sieg im Kampf oder als Dank. An außergewöhnlichen Orten fühlte man sich den Göttern näher, glaubte, daß sie hier ihre Spuren hinterlassen hatten, meinte, hier leichter mit ihnen in Kontakt treten zu können. Auf Berggipfeln entdeckten die Archäologen Reste von Opferhandlungen, am Fuß steil abfallender Felsen zentnerweise hinabgeworfenes Kultgeschirr, in Flüssen, Mooren und Quellen versenkte Gaben, und die uns unerklärlichsten, grausamsten Relikte fanden sich immer wieder in Höhlen. Doch die Not mußte schon besonders groß sein, wenn an einer heiligen Stätte ein Mensch den Allmächtigen dargebracht wurde.

Ritualhandlungen geschehen mit dem Ziel, eine bestimmte Gottheit zu beeinflussen, sie durch Geschenke wohlwollend zu stimmen: eine sanfte Erpressung. Je größer die Not und je größer die Bitte, desto größer die Gabe. Untersuchungen für den Thüringer Raum belegen einen Zusammenhang zwischen der Anzahl von Menschenopfern und der Klimaentwicklung: In längeren Perioden von Dürre und Unfruchtbarkeit häuften sich parallel dazu die Opferungen.

Auch hier in der Lichtensteinhöhle wurden immer wieder am selben Ort, doch in größeren Intervallen die vermeintlich wertvollsten aller Gaben – Menschen – dargebracht: Als bei erneuten Begehungen die Knochen der Toten beiseite geräumt wurden, um Platz für nachfolgende Opfer zu schaffen, hatten sich die Sehnenverbände der Skelette schon aufgelöst.

Der Stapel am Rand zusammengeschobener Knochen, die offenbar im Weg gelegen hatten, konnte inzwischen durch DNA-Analysen einem einzelnen Menschen zugeordnet werden. Damit begann der Kreisarchäologe zusammen mit der Universität Göt-

Im hinteren Teil der Höhle fanden die Archäologen diesen ungestörten, von den Raubgräbern nicht entdeckten Fund: ein Gewirr von Menschenknochen und ein in die Höhlenwand eingeklemmter menschlicher Schädel.

Menschenknochen, die im Weg lagen, wurden bei einer erneuten Opfer-
begehung einfach an den Rand geschoben. Die DNA-Analysen ergaben: Sie
gehören zu *einem* Menschen.

tingen ein neues Forschungsprojekt und betrat wissenschaftli-
ches Neuland: Sämtliche geeigneten Knochen sollen molekular-
biologisch beprobt werden. Flindt: »Es gibt nichts Besseres und
Moderneres im Bereich der Kulthöhlen.« Diese systematischen
DNA-Analysen werden zum ersten Mal an einem größeren
bronzezeitlichen Knochenkomplex durchgeführt. Man wird die
Knochen einzelnen Individuen zuweisen, ihr Geschlecht – auch
bei Kleinkindern – bestimmen, genbedingte Krankheiten verfolgen und Verwandtschaftsbeziehungen festlegen können.

Flindt hofft, so den Geopferten auf die Spur zu kommen:
Wenn ihr Stamm sie nicht durch »Zufall«, durch Los zum Beispiel, aussuchte, warum wurden gerade sie erwählt? Waren sie
miteinander verwandt, gehörten sie zu einer bestimmten Fami-

lie? Gab es eine Erbkrankheit, die sie zu Ausgestoßenen machte – zu Aussätzigen, die man nach dem Verschließen der Höhle ihrem grausamen Schicksal überließ?

Die Auserwählten, die, gezwungen oder freiwillig, aus eigener Kraft zur Opferstätte gekrochen waren – lebten sie auch noch bei den im Innern von den Priestern oder Priesterinnen abgehaltenen Kultmahlzeiten? Waren sie sogar daran beteiligt? Ein düsteres Szenarium: Trinken und Schmausen in dem von Fackeln und dem Schein des Feuers gespenstisch erhellten kleinen Raum. Beschwörungen spielten sicher eine Rolle, vielleicht Gesänge. Gebete mit der Bitte um Fruchtbarkeit hier im Schoß von Mutter Erde? Weihegaben an die alte Fruchtbarkeits- und Todesgöttin? Höhlen galten in der Antike als Pforte zum Reich der Toten wie zum Schoß der Großen Mutter. Wollte man dort hinein oder auch wieder zurück ins Diesseits, kroch man durch enge, schlauchartige Gänge: ein bewußter, symbolhafter Teil des Rituals. Die Bestimmung von Höhlen zur Kultstätte hing sicherlich mit dem entsprechenden Eingang zusammen.

Auch griechische Göttinnen wie Demeter, Persephone/Kore, Gaia hatten ihren Sitz in Höhlen und Klüften, die dem antiken Menschen heilig waren, wie der Drachenschlucht im heiligen Bezirk von Delphi, dem Erdspalt der Pythia oder den sibyllinischen Grotten, in denen vor allem Todesorakel gesprochen wurden.

Ging es auch hier um Visionen und Prophezeiungen, wurde auch hier geweissagt? Wir wissen es nicht. Nur aus – nicht nur zeitlich – großer Ferne können wir uns dem geistigen Hintergrund der materiellen Zeugnisse nähern. Wurde aus den Fischwirbeln zum Beispiel die Zukunft gelesen oder aß man ganz profan nur gerne Fisch?

Irgendwann verließen die Priester/innen die Höhle, ließen Fleischabfälle und Fischreste und die Gefäße zurück, verschlossen den Gang hinter sich, irgendwann erloschen Feuer und Fackeln, irgendwann ließ auch der Drogenrausch nach, unter dessen Wirkung die Opfer in die Höhle geklettert sein mögen. Dann die Panik, von der Flindt sprach, nicht wieder herauszukommen...

Es ist kalt hier drinnen. Ich möchte ganz schnell an die Luft, ins Freie.

»Es muß noch einen Hohlraum geben da hinten«, sagt der Wissenschaftler. »Bei unserer Arbeit beobachten wir öfters Fledermäuse, die durch das kleine Loch dort oben verschwinden. Vielleicht gibt es auch noch weitere verborgene Gänge, schauen Sie nur die Kerze an, wie sie flackert, den Luftzug...«

Ich werfe noch einen Blick auf die schmalen Rippenknochen und krieche bäuchlings den Gang zurück.

Eine Periode »vorgerückter Cultur«

Wir stehen auf dem Plateau oberhalb des jüngst entdeckten Eingangs. Es ist schön hier: ein weiter Blick über das Tal, durch das sich ein kleiner Fluß schlängelt. Auf halber Höhe verläuft ein Forstweg, eine Trasse der alten Thüringer Heerstraße. Da mittelalterliche Handelsstraßen meist auf sehr viel älteren Strecken errichtet wurden, kann dieser Weg schon zu Zeiten unserer Kultstätte benutzt worden sein, als hier die Prozessionen zum Heiligtum emporzogen. Unten in den weiten Feldern ist ein einsamer Bauer bei der Ernte: ein Bild wie aus einem Prospekt für Erholung und Ruhe suchende Städter, ein Bild des Friedens. So ähnlich mag es auch vor 2800 Jahren ausgesehen haben, zu Zeiten der Unstrut-Gruppe, deren Einfluß vom Thüringer Becken bis zum Südharz reichte. Die Menschen bauten Gerste, Erbsen, Linsen und Bohnen an, preßten Öl aus Leindotter, aus Schafwolle spannen und webten sie ihre Kleidung, die von bronzenen Gewandnadeln gehalten wurden. Man trug Haar- und Ohrschmuck, Ringe um den Hals, an den Armen, Fingern, den Fußgelenken. Die Männer pflegten sich mit bronzenen Rasiermessern, die Bauern schnitten das reife Getreide mit bronzenen

Ungestörte Knochenlage im Hauptkultraum, die letzte Opferschicht: Hier haben die Feuer gebrannt und die Zeremonien stattgefunden. Die gebogenen schmalen Knochen sind die Rippenknochen der Kleinkinder.

Sicheln. Rothirsch, Reh und Biber gab es, Eichen und Birken, Eschen und Weiden, Himbeeren und Haselnüsse, die man röstete. Die Viehzüchter hielten Rinder, Schweine, Schafe, Pferde, und man besaß Hunde als Haustiere. Pinzetten zum Haarauszupfen wurden gefunden, die man manchem unserer heutigen Zeitgenossen empfehlen möchte.

Das waren keine Barbaren.

Kaum vorstellbar, daß vermutlich auf diesem Plateau die Priester/innen standen, ihre Rituale abhielten, um sich dann mit den Geweihten zur tödlichen Zeremonie in die Höhle zu begeben. Wie groß muß die Not der Menschen gewesen sein?

Ich hake nach. Können die Skelette nicht auch aus anderen Gründen hier liegen? Ein vorgeschichtlicher Gebrauch als Wohnhöhle ist ausgeschlossen, dazu ist sie zu kalt, eng und niedrig. Aber eine Bestattungshöhle? Flindt nennt noch einmal die vier Indizien, die dagegen sprechen:

1. Nach seiner Ansicht machen die extremen Engstellen den Transport erwachsener Leichen unmöglich; sie sind auch nicht zerstückelt hineingelangt, da einige Skelette im anatomischen Verband lagen.

2. Es gibt nur den körpereigenen Schmuck und Trachtzubehör, aber keine Beigaben. Aus Vergleichsfunden ist bekannt, daß den Toten Objekte wie Rasiermesser, Fibeln oder Keramik mit ins Grab gelegt wurden.

3. Rund die Hälfte der bisher identifizierten Toten sind junge Männer zwischen 13 und 19 Jahren. Das weicht stark von der Alters- und Geschlechtsstruktur einer normalen Sterbetafel ab, wie man sie auf einer Begräbnisstätte vorfinden würde.

4. Der Kultzusammenhang: Die Menschenknochen wurden gemeinsam mit Relikten von Ritualhandlungen freigelegt. Vergleichbare Funde und Befunde sind aus Höhlenheiligtümern in Südniedersachsen, Thüringen und Bayern bekannt, auch aus derselben Zeit.

Warum essen Menschen Menschen?

1872, genau ein Jahrhundert vor der Entdeckung der Lichtensteinhöhle, hatte man in der nahen Einhornhöhle bei Scharzfeld zerschlagene Menschenknochen auf einer Feuerstelle gefunden, die von Ausgräber Struckmann als Reste einer Kannibalenmahlzeit gedeutet wurden. Flugs eilte der berühmte Professor für Pathologie Rudolf Virchow aus Berlin herbei und beteiligte sich an den Grabungen. Die menschlichen Skelettreste wiesen Schnittspuren auf, die Stücke waren geröstet worden, einige auch gekocht. Kurz darauf, 1884, fanden Schatzgräber in einer Höhle im benachbarten Ith »zum allgemeinen Entsetzen der umwohnenden Bevölkerung« statt des erhofften Goldes zerschlagene und angebrannte Menschenknochen. Sie lagen vermischt mit Asche und Holzkohle an den Feuerstellen. Doch nur die Mark enthaltenden Röhrenknochen waren angeschmort und dann aufgeschlagen worden, die kein Mark enthaltenden Knochen waren unverletzt. Die Art der Zerschlagung ließ auf Markgewinnung schließen. Auf einer Steinplatte (Altar) lagen zwei kupferne Dolche und menschliche Knochenteile.

Auch hier sahen die Ausgräber den Beweis für die Reste von Opfermahlzeiten und Anthropophagie (griech. anthropos = Mensch und phagein = essen). Für Rudolf Virchow, der der Annahme eines vorgeschichtlichen Kannibalismus generell kritisch gegenüberstand, war es »eine Neuigkeit ersten Ranges«, daß Menschenfresserei in Deutschland nicht nur in der Steinzeit, sondern selbst noch in der Bronzezeit, »einer Periode schon vorgerückter Cultur«, üblich gewesen sei.

Auch Archäologie ist eine vom Zeitgeist bestimmte Wissenschaft. Die Frage eines prähistorischen Kannibalismus in Deutschland bewegte nicht nur gelehrte Gemüter. Seit Gottfried Schützens Beweiß, daß die Deutschen keine Cannibalen gewesen sind (1773) gab es heftige Diskussionen. Es ging um nichts weniger als »den deutschen Charakter«. Im vorigen Jahrhundert spielten die Zeugnisse der vaterländischen Geschichte eine Rolle, die wir uns kaum noch vorstellen können. Wichtig war die gemeinsame Geschichte und Eigenart des Volkes, dem man angehörte. »Völker sind Gedanken Gottes«, begann Ranke 1840 seine Vorlesung über deutsche Geschichte. Und die Brüder Grimm konzentrierten sich in ihren Werken »auf das Vaterland, von dessen Boden sie [Jacob und Wilhelm] auch ihre Kraft entnehmen«.

Zur Befriedigung der vaterländischen Gefühle galt es, neben den historischen Quellen die Monumente der Vorzeit zu erforschen. Denn, wie Konservator Ludwig Lindenschmit in einem Ausgrabungsbericht von 1847 feststellt: »Wenn man die Ge-

schichte eines Volkes schreiben will, so muß seine Entstehung ermittelt sein, denn diese ist es, welche den Schlüssel zur Würdigung der Charaktere liefert.«

Menschenopfer und Kannibalismus paßten da nicht gut zum patriotischen Bild. Die Empörung schon ob dieser Fragestellung war groß. Von völkerkundlichen Expeditionen wußte man, daß die Negervölker Menschen aßen, übrigens ein moralischer Grund, sie zu missionieren und kolonisieren. Aber die Deutschen? Ganz unvorstellbar! Auf den internationalen Anthropologen-Tagungen stritten sich die Gelehrten hartnäckig nach dem Motto: Nicht sein kann, was nicht sein darf. Auf dem Kongreß 1870 in Lissabon kam es zu einer erregten Abstimmung über historische Menschenfresserei: Bei drei Enthaltungen stimmten zwei Koryphäen dafür, zwei dagegen.

Doch in den zwanziger und dann vor allem in den fünfziger Jahren unseres Jahrhunderts gab es verschiedene Ausgrabungen, die keine andere Erklärung erlauben, wenn auch gerade in letzter Zeit gerne wieder einmal Zweifel angemeldet werden. Für fast alle urgeschichtlichen Kulturen lassen sich inzwischen Opferplätze nachweisen, für viele auch Menschenopfer. Das entscheidende Merkmal für die Identifizierung ist der Fundzusammenhang, die erkennbare Verbindung zwischen rituellen Handlungen und Deponierungen. Die Wissenschaftler einigten sich auf folgende Kriterien: Außergewöhnlichkeit des Ortes, Absonderung vom profanen Leben, eine ritualisierte Niederlegung und die Wiederholung der Handlungen.

Mehrere Fundstellen der Unstrut-Gruppe mit »zerrupften Skeletten« legen kannibalische Rituale nahe. Dann, fast zur gleichen Zeit, Anfang der fünfziger Jahre, berichteten die Prähistoriker Behm-Blancke (Weimar) und Kunkel (München) über

Freilegen der Knochen, die dann für die DNA-Analyse geborgen werden. Die Gummihandschuhe verhindern, daß Hautpartikel der Hände auf die Knochen gelangen und so die Analyse verfälschen.

Höhlengrabungen, bei denen sie rituellen Kannibalismus nachwiesen. Und sie konnten auch begründen, daß nicht aus Genußsucht und Naschhaftigkeit oder aus Hunger Menschen verzehrt worden waren. Die Kultmahlzeiten, bei denen die Opfer verspeist wurden, waren üppig mit Tierfleisch und Früchten ausgestattet. Kunkel fand gewaltsam geöffnete und angebrannte Hirnschalen und Markknochen. Er konnte aufzeigen, daß vor der ersten Kulthandlung der Boden der von ihm erforschten Jungfernhöhle von Tiefenellern bei Bamberg durch ein Ritual gereinigt worden war, durch ein erstes Feuer.

Genau diesen Befund haben auch die Ausgräber in der Lichtensteinhöhle: Unmittelbar vor der ersten Nutzung muß ein offenes Feuer gebrannt haben, wieder ist hier eine rituelle Reinigung des heiligen Orts anzunehmen. Den gleichen Befund, ein Strohfeuer vor Beginn der Nutzung, ermittelte Günter Behm-Blancke im thüringischen Kyffhäuser. Und bei beiden wurden – wie im Lichtenstein – die Reste der Kultmahlzeiten zusammen mit dem dabei benutzten Geschirr in den Schacht geworfen. Vergleichbare Befunde – mit derselben Zeitstellung wie Kyffhäuser und Lichtenstein – gibt es in süddeutschen Schachthöhlen.

Welche Gedankenwelt kann hinter Menschenopfer und Kannibalismus stehen? Hinweise gibt es aus der Völkerkunde, der Altertumskunde und den – auch nordischen – Mythologien, die Behm-Blancke in seinem mitreißend geschriebenen Buch über die Entdeckungen der Höhlen im Kyffhäuser heranzieht. Überliefert wird immer wieder, daß die Opfer und ihre Sippe es als Ehre empfanden, als Stammesgabe auserwählt zu sein. Antike Schriftsteller berichten in zahlreichen Beispielen von Menschenopfer und Kannibalismus, so etwa in der Tantalos-Sage.

Und noch im Mittelalter, zur Zeit Karls des Großen, scheint Menschenfresserei auch in unseren Landen vorgekommen zu sein, wie einer Stelle der 782 nach der gewaltsamen Bekehrung der Sachsen erlassenen Capitulatio de partibus Saxoniae zu entnehmen ist: »Wenn jemand, vom Teufel getäuscht, glaubt, nach

Art der Heiden, ein Mann oder eine Frau sei eine Hexe und verzehre Menschen, und der verbrennt sie deswegen oder gibt das Fleisch von ihr zu essen oder ißt es selber, so wird er mit der Verurteilung zum Tode bestraft werden.«

Wenn man eine Macht beeinflussen will, man sozusagen an ihre Kräfte herankommen will, so repräsentiert der geopferte Mensch das höhere Wesen, dessen Kräfte auf die Ritualbeteiligten übergehen. Ein magischer Kraftquell sozusagen. Behm-Blancke: »Der Genuß von Menschenfleisch sollte die Gottheit und ihre Verehrer stärken.« Besonders wirksam war, die Potenz der Fruchtbarkeits-Gottheit durch die Darbietung jungen Lebens – junger Männer in der Lichtensteinhöhle – zu fördern.

Aber den letzten Beweis, ob Menschen wirklich Menschen verspeisten, haben wir erst, so Flindt, »wenn wir in den Mägen der Beteiligten Menschenfleisch finden«.

Keine Grabbeigaben – die Geopferten trugen dies am Körper: Bronzeschmuck und Trachtzubehör aus der Lichtensteinhöhle. Die Nadel hat eine Länge von 13,2 Zentimetern.

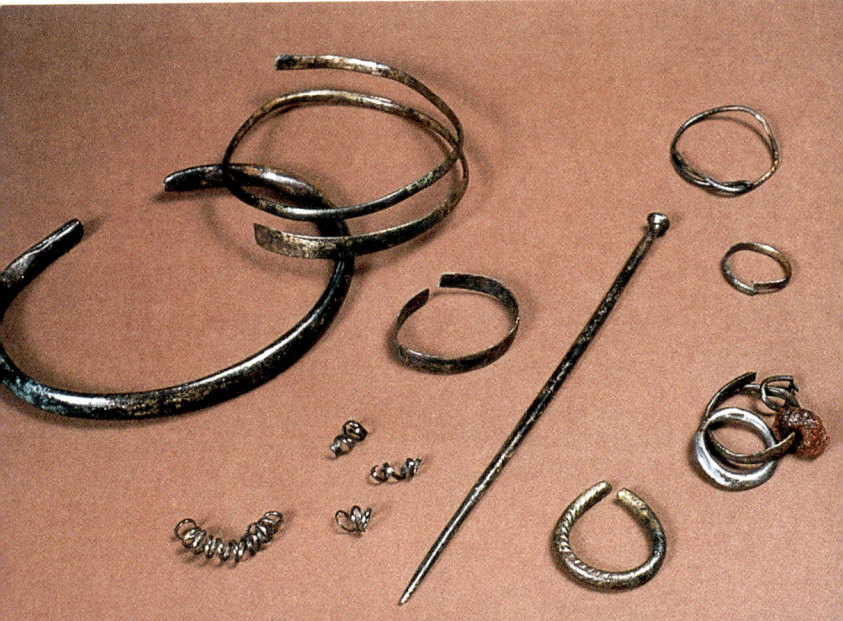

Hier in der Lichtensteinhöhle hat er noch keine Beweise für Anthropophagie entdeckt. Doch durch die Anwendung modernster Methoden wie DNA-Analysen wird er wahrscheinlich den vorgeschichtlichen Menschen näher auf die Spur kommen, als es bisher möglich war – und ihrem geistigen Hintergrund, ihrer Religion, ihren Kulten. Durch die Zusammenarbeit von Archäologie und High-Tech-Naturwissenschaft wird immer mehr Licht in das schriftlose Dunkel der Vorgeschichte gebracht, können die alten sowie neue Fragen (Landschaftsrekonstruktionen, antikes Umweltverhalten und seine Folgen) an die alten Zeiten beantwortet werden, können »der Vorwelt Räthsel« weitere gelöst werden.

Flindts Vorstoß in die Vergangenheit ist »Heimatkunde« im besten Sinn. Auch ohne in den Patriotismus des 19. Jahrhunderts zu verfallen, ist die Besinnung auf die eigene Identität, auf die eigenen Wurzeln in Zeiten von Globalisierung und einer »den ganzen Globus überschwemmenden Pseudokultur« (Helmut Schmidt) wie auch der Ängste davor vielleicht lebenswichtig.

Was werden die Analysen der Skelette und der Gefäße ergeben? Werden die Ausgräber noch andere Höhlenheiligtümer entdecken, und wo lagen die Kultplätze draußen? Wo die dazugehörigen Siedlungen? Was enthalten die nächsten Schichten des »Schuttkegels« im Bernd-Saal? Gibt es noch unentdeckte Höhlenräume, wohin die Fledermäuse entschwinden? Auf jeden Fall ist der – neu geschlagene – Stollenzugang mit einer speziell angefertigten doppelwandigen Stahltür gesichert. Raubgräber haben keine Chance.

Zum Abschied überreicht mir Flindt die Kopie eines alten Drucks: eine hier überlieferte Sage, aufgezeichnet lange bevor die Höhle entdeckt, geschweige denn ihre Funde bekannt wurden. Hier der Originaltext der Sage über die Lichtensteiner Kurrende (kirchlicher Knabenchor):

»Auf dem Lichtenstein zwischen Dorste und Osterode hört man oft einen Gesang und ist doch niemand sichtbar. Der Spielmann Wolf sah dort aus einem Loche einmal wohl 30 Schüler in blauen Zarschmänteln hervorsteigen und singend in den reinsten Tönen und ohne nur einmal im Singen anzuhalten, wie eine gute Kurrende auch nicht muß, bis nach dem Buchenholze gegenüber hingehen, wo zu Himmelfahrt das Fest gefeiert wird, das die Osteröder den Füllenmarkt nennen, weil die jungen Leute dort so gerne über den Strang schlagen. Wer aber dann, wenn die Schüler aus der Grube gestiegen sind, das Herz hätte, dahinein zu steigen, der könnte große Schätze herausholen. Der Spielmann Wolf hatte es nicht, darum ist er als ein armer Teufel gestorben.«

Zur Erinnerung: An die 30 Skelette von jungen Männern hat Flindt hier »aus einem Loche« in einem religiösen Zusammenhang freigelegt; dazu Schätze: Schmuck und Perlen. Als die Harzsage aufgezeichnet wurde, konnte niemand von der Kulthöhle und den Funden wissen. Es gibt nur eine Erklärung, so unwahrscheinlich sie auch erscheinen mag: Hier hat sich ein Wissen über zweieinhalb Jahrtausende erhalten, haben wiederkehrende Handlungen, Bräuche so intensive Spuren im Bewußtsein der Bevölkerung hinterlassen, daß die uralte Überlieferung von Generation zu Generation in einer »oral tradition« weitergegeben worden ist, auch wenn der ursprüngliche Zusammenhang verzerrt und kaum noch erkennbar ist – bis in unser Jahrhundert, bis in unsere Zeit: Wurzeln…

Das Rätsel der Lichtensteinhöhle ist noch lange nicht gelöst. Und unser Vorstoß in versunkene Welten beginnt erst.

Walter Irlinger
Stefan Winghart

Grabraub per Internet

»So oft haben Sie seit 20 Jahren nicht mehr ›Hallo Schatz‹ gesagt«, wirbt eine große Handelskette für ihre Metallsuchgeräte. Was auf den -ersten Blick nur als ein Slogan findiger Werbeleute erscheint, offenbart zugleich ein Dilemma, in dem die vor- und frühgeschichtliche Archäologie in Deutschland seit Jahrzehnten steckt. Offensichtlich unausrottbar hat sich in den Köpfen eines großen Teiles der Öffentlichkeit festgesetzt, daß der eigentliche Zweck jeder Altertumsforschung jene Jagd nach dem verlorenen Schatz wäre, der Indiana Jones in Steven Spielbergs Filmen action- und temporeich obliegt. Wer hätte schließlich nicht auch als Kind davon geträumt, wie Heinrich Schliemann den »Schatz des Priamos« zu entdecken oder wie Howard Carter als erster Lebender nach 3000 Jahren den Fuß in die Grabkammer des Tutanchamun zu setzen?

So verständlich und reizvoll Tagträumereien dieser Art sind, mit Inhalt und Wirklichkeit der Altertumskunde haben sie nichts gemein. Goldschätze sind eben gerade nicht die Kategorie, in der Archäologen denken, ihr Schatz liegt vor allen Dingen in der geschichtlichen Erkenntnis, und als historischer Quelle kann einem schlichten Grundriß, einem Grab oder einem auf den ersten Blick unscheinbaren bronzenen Fund aus einer Siedlung eine ungleich höhere wissenschaftliche Bedeutung zukommen als einem noch so prächtigen aus Gold und Silber.

Vorhergehende Doppelseite: Frühmittelalterliches Reihengräberfeld von Kirchheim-Hausen, Landkreis München, während der Ausgrabung. Dunkel zeichnen sich im hellen Kies die Grabgruben ab.
Rechte Seite: Luftbild einer vor- und frühgeschichtlichen Siedlungsfläche bei Aschheim, Landkreis München. Deutlich sind im Infrarot-Fehlfarbenbild Hausgrundrisse, Gruben und Kreisgräben erkennbar.

Nun gibt es eine große Anzahl von Mitbürgern, die sich ihre jugendliche Faszination von der Archäologie erhalten haben und Altertumskunde in ihrer Freizeit als Hobby betreiben. Dies ist selbstverständlich aller Ehren wert, und nur ignorante und arrogante Fachwissenschaftler würden in der Isolation ihrer Elfenbeintürme über die praktische Betätigung von Laien die Nase rümpfen. Anders verhält es sich da mit einer zunehmenden Zahl von »Hobbyarchäologen«, denen die ernsthafte Beschäftigung mit der Wissenschaft zu anspruchsvoll und mühsam ist und die sich deshalb aus unterschiedlichen, aber überwiegend pekuniären Motiven der »Schatzsucherei« mit Hilfe elektronischer Metallsuchgeräte widmen. Die Entwicklung dieser Beschäftigung hin zum Volkssport führt mittlerweile zu einer flächigen Plünderung unseres kulturellen Erbes.

Archäologische Befunde werden unter dem spröden Begriff »Bodendenkmäler« zusammengefaßt. Sie stehen unter gesetzlichem Schutz, selbst wenn sie über Tage nicht mehr für jedermann erkennbar sind. Die Archäologie verfügt mittlerweile über eine hinreichende Methodik, auch solche versunkenen Stätten mit Hilfe von Luftbildern und geophysikalischer Prospektion (= Erkundung) sichtbar zu machen. Bodendenkmäler sind Urkunden, die unwiederbringliche Informationen über die frühe Geschichte einer Region, einer Kultur oder einer Epoche liefern. Sie sind ebenso wie wertvolle Handschriften Geschichtsquellen. Der Boden unter unseren Füßen birgt ein Archiv, eine Bibliothek für den, der sie zu lesen versteht, gibt doch keine Urkunde, keine Tontafel und keine Inschrift Aufschlüsse über das Leben in Mitteleuropa vor der Römerzeit.

Tresor Boden: nicht mehr sicher?

Grundsätzlich ist es das Ziel der archäologischen Denkmalpflege, vor- und frühgeschichtliche Plätze in möglichst großer Zahl unversehrt zu erhalten. Dies gelingt heutzutage weniger denn je: Noch nie zuvor in der Geschichte waren Bodendenkmäler mit einer derartig flächigen Bedrohung konfrontiert. Straßen- und Siedlungsbau, Infrastrukturmaßnahmen, Braunkohlentagebaue etc. haben Flächendimensionen erreicht, die noch vor 50 Jahren unvorstellbar gewesen wären. Auch die moderne Landwirtschaft rüstete unter ständigem Kostendruck maschinell wie chemisch derart auf, daß die meisten Bodendenkmäler in Ackerflächen heute als verloren gelten müssen.

Vielfach erscheint eine Ausgrabung als der letzte Weg, ein Denkmal wenigstens als Dokumentation zu erhalten, wenn schon seine substantielle Rettung nicht mehr möglich ist. Doch auch eine Ausgrabung bedeutet letztlich nichts anderes als eine kontrollierte Zerstörung. Was der Boden jahrtausendelang schützte, wird freigelegt, die archäologischen Reste früherer Kulturen werden zeichnerisch und fotografisch dokumentiert und interpretiert, die Funde für die spätere Restaurierung und museale Aufbereitung geborgen. Was dabei nicht erfaßt wird, ist rettungslos verloren, denn anders als Naturdenkmäler sind Geschichtsdenkmäler nicht regenerierbar. Anschließend fließt dort, wo sich noch vor kurzem ein frühkeltisches Gräberfeld erstreckte, der Verkehr einer Bundesstraße, und wo noch neulich der Ortsfriedhof einer frühmittelalterlichen Siedlung lag, befindet sich heute der Parkplatz eines Kaufhauses, eine Wohnsiedlung oder ein Wertstoffhof.

Diese flächige Zerstörung von archäologischem Kulturgut ist leider der breiten Öffentlichkeit wenig bewußt und wird im übrigen auch weitgehend akzeptiert. Denkmäler der fernen Vorzeit gelten wenig und sind dem wohlfeilen Zugriff fast schutzlos preisgegeben. Warum also wendet sich die professionelle Archäologie gegen die zunehmende Anzahl an Sondengängern? Helfen diese nicht gerade bergen, was ansonsten unrettbar verloren ginge?

Einige wenige schon, der Großteil aber leider nicht. Archäologische Hinterlassenschaft besteht im allgemeinen aus Fund und Befund. Unter Befund versteht man den unbeweglichen Teil eines Denkmals, also das Sediment einer altsteinzeitlich belegten Höhle, einen bronzezeitlichen Grabhügel, die Ruine eines römischen Landgutes, ein völkerwanderungszeitliches Grab oder Wall und Graben einer mittelalterlichen Burg. In diesem Befund enthalten sind die Funde, also die Beigaben des bestatteten Toten, Siedlungsschutt, Weihegaben, Versteckfunde und ähnliches. Befund und Fund gehören untrennbar zusammen: Ohne Funde lassen sich etwa Grundrisse einfacher Holzbauten der vorrömischen Metallzeiten nicht datieren, bleibt ein Grab kulturell unzuweisbar. Umgekehrt ist aber auch ein Fund, der seinem Kontext entrissen wurde, seiner Aussagekraft weitgehend beraubt. Handelt es sich um einen Grab-, Siedlungs- oder Weihefund? Gehört er ins einheimische Kulturmilieu oder entstammt er ei-

Frühmittelalterliches Grab von Poing, Lkr. Ebersberg. Zu beiden Seiten des bestatteten Kriegers sind ein zweischneidiges Langschwert und ein einschneidiges Kurzschwert niedergelegt; vom hölzernen Schild, der den Leichnam bedeckte, hat sich der eiserne Schildbuckel erhalten.

nem fremden Kontext? Ein seines Zusammenhangs beraubter Fund ist für den Archäologen weitestgehend wertlos geworden: Vom Rang einer historischen Quelle ist er zu einer Antiquität, einer Ware herabgesunken, die nur noch dazu taugt, als Kuriosum bestaunt zu werden.

Dabei könnten planmäßig geborgene archäologische Funde Fragen beantworten, die auch für unsere heutige Existenz von einiger Bedeutung wären: Woher kamen unsere Vorfahren? Wie wurden aus Jägern Bauern und Viehhirten, später Städter und Bürger, und mit welchen geistigen Änderungen waren diese epochalen Wechsel verbunden? Wie entstand die Siedlungslandschaft, in der wir heute leben, und wie entwickelte sich unsere Umwelt zu der, wie wir sie heute kennen? Wie sah etwa der Lebensraum in den Alpen aus, wie hat ihn der Mensch verändert, welche Fehlentwicklungen resultieren daraus, und welche Schlüsse müssen wir heute ziehen? Der Antwort auf all diese Fragen und auf viele mehr könnte sich die vor- und frühgeschicht-

Raubgräber haben nach vollbrachter Tat das tiefe Loch in einem hallstattzeitlichen Grabhügel mit frischen Ästen getarnt.

liche Argumentation nähern, ließe man ihr nur genügend ungestörte Quellen und die Mittel, sie systematisch zu erforschen.

Hobbyarchäologie – ein unbedenklicher Volkssport?

Genau dies verhindern nicht zuletzt Raubgräber und Sondengänger. Sie reißen Funde aus ihrem Befund und machen dabei beide unlesbar. Muß etwa eine römische Villa, die einem Industriegebiet zu weichen hat, ergraben werden, so macht dies nur Sinn, wenn aus der Ausgrabung auch die Möglichkeit zu historischer Erkenntnis erwachsen kann, also das Areal nicht bereits vorher abgegrast und alle metallenen Kleinfunde beiseite geschafft worden sind. Die historische Dimension der jetzt nur mehr allgemein datierbaren Ruine, der Zeitpunkt ihrer Erbauung und Zerstörung bleibt dann unklar, die Funktion der einzelnen Gebäude kann nicht mehr festgelegt werden. Als gefleddertes Denkmal gleicht sie für den Frühgeschichtsforscher einem Buch, aus dem man jede dritte Seite herausgerissen hat.

Nun wird seitens der organisierten Schatzsucher regelmäßig eingewandt, bei solchen Szenarien handle es sich nur um Greuelpropaganda der landesamtlichen und universitären Archäologen, die sich um ihr Monopol gebracht sähen und den Sondengängern ihre schönen Fundstücke neideten. Sonden würden ja nur wenige Zentimeter in den Boden eindringen und Funde, die unterhalb des Pflughorizonts in ungestörtem Fundzusammenhang lägen, gar nicht erfassen. Zudem seien alle Stücke, die sich auf Ackeroberflächen befänden, sowieso durch Dünger, sauren Regen und schwere landwirtschaftliche Maschinen so bedroht, daß ihre Bergung durch den Schatzsucher nur ein gutes Werk sei, für das die Allgemeinheit eigentlich dankbar zu sein hätte.

Wenn es doch nur so wäre! Es gibt wohl kaum einen Prähistoriker, der nicht glücklich über zuverlässige freie Mitarbeiter ist, egal ob sie mit oder ohne Metallsonde ihrem Hobby nach-

In Gräbern der Hallstattzeit finden sich häufig mehrere Gefäße, die stark zerdrückt sind. Bei einer regulären Ausgrabung wie hier in Pöcking, Landkreis Starnberg, wird die gesamte Fläche freigelegt, um die Keramikgefäße, Metallgegenstände und die Bestattung in ihrer genauen Lage zu dokumentieren.

gehen. Zum Glück ist dieser Typus des Amateurs noch nicht ausgestorben, wie die ständig wachsenden Mitgliederzahlen der archäologischen Gesellschaften und Vereine zeigen. Ohne Zweifel ist nämlich eine Metallsonde an und für sich ein nützliches Gerät, das bei richtiger Anwendung durchaus neue Erkenntnisse zu liefern vermag. Würden wirklich nur bedrohte Funde aus Ackerflächen aufgespürt, würden sie kartographisch erfaßt und würde ein Bergungsbericht angefertigt, würden die Grundbesitzer vor der Suche um Erlaubnis gefragt und danach über Art und Wert der getätigten Funde informiert, würden die Funde dann, wie es überall in Deutschland eigentlich gesetzlich vorgeschrie-

Das Reihengräberfeld bei Bergheim, Landkreis Neuburg an der Donau-Schrobenhausen, ist im Luftbild vollständig festgehalten. Die Lage der Gräber wird durch die dunklen Stellen markiert.

ben ist, der zuständigen Denkmalbehörde, versehen mit den notwendigen Angaben, vorgelegt und anschließend einer öffentlichen Sammlung überlassen – dann, ja dann gäbe es sicher keinerlei Streitpunkte zwischen Hobbyarchäologen und Denkmalpflegern.

Leider stellen Archäologieinteressierte, die mit der Metallsonde in der beschriebenen Art agieren, im Heer der Schatzsucher die weißen Raben dar. Das Gros der Sondengänger scheut die Zusammenarbeit mit der Bodendenkmalpflege wie der Teufel das Weihwasser und betreibt sein Handwerk eben nicht aus wissenschaftlichem Interesse.

Schatzsucher, die das Licht des Tages scheuen

So ist es beispielshalber einfach nicht wahr, daß überwiegend Ackerflächen abgesucht werden. Vielmehr geraten zunehmend die Waldzonen ins Visier, in denen archäologische Denkmäler bislang gut geschützt waren und etwaige Zerstörungen nicht zu erwarten standen. Das hat seinen guten Grund: Entgegen allen Versicherungen der Schatzsucherorgane ist es für die deutschen Denkmalämter eine Erfahrungstatsache, daß die Grundbesitzer im allgemeinen weder über die archäologische Suche auf ihrem Land noch über etwaige Funde informiert werden. Da die Aufklärungsarbeit der amtlichen Archäologie inzwischen einige Früchte getragen hat, werden sich immer mehr Landwirte darüber bewußt, was auf ihren Äckern vor sich geht: Sobald sie Schatzsucher ertappen, vertreiben sie diese oder verständigen die Polizei. Deswegen wird seitens der Sondengänger vermehrt der Schutz der Wälder gesucht, wenn sie nicht überhaupt die Suche mit Hilfe von Nachtsichtgeräten in die Nachtstunden verlegen.

Auch das Argument, eine Sonde reiche ja nur 20 bis 30 Zentimeter in den Boden und könne deshalb gar keine archäologischen Schichtzusammenhänge tangieren, ist nur vordergründig stichhaltig. Was die Eindringtiefe anbelangt, mag es zutreffen, doch leider ist nach der Bergung des ersten Fundstücks kaum je Schluß: Ist erst einmal ein vorgeschichtliches Grab oder ein römisches Gebäude anhand der oberflächennächsten Funde geortet, wird in aller Regel tiefer gegraben, um reichere Beute zu machen. Jeder Bodendenkmalpfleger der Bundesrepublik Deutschland hat schon vor teilweise metertiefen Raubschächten in vor- oder frühgeschichtlichen Bodendenkmälern gestanden: Dutzende von umgebenden Sondierungslöchern zeigen in solchen Fällen an, daß erst ein ganzes Areal sondiert und, wo es lohnend erschien, tief in ungestörte Bereiche vorgedrungen wurde. Selbst vor laufenden Ausgrabungen wird nicht mehr haltgemacht, so daß vielerorts kostenträchtige nächtliche Bewachungen notwen-

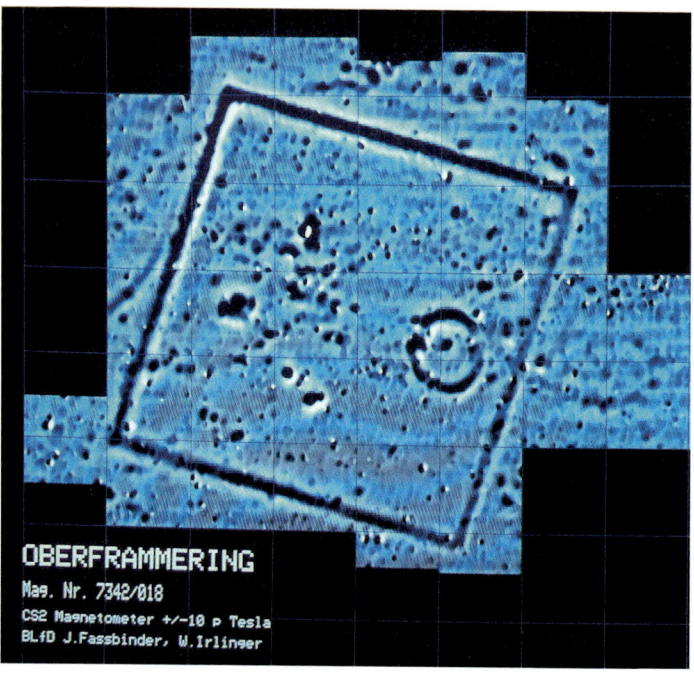

OBERFRAMMERING
Mag. Nr. 7342/018
CS2 Magnetometer +/-10 p Tesla
BLfD J.Fassbinder, W.Irlinger

Das Magnetogramm der Meßergebnisse in Oberframmering, Landkreis Dingolfing-Landau, ermöglichte durch die präzise Abbildung der archäologischen Befunde eine leichte Lokalisierung der Bestattung – leider auch für Raubgräber, die archäologische Fachliteratur für ihre Zwecke ausschlachteten.

dig geworden sind, um den eben freigelegten Befund vor unbefugter Wühlerei zu schützen.

Wie steht es nun mit der Behauptung, Funde im Pflughorizont seien sowieso der Zerstörung durch Witterung und Landwirtschaft preisgegeben, weshalb es notwendig sei, sie vorher mit einer Metallsonde zu bergen? In diesem Argument steckt zweifellos viel Wahres, steht es doch außer Frage, daß Gefäßscherben, Fibeln, Eisengegenstände etc., die durch tiefreichende Pflüge und Bodenerosion aus ihrem Zusammenhang heraus an die

Oberfläche gebracht wurden, der schnellen Zersetzung ausgesetzt sind. Würden deshalb Funde, und zwar nicht nur die metallenen, sondern auch die keramischen und die steinernen, von Ackeroberflächen abgelesen und, kartographisch erfaßt und verzettelt, den Landesämtern und -museen zur Kenntnis gebracht, so wäre dies tatsächlich eine denkmalpflegerisch höchst willkommene Maßnahme. Leider gelangt nur ein winziger Bruchteil dieser Funde auf die Arbeits- und Restaurierungstische der amtlichen Archäologen, der weit überwiegende Teil landet in Privatsammlungen, in Antiquitätenhandlungen oder auf Flohmärkten – und leider scheuen auch manche öffentliche Museen nicht vor Ankäufen aus trüben Quellen zurück. Für die Frühgeschichtswissenschaft sind diese Funde ebenso verloren, als wären sie auf der Ackerfläche zerstört worden. Ein zunächst triftig scheinendes Argument erweist sich so als lediglich vorgeschoben, um einem wohl auch selbst als illegal empfundenen Treiben ein unanstößiges Mäntelchen umzuhängen.

Schatzsucher im Internet

Daß unter diesen Umständen keine Kooperationsgrundlage vorhanden ist, liegt auf der Hand. Archäologen und der leider überwiegende Teil der Schatzsucher leben offensichtlich in verschiedenen Welten und sprechen verschiedene Sprachen. Wie weit viele Sondengänger vom Verständnis wissenschaftlicher Fragestellung entfernt sind, zeigt das häufig angeführte Argument, Denkmalpfleger seien ja im Grunde auch nichts anderes als Schatzsucher. Denn sie plünderten mit ihren überlegenen Mitteln ganze Gräberfelder in bekannter Beamten-Raffgier doch nur, um die prächtigen Funde ihren Sammlungen einzuverleiben, und bekämpften »Hobbyarchäologen« allein deshalb, weil sie als Platzhirsche keine Konkurrenten in ihren Revieren duldeten. Nichts könnte den prinzipiell egoistischen Charakter des Schatz-

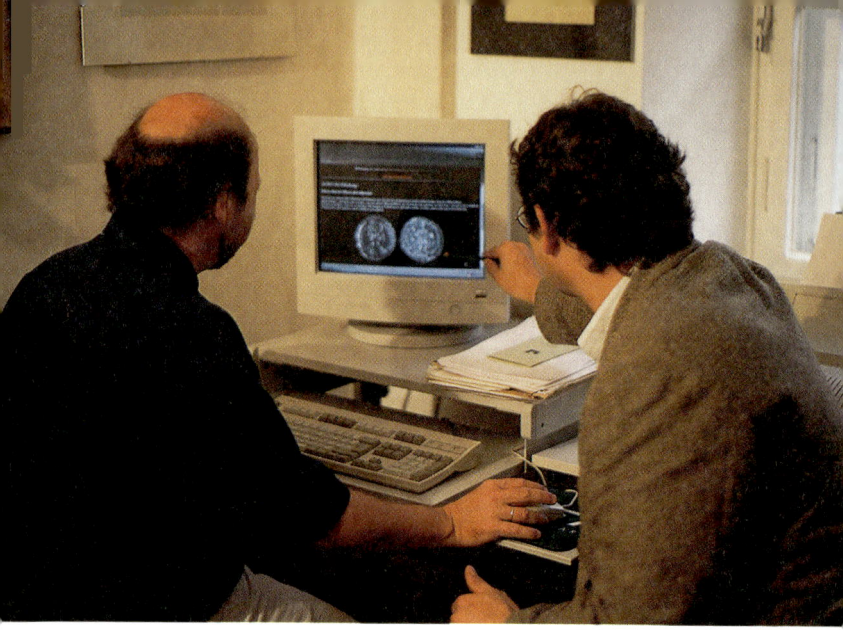

Die Autoren dieses Beitrags, Walter Irlinger (rechts) und Stefan Winghart vom Bayerischen Landesamt für Denkmalpflege, suchen im Internet nach Hinweisen auf die international operierenden Grabräuber.

suchens, das typische Motiv des Sammelns und Besitzens, deutlicher vor Augen führen, wird doch hier der eigene Impetus in psychologisch höchst aufschlußreicher Weise dem vermeintlichen Gegner unterstellt. Abgesehen davon, daß Ausgrabungen grundsätzlich nur dann durchgeführt werden, wenn eine Zerstörung eines archäologischen Denkmals droht, also als Rettungsgrabungen definiert sind, und Museen sowohl als Ausstellungsorte wie als wissenschaftliche Institutionen mit öffentlichen Geldern von der Öffentlichkeit für die Öffentlichkeit unterhalten werden, könnte nichts weiter vom wissenschaftlichen Beweggrund des Archäologen entfernt sein als die Fixierung auf materielle Schätze oder Gegenstände.

Prähistorische Archäologie denkt nicht in ästhetischen Kategorien, sondern betrachtet den archäologischen Fund vornehmlich als Archivalie, wenngleich als eine von gelegentlich hohem künstlerischen oder materiellen Wert. Längst hat dabei die Wissenschaft jenes frühe Stadium hinter sich gelassen, als man allein die Entwicklung tragfähiger Reihungen, von Chronologiegerüsten anhand einzelner Funde in den Vordergrund stellte und das Prinzip des geschlossenen Fundes noch nicht kannte. Historische Erkenntnis kann nur durch den ständigen Vergleich jeweils neu gewonnener Ergebnisse erworben werden, denn das einzelne Fundstück präsentiert kein Geschehen. Annäherung an

Oberframmering: Plan der spätkeltischen Viereckschanze (3. bis 1. Jahrhundert v. Chr.) und des an der Nordgrenze des Innenbezirks gelegenen frühmittelalterlichen Kreisgrabens.

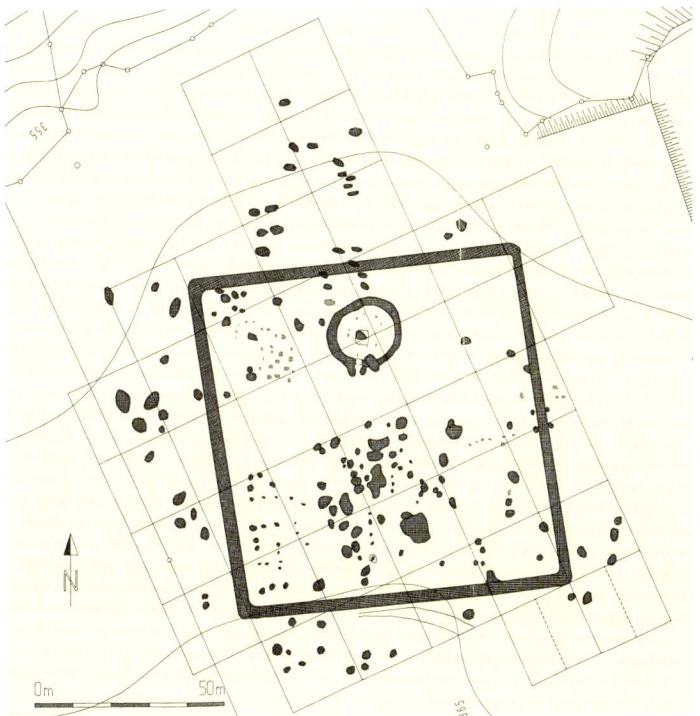

51

das historische Geschehen gelingt bei fortschreitender Wissenschaft nur über die Synopse, das immer vollständiger werdende Mosaik dessen, was aufgrund unbekannten Geschehens entstanden ist. Nur auf diesem historischen Grundgerüst aber können unter Miteinbeziehung von Nachbarwissenschaften Erkenntnisse in Teilbereichen wie etwa der soziologischen Schichtung, der Kulturanthropologie, der Soziologie, der Siedlungsgeschichte oder der Rekonstruktion der vorgeschichtlichen Umwelt gelingen. Grundvoraussetzung aller Vorgeschichtsforschung ist in erster Linie die Erforschung dessen, was auf Ereignis- oder Entwicklungsfolgen hindeutet, also die Erforschung von Geschichte.

Vor diesem Hintergrund wird klar, welchen weit über das Materielle hinausgehenden Schaden die ungehemmte Plünderung archäologischer Stätten durch Metallsucher verursacht. Wenn zudem noch der selbsternannte »bekannteste Schatzsucher Deutschlands«, Reinhold Ostler, im Internet dazu auffordert, ungemeldete Funde ohne materiellen Wert an anderer Stelle wieder einzugraben, damit »künftige Archäologengenerationen auch etwas zu tun haben«, so ist leicht zu ermessen, welche Verwerfungen in der Erkundung unserer Vergangenheit drohen. Ohne Quellen kann keine Geschichtsschreibung existieren, und aus verfälschten Quellen entsteht ein verfälschtes Geschichtsbild. Es steht zu hoffen, daß Ostler nicht recht behält, wenn er sich siegessicher brüstet, daß »die Archäologen zwar noch die eine oder andere Schlacht gewinnen mögen, den Krieg gegen das Heer der Schatzsucher aber längst verloren haben«. Diese Niederlage wäre auch die Niederlage des Kulturstaats.

Raubgrabungen in Bayern

Auffälliger und auch spektakulärer als die heimliche Suche mit der Metallsonde fallen sicherlich die Aktivitäten der Raubgräber aus. Meist sind ihre Wühlarbeiten mit umfangreicheren Bodeneingriffen verbunden, die auch nach längerer Zeit noch im Gelände festzustellen sind. Dies liegt sicherlich in der jeweiligen Vorgehens- und Arbeitsweise begründet.

Metallsondengänger wollen ihre »guten Plätze« vor Mitwissern schützen. Sie suchen die Bodendenkmäler häufig über längere Zeit auf und beuten sie regelrecht aus. Nach jeder Bodenveränderung, wie etwa dem Pflügen eines Ackers, hoffen sie erneut reiche Funde zu machen.

Die Raubgräber gehen dagegen anders vor. Sie müssen ihren Fundplatz im Vorfeld genau sondieren und den bestmöglichen Zeitpunkt für die Plünderung herausfinden. Diese intensiveren Vorbereitungen sind nötig, da sich die Arbeiten bedeutend aufwendiger gestalten, über mehrere Stunden oder Tage hinziehen, wodurch auch die Gefahr der Entdeckung um ein Vielfaches größer ist. Meist gehen außerdem umfangreiche Erdarbeiten der Fundausbeute voraus. In abgelegenen Waldgebieten oder geschützten Lagen lassen sich die Grabungen natürlich einfacher und in Ruhe durchführen. Um so überraschender ist es, daß in letzter Zeit die Plünderungen im offenen Gelände, auf Wiesen und Äckern, stark zunehmen. Bevorzugt werden die Jahreszeiten, in denen die Feldfrucht, etwa Getreide oder Mais, voll entwickelt ist und so einen natürlichen Schutz vor Entdeckung bietet.

Für den Raubgräber ist es daher von grundlegender Bedeutung, daß er im Vorfeld umfangreiche Recherchen anstellt. Im Gegensatz zum Metallsondengänger, der in kurzer Zeit große Flächen absucht, kann er nur punktuell arbeiten und setzt den Spaten erst an, wenn ertragreiche Funde zu erwarten sind. In unseren Breiten werden daher hauptsächlich Siedlungen und Gräber ausgeraubt, die neben der Keramik auch Metall erbringen. Im Vordergrund stehen Plünderungen in den gut zu erkennenden Grabhügeln und in jüngster Zeit auch in obertägig nicht sichtbaren Flachgräbern. Befestigte Höhensiedlungen, römische

Militärlager und Villae rusticae (Landhäuser) sowie mittelalterliche Burgen bilden die bevorzugten Ziele bei den Siedlungen. Als Resultat der Raubgrabung ist immer die vollständige, unwiederbringliche Zerstörung eines archäologischen Denkmals zu beklagen.

In auffälliger Weise nehmen in den letzten Jahren vor allem die Grabungen in Friedhöfen zu. Allein 1996 und 1997 wurden dabei in Oberbayern vier Grabhügelgruppen geöffnet. Durch das illegale Treiben ist jeweils eine größere Zahl an Gräbern zerstört worden.

Bei allen Beispielen geschah dies nach derselben Methode. Vom höchsten Punkt des Hügels wird ein Raubschacht in die Tiefe getrieben, bis das Niveau der Grablege erreicht ist. Von dort kann das Loch in jede Richtung erweitert werden, um die gesamte Bestattung mit allen Beigaben zu erfassen. Nachdem die Fundstücke entfernt worden sind, bleiben meist nur die verworfenen Knochen in der Grube zurück.

Geplünderte Gräber

In Kammer, einem Ort bei Traunstein, wurden auf diese Weise vier Hügel einer größeren Nekropole geöffnet. Für die Arbeit der Raubgräber herrschen dort ideale Voraussetzungen. Die Gräber befinden sich alle in einem abgelegenen Waldgebiet, das weder von Straßen noch der nahe liegenden Ortschaft unmittelbar einsehbar ist. Bei den gut erhaltenen Hügeln war dies besonders wichtig, denn es mußten gut und gerne drei Kubikmeter Erdreich entfernt werden, bis die eigentlich interessanten Bestattungen erreicht waren. Der frische Erdaushub wurde außerdem mit

Der Kreisarchäologe Ludwig Kreiner bei der Nachuntersuchung des beraubten Adelsgrabs. Eine winzige Perle haben die Räuber übersehen. Sie sagt den Archäologen, daß hier eine Frau mitbestattet war – ein deutliches Indiz für die Grabstätte eines Adeligen.

Reisig getarnt, so daß die Raubgrabung selbst nach Tagen und Wochen kaum zu erkennen war. Der Grundbesitzer entdeckte sie denn auch eher zufällig. Die Nachschau erbrachte ein typisches Resultat: In den massiv durchwühlten Hügeln ließen sich die Befunde nicht mehr rekonstruieren, und Funde, die zumindest noch Hinweise auf die zeitliche Stellung der Bestattungen hätten liefern können, konnten nicht festgestellt werden. Nur der Vergleich mit den Grabhügeln in der näheren Umgebung erlaubt die Vermutung, daß hier Menschen aus der Hallstattzeit ihre letzte Ruhestätte fanden.

Trotz eines großen Echos in der Presse fehlen bisher konkrete Hinweise auf die Täter. Immerhin wurde durch die Veröffentlichung erreicht, daß die örtliche Sondengängerszene aufgeschreckt reagierte. Im Internet tauchte kurz nach Bekanntwerden ein Artikel »Im bayerischen Alpenland sind Raubgräber aktiv« auf: Es gebe hartnäckige Gerüchte, »wonach osteuropäische Grabplünderer ihre verbrecherische Tätigkeit in den süddeutschen Raum verlegt haben sollen. Schatzsucher und Sondengänger in diesen Gegenden sollten die Augen offenhalten und verdächtige Aktivitäten melden.« Aber was sollte diesen hohen Einsatz für fremde Raubgräber rechtfertigen? Sicherlich sind in den Hügeln keine bedeutenden Schätze vorhanden. Meist findet sich nur stark zerdrückte Keramik, die mit einem großen Aufwand restauriert werden muß. Ein hoher Gewinn ist mit diesen Stücken nicht zu erreichen. Hiervon werden keine Fremden angelockt. Das Wissen um die örtlichen Verhältnisse spricht eher für lokal arbeitende Gruppen, die ihre eigenen Sammlungen vervollständigen wollen und dabei bewußt die Zerstörung der Denkmäler in Kauf nehmen.

Eine neue Dimension bilden die unerlaubten Grabungen in seit langem nicht mehr sichtbaren Denkmälern. Innerhalb der Agrarflächen zeichnen sich diese Befunde meist sehr schwach ab. Am Boden läßt sich die exakte Lage der Fundstellen nur noch durch aufwendige Verfahren bestimmen. In diesen Regionen herrschen Voraussetzungen, die von den bisher beschriebenen deutlich abweichen. Geplündert werden nicht Fundstätten, die seit langem in wissenschaftlichen Publikationen Erwähnung finden und teilweise sogar in den leicht zugänglichen topographischen Karten als Geländedenkmäler eingetragen wurden, sondern Punkte, die erst seit wenigen Jahren bekannt sind. In der Fachliteratur sind sie zudem meist nur in kurzen Berichten vorgestellt. Von den Raubgräbern wird eine sehr präzise Auswahl getroffen. In den Vordergrund rücken Fundstellen, bei denen finanziell interessante Objekte zu erwarten sind.

Raubgräberei ein einträgliches Geschäft?

In den letzten Jahren kam es dabei zu zwei spektakulären Raubgrabungen in frühmittelalterlichen Reihengräberfeldern. Bei beiden Fundstellen läßt sich ein sehr ähnliches Grundschema der Plünderung erkennen. Den Ausgangspunkt bildete dabei jeweils die Publikation archäologischer Luftbilder. Bei diesen Aufnahmen zeichnen sich die Befunde als sogenannte Bewuchsmerkmale ab. Sie entstehen im heranreifenden Getreide. Die Feldfrucht zeigt dabei über den Befunden ein verändertes Wuchsverhalten und eine andere Färbung. Es entstehen sehr deutliche Bilder der Fundstellen, auf denen häufig deren gesamte Ausdehnung ersichtlich wird.

Bei Bergheim ist seit den fünfziger Jahren ein Reihengräberfeld des frühen Mittelalters bekannt, das in der Literatur mehrmals Erwähnung findet. Seit 1980 wird der Platz in regelmäßigen Abständen aus der Luft dokumentiert. Die Aufnahmen zeigen die oben beschriebenen Merkmale. Über den einzelnen in den Boden eingetieften Grabgruben hat das Getreide eine dunklere Färbung, wodurch die rechteckige Grundform der Gräber klar sichtbar wird. Ein wichtiges Kriterium für die zeitliche Einordnung in das frühe Mittelalter bildet zudem die Anordnung der Bestattungen in Reihen. Durch die Luftbilder konnten die Gesamtausdehnung des Friedhofs erstmals erfaßt und die Zahl der Bestattungen mit etwa 200 Gräbern angegeben werden. Diese wurden bisher nur in einem Buch vorgelegt. In der für das breite Publikum gedachten Publikation aus dem Jahr 1982 wird die Lage der Fundstelle beschrieben. Das abgebildete Luftbild läßt außerdem charakteristische Merkmale wie etwa eine Straßenkreuzung erkennen, die leicht vom Boden aus zu finden sind.

Es dauerte dennoch bis in den Sommer 1996, daß die erste Raubgrabung nachgewiesen werden konnte, bei der vier Gräber zerstört wurden. Die Plünderer erwiesen sich als Profis. Bis die Bestattungen erreicht waren, mußten bis zu 1,5 Meter tiefe Löcher ausgehoben werden. Im nachhinein zeigte es sich, daß die einzelnen Befunde sehr exakt im Gelände geortet wurden. Hierfür sind bei Luftbildern sehr umfangreiche Vorarbeiten nötig, denn durch die Schrägaufnahmen kann nur die ungefähre Lage erschlossen werden. Mit Hilfe moderner Computerprogramme

Eine Grabbeigabe, die das Herz jedes Raubgräbers höher schlagen lassen würde: kunstvoll gearbeitete Perlenkette aus einer bayerischen Bestattung.

ist es allerdings möglich, die Strukturen genau in einen bestehenden Plan einzubinden. Erst dann ist die Lage genau festzustellen. Diese Arbeitsabläufe sind in der Denkmalpflege gang und gäbe, aber natürlich nicht dort allein.

Einen zusätzlichen Schutz bot den Raubgräbern der hochstehende Mais. So konnten sie von der unmittelbar vorbeiführenden Straße aus nicht beobachtet werden. Für die zweite Grabung waren dagegen andere Rahmenbedingungen bestimmend. Erneut fanden sich vier tiefe Löcher im Acker. Diesmal wurde der Schutz der Dunkelheit gewählt, wobei wahrscheinlich Nachtsichtgeräte zum Einsatz kamen, da der Acker bereits abgeerntet war und bei Tageslicht die Arbeiten sicherlich aufgefallen wären. Die Vorgehensweise erinnerte sehr stark an die erste Plünderung. In den geöffneten Gräbern blieben nur die Skelette zurück, womit unklar bleibt, was erbeutet wurde. Bei reicheren Gräbern wäre immerhin mit zahlreichen Bestandteilen der Tracht, auch aus Edelmetallen, zu rechnen. In Männergräbern könnten sich außerdem die Waffen befunden haben. Wichtige Informationen über den sozialen Status der Bestattungen, die genaue Datierung und die innere Gliederung des Friedhofs sind somit nicht mehr zu erhalten.

Forschungspublikationen in falschen Händen

Ein sehr ähnliches Bild läßt sich auch für eine Fundstelle in Oberframmering bei Landau an der Isar entwerfen. An diesem Beispiel wird deutlich, daß archäologische Fachliteratur gezielt nach interessanten, also vermutlich fundreichen Plätzen ausgewertet wird. Den Ausgangspunkt bildete eine Veröffentlichung, in der die Möglichkeiten einer kombinierten Auswertung des Luftbildbefundes und der geophysikalischen Prospektion vorgestellt wurde. Durch den Einsatz naturwissenschaftlicher Meßverfahren wird ein exaktes Abbild der im Boden befindlichen archäologischen Befunde erzeugt. Es entsteht ein genauer Plan, der wissenschaftlich sehr gut ausgewertet werden kann. In Oberframmering gelang durch die Kombination der unterschiedlichen Methoden der Nachweis zeitlich unterschiedlicher Denkmäler. Am auffälligsten ist der Graben einer spätkeltischen Viereckschanze, die zwischen dem 3. und 1. Jahrhundert v. Chr. bestanden hat. Im Innenraum der Anlage können unterschiedliche Gruben und Pfostenspuren als Teile der Bebauung angesprochen werden. Eine jüngere Nutzung des Platzes im frühen Mittelalter markiert ein Kreisgraben, der im nördlichen Bereich des Innenraums liegt. Durch die magnetische Prospektion konnte sogar die genaue Lage der Bestattung innerhalb des Kreises geklärt werden.

Nur wenige Monate nach Veröffentlichung der Ergebnisse wurde der Platz von Raubgräbern heimgesucht. Ihre Aktivitäten konzentrierten sich auf den Kreisgraben, da sie hier auf ein

Doppelreihiger Kamm mit verziertem Etui – an seinem hygienischen Gebrauchswert wären potentielle Grabfledderer vermutlich weniger interessiert.

reiches Grab hoffen konnten. Die spätkeltische Viereckschanze dagegen blieb unberührt. Reiche Funde sind in diesen Anlagen kaum zu erwarten und müßten mit erheblich größerem Aufwand gesucht werden.

Gegenüber dem Reihengräberfeld bei Bergheim waren die Vorarbeiten bedeutend einfacher zu erledigen. Die Publikation erlaubt einen schnellen Zugriff auf die Informationen, und durch den Gesamtplan ist ein exaktes Einmessen der Grabgrube leicht möglich. Die weitere Vorgehensweise ist bekannt. Das etwa einen Meter hohe Getreide bot bereits einen gewissen Sichtschutz. Auch hier wurde nachts gearbeitet. Um die Bestattung möglichst vollständig zu erfassen, legten die Raubgräber zwei Schnitte an, die bis zu einer Tiefe von 1,6 Meter reichten. Diese umfangreichen Arbeiten konnten natürlich nicht in einer Nacht erledigt werden. Als Vorsichtsmaßnahme legten sie daher das abgeschnittene Getreide über den Erdaushub. Das Risiko, am nächsten Tag zufällig entdeckt zu werden, wurde durch die Tarnung reduziert.

Die Nachuntersuchung durch den Kreisarchäologen erbrachte die Reste einer Doppelbestattung. Innerhalb des Kreisgrabens lagen nur noch die stark verworfenen Knochen eines männlichen und weiblichen Skeletts. Die Datierung in das frühe Mittelalter war allein anhand einer einzelnen Glasperle möglich, die in der Grabgrube vergessen wurde. Durch den Vergleich mit gut untersuchten Reihengräberfriedhöfen wissen wir, daß in den Gräbern, die mit einem Kreisgraben gekennzeichnet sind, Mitglieder der Oberschicht bestattet wurden. Dieser soziale Status schlägt sich natürlich auch in reichen Beigaben nieder.

Mittlerweile hat der Kreisgraben in Oberframmering zu weiteren Plünderungsversuchen angelockt. Bislang wurde an dieser Stelle dreimal nachgegraben: ein sicherer Beleg dafür, daß unterschiedliche Gruppen aktiv sind, die nichts voneinander wissen. In einem Fall waren die Aktivitäten von Erfolg gekrönt, den anderen blieb nur die Schaufelarbeit.

Raubgrabungen – kein archäologisches Kavaliersdelikt

Obwohl die vorgestellten Raubgrabungen unterschiedlichen Denkmälergattungen galten, lassen sich dennoch gemeinsame Grundtendenzen erkennen. Die Objekte werden im Vorfeld genau studiert. Für die Auswahl kommt es dabei auf verschiedene Faktoren an. Die Stelle muß entweder einen natürlichen Schutz bieten oder durch die angebaute Feldfrucht schlecht einsehbar sein. Um das Risiko der Entdeckung weiter zu reduzieren, wird in offenem Gelände zudem nachts gearbeitet. Eine neue Dimension bedeutet sicherlich die moderne technische Ausstattung und das archäologische Wissen der Plünderer. Vor allem die letzten beiden Punkte zeigen, daß diese nicht aus Wißbegier heraus handeln, sondern aus dem Interesse an persönlicher Bereicherung, für die sie auch bewußt Risiken in Kauf nehmen.

Raubgrabungen sind natürlich kein Problem, das sich auf Bay-

Auch dieser Kunstgegenstand entstammt ursprünglich einer Bestattung: fränkische Bügelfibel mit Kerbschnittdekor.

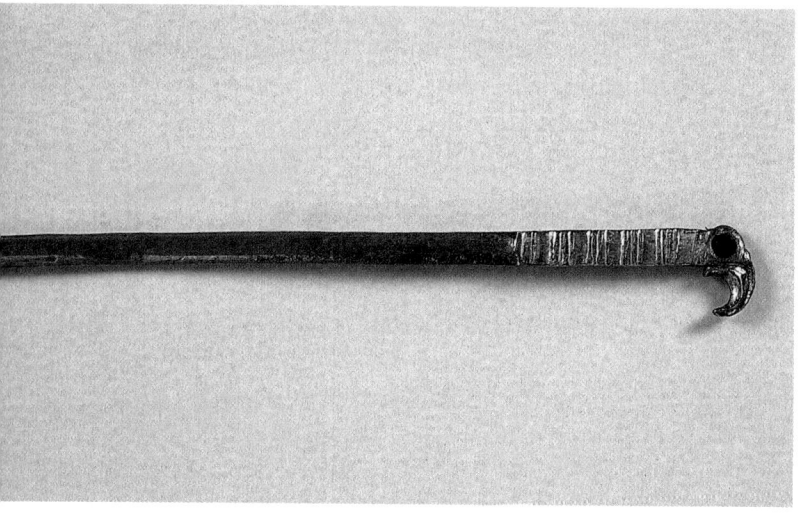

ern beschränkt. In Baden-Württemberg wurden ebenfalls verstärkt frühmittelalterliche Reihengräberfelder heimgesucht. Hier sind neben altbekannten Fundstellen auch Luftbildbefunde gefährdet. Die Vorgehensweise erinnert dabei sehr stark an die bayerischen Verhältnisse. Auf die Brisanz dieses Themas wurde dort bereits 1991 mit einem Kolloquium »Archäologie und Raubgräberei« reagiert. 1995 war in Frankfurt am Main eine Ausstellung zu dem Thema »Fundort: unbekannt – Raubgrabungen in Hessen« zu sehen. Neben Plünderungen in Grabhügeln und Siedlungen in Hessen konnte dabei auch die internationale Dimension durch Beispiele aus Italien dargestellt werden. Wir stehen also vor einem weitverzweigten Netz, dessen Ausmaß nur in kleinen Teilen sichtbar wird. Welche Mittel und Wege gibt es aber, um das um sich greifende Fieber der Raubgrabungen einzudämmen?

Aus den dargestellten Beispielen wird deutlich, daß bei der Veröffentlichung neu entdeckter Fundstätten akkurat darauf geachtet werden muß, in welchem Rahmen Ortsangaben und exakte Pläne vorgelegt werden. Bei seit langem bekannten Punkten ist dies natürlich nicht mehr zu kontrollieren. Die wichtigste Komponente bildet aber sicherlich die Information und Sensibilisierung weiter Teile der Öffentlichkeit. Es muß bewußtgemacht werden, daß durch Raubgrabungen bedeutende Zeugnisse der Geschichte allein aus Gewinnstreben absichtlich zerstört werden. Und das geht uns alle an.

Stephan Lamby

Hitlers geheime Raketenfabrik

Es ist ein brauner Morast, in dem Klaus Knodt, der Taucher, da fünf Meter unter der Wasseroberfläche herumwühlt. Verrostete Metallteile, altes Werkzeug, Stoffetzen, Felsbrocken. Und über all dem eine dicke, ekelige Schlammschicht. Sobald Knodt im Wasser auch nur eine falsche Bewegung macht, schießt eine Staubwolke nach oben und verdunkelt die Sicht. Es ist nicht leicht, keine falsche Bewegung zu machen. Denn in der Kammer, in die die Taucher vorgedrungen sind, stapeln sich in wirrer Anordnung schwere Eisenträger und versperren den Weg. Und dennoch will Klaus Knodt – an allen Hindernissen vorbei – bis nach ganz unten. Denn dort hat er ein mit Schreibmaschine beschriebenes Blatt Papier ausgemacht. Vorsichtig zieht er daran, Zentimeter für Zentimeter. Und zum Vorschein kommt ein ganzes Buch. Es liegt so sehr von den Wassermassen umschlossen, daß es erstaunlich gut erhalten ist. Dem Taucher gelingt es sogar, in dem Buch ein wenig zu blättern und den Inhalt zu identifizieren. »Prüfberichte März 1945« steht irgendwo als Überschrift. Gefolgt von einem umfangreichen Zahlenwerk. Was Knodt in der von einem Taucherhandschuh geschützten Hand hält, sind technische Details der V2, der Geheimwaffe, mit der Hitler in seinen letzten Monaten eine Niederlage doch noch abzuwenden hoffte. Außerdem eine genaue Auflistung der Raketen, die die unterirdische Waffenfabrik im März 1945 verließen. Hinter diesen nackten Zahlen verbirgt sich der Wahnsinn der Nazi-Herrscher, die ungeheure Materialschlacht, die fern von den eigentlichen

Vorhergehende Doppelseite:
Im thüringischen Stollensystem des Kohnstein liegen noch immer Tausende von Überresten Hitlerscher »Vergeltungswaffen«.

Schauplätzen des Zweiten Weltkriegs geschlagen wurde. Hinter diesen Zahlen verbirgt sich aber vor allem das Leiden von einigen zehntausend Menschen.

Dr. Willi Kramer ist ein besonnener Mann. Er ist – auch so etwas gibt es – Dezernent für Unterwasserarchäologie im Archäologischen Landesamt in Schleswig. Kramer hat schon viele Mosaiksteine längst vergangener Zeiten zusammengetragen, und nichts bringt ihn so schnell aus dem Gleichgewicht. Doch wenn er auf die Produktion der »deutschen Wunderwaffen« V1 und V2 im ausgehöhlten Berg Kohnstein im Harz zu sprechen kommt, dann kann er sich schon mal in Rage reden. Eigentlich liegt der Harz nicht gerade im Zentrum seines schleswig-holsteinischen Tätigkeitsgebiets. Und die Zeit zwischen 1933 und 1945 wird von vielen Archäologen auch als »zu jung« gemieden. Aber Willi Kramer wird von dem Stollensystem im Harz auf eine Art angezogen, die mit berufsüblicher Obsession nicht mehr zu erklären ist. Seit 1992 leistet er seinen Kollegen in Thüringen Amtshilfe und erforscht dabei mit seiner Gruppe von Tauchern, Historikern und Bergführern den Kohnstein. Er will die ungeheuren Dimensionen des Verbrechens, das hier vor über einem halben Jahrhundert begangen wurde, deutlich machen. Er will Überreste erfassen, dokumentieren und so ihren Schutz als Denk- und Mahnmal durch staatliche Stellen erreichen. Denn neben den mündlichen Aussagen von Überlebenden gibt es nahezu keine Quellen, die das Geschehen am und im Kohnstein belegen. »Die schriftlichen Zeugnisse, die fotografischen Zeugnisse und die Abbildungen sind extrem spärlich, gemessen an der geschichtlichen Bedeutung von Mittelbau-Dora – so hieß das KZ«, erklärt Kramer. »Die Häftlinge geben natürlich ihre mündlichen Zeugnisse ab, aber eine große Bedeutung hat hier das Denkmal selbst, das eben nur mit archäologischen Mitteln erforscht und dargestellt werden kann.«

Kramer will Fundstücke aussuchen und sie Gedenkstätten und Museen zur Verfügung stellen; zum Beispiel das Armaturenbrett

Kurz vor dem Einstieg in die Unterwasserwelt. Archäologe Willi Kramer im Gespräch mit Gisela Graichen.

einer V1, das Kramer in einem großen Schutthaufen entdeckt hat. Das Brett mit den verschiedenen Schaltern und Anzeigen belegt, daß einige Flugbomben nicht nur als ferngesteuerte Waffen, sondern auch als bemannte Flugobjekte für Selbstmordeinsätze konstruiert waren. Mal empfindet Willi Kramer bei seiner Wühlarbeit Faszination, mal Abscheu. Je tiefer er in den Berg und seine Geschichte vordringt, desto stärker wird sein Verlangen, die Außenwelt wissen zu lassen, welche Verbrechen hier während der NS-Zeit begangen wurden. Er geht mit einer Besessenheit zu Werke, als würde er nicht Fundstücke von archäologischem Wert, sondern Beweisstücke für eine Anklage zusammentragen und analysieren.

Der Kohnstein war für die Nazis schon lange vor der Produktion der V1 und V2 bedeutsam. 1935, also nur zwei Jahre nach der Machtübernahme der Nazis, wurde der Berg von Geologen und Wirtschaftsplanern inspiziert. Die Herren waren Mitarbeiter der WIFO, der »Wirtschaftlichen Forschungsgesellschaft mbH«, die im Auftrag des Reichswirtschaftsministeriums die Rohstoffzufuhr für einen Kriegsfall vorbereiten sollte. Nun waren sie auf der Suche nach einem Berg, in dem, vor den Blicken der Feinde geschützt, Kraftstoffe gelagert werden konnten. Der Kohnstein nahe der Stadt Nordhausen, soviel war den WIFO-Experten schnell klar, war wie geschaffen für ein solches Lager. Erstens lag er im geographischen Herzen des Deutschen Reiches, war also von möglichen Kriegsfronten weit entfernt. Zweitens war hier bereits im Ersten Weltkrieg Gips abgebaut und zu diesem Zweck ein Stollensystem im Berg angelegt worden, das als bombensicher galt. Diese Stollen sollten nun ausgebaut, Straßen und Eisenbahnlinien zum Kohnstein angelegt werden. Bereits zwei Jahre später war ein großer Teil des unterirdischen Lagers fertig. Zwei jeweils 1800 Meter lange Hauptstollen führten nun in einem leichten S-Bogen durch den Berg, verbunden durch 47 Hallen, die jeweils etwa 200 Meter lang waren. Die WIFO war zufrieden. Weitere 33 Hallen sollten folgen. Schnell wurden Tanks und Pipelines installiert. Kesselwagen sollten Benzin, Öl und Fette in den Berg bringen. Einige Hallen waren sogar für die Lagerung von chemischen Kampfstoffen hergerichtet.

Griff in den Weltraum

Etwa 400 Kilometer von Nordhausen entfernt, wurde in Peenemünde auf der Ostseeinsel Usedom zur selben Zeit an Projekten gearbeitet, die für das Kraftstofflager im Harz zunächst ohne jeden Belang waren. Die Ingenieure um den jungen Wernher von Braun hatten schon etliche Jahre mit neuartigem Fluggerät experimentiert. Das Heereswaffenamt in Berlin nahm diese Unternehmungen sehr ernst, sollten doch die noch wenig bekannten Flugobjekte eines Tages als Waffen mit großer Zerstörungskraft eingesetzt werden. 1937, als das Kraftstofflager im Kohnstein errichtet wurde, konnte die »Heeresversuchsanstalt Peenemün-

de« bezogen werden. Ein gewaltiger Rüstungskomplex war auf dem Reißbrett geplant und schließlich gebaut worden. Labors, Wohnbaracken, Versuchseinrichtungen und Flugplatz standen den Forschern zur Verfügung. Und außerdem ein großer Etat. Entsprechend ehrgeizig war die Zielvorgabe aus Berlin: Innerhalb kurzer Zeit sollte eine Trägerrakete für einen 1000 Kilogramm schweren Gefechtsteil gebaut werden. Mindestens 250 Kilometer weit sollte die Rakete fliegen können. Doch die Raketenentwicklung an der Ostsee wurde immer wieder durch spektakuläre Fehlstarts gebremst. Da Hitler zu Beginn des Krieges mit verhältnismäßig konventionellen Waffen zu Erfolgen kam, wurde dem schleppenden Verlauf des Projekts auch nicht allzuviel Beachtung geschenkt. Vorübergehend wurde sogar an die Einstellung der Arbeiten gedacht. Dies änderte sich dramatisch, als die militärischen Erfolge der Nazis ausblieben. Mit erneuter Kraftanstrengung sollte jetzt das Aggregat 4, kurz A4, zur Serienreife entwickelt werden. Gerade recht kamen dann auch die Meldungen aus Peenemünde: Am 3. Oktober 1942 flog eine A4 90 Kilometer hoch und fast 200 Kilometer weit. Werner von Braun triumphierte: Zum ersten Mal in der Geschichte der Menschheit war ein Flugkörper in den Weltraum vorgedrungen – der Beginn einer neuen Ära in der Raketentechnik. Hitler war begeistert und plante gleich eine Großoffensive mit der neuen Waffe. In Peenemünde wurde eine Raketenfabrik errichtet.

An der Ostsee wurde in diesen Monaten noch eine weitere »Wunderwaffe« getestet. Es war ein Fluggerät, das nach Gerhard Fieseler, einem im Ersten Weltkrieg berühmt gewordenen Piloten und Flugzeugbauer, benannt wurde. Die »Fi 103« war deutlich kleiner als die A4 und erinnerte in ihrer Bauart noch an Flugzeuge. Tatsächlich war die »Fi 103« aber eine fliegende

Die Sprengungen der Sowjets haben weite Teile der Produktionsanlagen verwüstet. Überall im Kohnstein liegen Reste von V1-Raketen, kaputtes Werkzeug und verbogene Stahlträger.

Bombe mit großer Zerstörungskraft. In Peenemünde hatte man ein Katapult gebaut, von dem aus erste Prototypen dieser Waffe in die Ostsee geschossen wurden. Doch die ungeheure Beschleunigung führte zu einer Deformation der Testobjekte. Mit ramponierten Flügeln kamen die Flugbomben immer wieder von der vorausberechneten Flugbahn ab. Die Ingenieure bekamen die technischen Probleme einfach nicht in den Griff. Doch als deutsche Piloten in der Luftschlacht um England schwere Niederlagen einstecken mußten, wurde der Ruf nach der noch nicht ausgereiften Flugbombe immer lauter. Und als sogar deutsche Städte von feindlichen Bombern angegriffen und schwer beschädigt wurden, wuchs der Druck auf die Bombenbauer von Usedom noch mehr. Die Stimmung im Reich drohte zu kippen, von Tag zu Tag mehr wich die Begeisterung über die Blitzkriegsführung der Angst um das eigene Leben. Hitler brauchte Erfolge, militärisch und propagandistisch. Schnell wurde dem Volk eine Vergeltungswaffe angekündigt, ein technisches Wunderding, das die Wende bringen sollte.

Doch bei der Herstellung der neuen Waffen waren den Verantwortlichen nicht nur technische Fehler unterlaufen. Der enorme Zeitdruck hatte dazu geführt, daß die Tarnung der Waffenproduktion vernachlässigt wurde. Bei Überflügen von feindlichen Aufklärungsflugzeugen waren auf dem Gelände A4-Raketen von oben gut erkennbar herumgelegen. Diese Flugkörper hatte man zudem noch weiß angestrichen. Im August 1943 flogen englische Bomber dann auch mehrere Angriffe auf Peenemünde. Dabei wurden zwar einige Anlagen in Schutt und Asche gelegt, nachhaltigeren Schaden nahm aber offenbar die Moral der Ingenieure. Sie wußten, daß sie sich fortan als »zum Abschuß freigegeben« betrachten mußten. Auch wenn sie selbst bei den Bombardierungen unversehrt geblieben waren, die Engländer würden zurückkommen. Wollte Hitler sein Versprechen einhalten und mit Wunderwaffen den Feind schlagen, mußte die Produktion in eine sicherere Region verlagert werden.

Arbeitssklaven für die Wunderwaffe

Im Führerhauptquartier »Wolfsschanze« fällt am 19. August 1943 ein folgenschwerer Beschluß: Das Kraftstofflager im Harzer Berg Kohnstein soll geräumt, das Stollensystem statt dessen für die Produktion der neuen Waffen ausgebaut werden. Das geplante Werk wird »Mittelwerk GmbH« getauft, die Flugbombe »Fi 103« wird in V1, die Fernrakete »A4« in V2 umbenannt. Hitler will die »Vergeltungswaffen« möglichst bald – und möglichst viele davon. Um die veränderte Nutzung des Kohnsteins und den Aufbau der neuen Produktion gibt es zwischen den militärischen und den wirtschaftlichen Spitzen des Deutschen Reiches erhebliche Meinungsverschiedenheiten und Auseinandersetzungen. Schließlich wird die Organisation des Projekts der SS übertragen. Denn für die Herstellung der Waffen wird eine große Zahl von Arbeitskräften benötigt. Mit dieser Aufgabe kennen sich Himmlers Leute aus. In unmittelbarer Nachbarschaft des Stollensystems errichten sie ein Konzentrationslager. Das KZ Mittelbau-Dora wird Ende August 1943 als Außenlager des KZ Buchenwald gegründet und ein Jahr später als selbständiges KZ weitergeführt. Es ist das erste Lager der Nazis, dessen Zweck ausschließlich auf der Versorgung eines Rüstungsbetriebes mit Arbeitskräften beruht. Aus ganz Deutschland, dazu aus allen besetzten Gebieten, werden Häftlinge in den Harz gebracht. Russen, Franzosen, Polen, Niederländer – Menschen aus 40 Nationen leben auf engstem Raum zusammen. Sie werden als Arbeitssklaven eingesetzt, die unter unmenschlichen Bedingungen die Stollen noch tiefer in den Kohnstein treiben und Produktionsanlagen einrichten.

Willi Kramer hat ein paar seiner Fundstücke in einen Raum gebracht, der früher einmal – tief unter der Erde – als Büro genutzt wurde. Auf einem Holzgestell steht jetzt neben allerhand Werkzeug auch ein verrostetes Telefon. Plötzlich greift Kramer in das Regal und führt einen großen Blechtrichter an seinen Mund, ei-

Über 50 Jahre lang war niemand mehr in den Werkstätten dieser Halle. Die Taucher können nur durch ein rund ein Quadratmeter großes Loch in das Untergeschoß einsteigen. Die Expedition ist riskant – das Grundwasser reicht dicht an die schwere Betondecke, weitere Ausstiegsmöglichkeiten gibt es nicht.

ne sogenannte Flüstertüte: »Herr von Braun ans Telefon, Herr von Braun ans Telefon!« ruft der Archäologe. Die Worte verhallen in den düsteren Gängen. »Natürlich war Wernher von Braun auch hier im Mittelwerk«, erzählt er. »Von Braun hat die Arbeiten häufig beaufsichtigt und selbstverständlich wußte er Bescheid über die grausame Behandlung der Zwangsarbeiter.« Und dann beschreibt Kramer, worunter nach seiner Kenntnis die Arbeiter besonders zu leiden hatten. »Da war zunächst die gleichbleibende Kälte – ob Sommer oder Winter, immer neun Grad. Dann die ewige Dunkelheit, viele Zwangsarbeiter haben wegen der langen Schichten überhaupt keine Sonne gesehen. Auch die Versorgung mit Nahrungsmitteln war katastrophal. Besonders zermürbend war aber der Krach, der hier herrschte und vor dem sich niemand schützen konnte.« Kramer stellt die Flüstertüte wieder ins Regal und geht ein paar Schritte weiter in den nächsten Raum. Hier müssen so etwas wie sanitäre Einrichtungen gewesen sein. Ein einfaches Becken, das an einer Mauer angebracht ist. Auf dem Boden zerbrochene Kloschüsseln. Kramer unternimmt einen weiteren Versuch, das Grauen, das hier herrschte, in Worte zu fassen. Dann bricht er ab und nennt eine Zahl. »Jeder Dritte«, sagt er. »Von 60 000 Zwangsarbeitern sind 20 000 zu Tode gekommen. Jeder Dritte hat Mittelbau-Dora nicht überlebt! Und das, obwohl das KZ eigentlich gar kein Vernichtungslager war.«

Nur wenige hundert Meter Luftlinie von dem Stollen entfernt steht das Verwaltungsgebäude der KZ-Gedenkstätte Mittelbau-Dora. Hier arbeiten Verwaltungsangestellte und Historiker. Das Gelände des ehemaligen Konzentrationslagers wurde schon 1966 von der DDR-Führung zur Mahnstätte erklärt, das Krematorium zum Museum ausgebaut, der weitläufige Appellplatz zum zentralen Ort für Gedenkveranstaltungen umgewandelt. Auf dem Gelände kreuzen sich die architektonischen Spuren des Faschismus und des staatlich verordneten Antifaschismus – ein Ort, der jedem Besucher die Sprache verschlägt.

Doch heute verirren sich nur wenige zu den Überresten des Arbeitslagers, es regnet kräftig, zudem weht ein unangenehm kalter Wind. Die alten Männer, auf die die Mitarbeiter der Gedenkstätte schon den ganzen Tag gewartet haben, weil heute der Jahrestag der Befreiung des Lagers ist, ziehen sich schnell in den einzigen einigermaßen gemütlichen Raum des Verwaltungsgebäudes zurück – eine Cafeteria, in der es für ein paar Mark Würstchen und Cola gibt. Hier sitzen sie nun zusammen und versuchen, eine gemeinsame Sprache zu sprechen. Und das ist nicht eben leicht. Der eine spricht Flämisch, ein anderer Deutsch und ein dritter Tschechisch. Die Männer verstehen sich trotzdem. Denn das, was sie zu erzählen haben, hat sich jedem längst tief in die Erinnerung eingegraben. Sie alle waren KZ-Insassen in Mittelbau-Dora, sie haben die Hölle überlebt und sind dennoch nie ganz von ihr losgekommen. Niemand, der als Opfer dabei war, kann die traumatischen Erlebnisse im Lager und in der unterirdischen Waffenfabrik vergessen. »Die Zeit im KZ Mittelbau-Dora«, sagt der Holländer Gottfried Elzenga mit leiser, gebrochener Stimme, »hat meinen Geist getötet. Ich konnte einfach keine Liebe mehr empfinden und kein Mitleid. Das ist lan-

Willi Kramer vor der Heckflosse einer V1-Rakete. Einige dieser Flugkörper waren für Selbstmordeinsätze konstruiert worden – die Expeditionsteilnehmer entdeckten Cockpits mit Armaturenbrettern.

ge so geblieben. Erst als mein Sohn geboren wurde, kam etwas Gefühl zurück.«

Nicht nur die Überlebenden von Mittelbau-Dora, viele ehemalige Insassen von Konzentrationslagern berichten, daß die Qualen nicht mit der Befreiung verschwunden seien. Auch Willi Kramer, der Archäologe, der zahlreiche ehemalige KZ-Häftlinge befragt hat, weiß davon zu berichten. Viele von ihnen stellten sich bis heute die Frage, warum so viele Insassen gestorben seien und ausgerechnet sie überlebt hätten. Eine Frage, die sich im Laufe der Jahre in einen Schuldkomplex verwandelt und unerträglich auf die Seele der Überlebenden gelegt habe. Tage wie heute müssen wie eine Befreiung wirken, denn den meisten, die hier zusammentreffen, wird dieses Leid bekannt vorkommen, gemeinsam läßt es sich besser verarbeiten.

Und so wird an diesem Tag nicht nur das Grauen der Vergangenheit in Erinnerung gerufen, sondern auch herzlich gelacht. Wobei dem jüngeren Zuhörer schon mal das Lachen im Halse steckenbleiben kann. Willy Frohwein, ein frischer, lebenslustiger Berliner, der trotz des ernsten Gesprächsthemas redet, wie ihm der Schnabel gewachsen ist, berichtet, daß er als Insasse von Mittelbau-Dora mit anderen Insassen Kochrezepte ausgetauscht hat. Und das in einer Zeit, in der es im Lager fast nichts zu essen gab. »Wir haben uns vorgestellt, was wir tun würden, wenn wir hier rauskämen. Geglaubt haben wir allerdings nicht daran. Wir haben uns halt was vorgemacht, um wenigstens den nächsten Tag noch erleben zu können.« Es ist ein bitteres Lachen, das er mit dieser Anekdote erntet. Wenn er jedoch auf seine damalige Arbeit im Stollen angesprochen wird, dann weicht jedes Lächeln aus seinem Gesicht. Denn das sei ja geradezu pervers gewesen, sagt er. Er sei ja deshalb überhaupt in Konzentrationslager gesteckt worden, zunächst nach Auschwitz, weil er sich geweigert habe, in einer Waffenfabrik zu arbeiten. Daß ausgerechnet er dann wieder in einer Fabrik habe arbeiten müssen, in der Waffen hergestellt wurden, dieser Gedanke sei kaum zu ertragen gewesen. Denn natürlich wisse er, daß die »V-Waffen« tatsächlich zum Einsatz kamen und – vor allem in England – zahllose Menschen töteten. Etwas Trost findet Willy Frohwein nur in der Erinnerung an Sabotageakte, die in der geheimen Waffenfabrik verübt worden seien: »Es gab da eine Gruppe, die hat beim Bau der V2 sabotiert. Als diese Raketen dann abgeschossen werden sollten, sind sie noch auf der Startanlage umgekippt und explodiert.« Frohwein schmunzelt zufrieden, doch dann verfinstert sich seine Miene blitzschnell: »Die Saboteure wurden allerdings erwischt und allesamt hingerichtet.«

Einstieg in die Unterwelt

Die Gruppe um Willi Kramer ist inzwischen – trockenen Fußes – in eine andere Kammer vorgedrungen. Bei Bergsicherungsarbeiten war ein etwa ein Quadratmeter großes Loch in den Betonplatten auf dem Boden entdeckt worden. Die Spalte gibt den Blick in ein Untergeschoß frei, das bis zur Decke mit Wasser gefüllt ist. Als Kramer und seine Leute sich an den Rand des Loches knien und ihre starken Taschenlampen in das – in den vergangenen Jahren etwas abgesunkene – Grundwasser halten, blicken sie in eine erstaunlich gut erhaltene Werkstatt. Von dem leicht bräunlichen Wasser eingeschlossen steht in der Ecke ein Schrank, daneben ein Stuhl, etwas weiter entfernt eine Werkbank. Es sieht aus, als sei der Raum kurz vor Kriegsende fluchtartig verlassen und seitdem von niemandem mehr betreten worden. Die Archäologen beschließen, durch den engen Spalt in das Wasser hinabzusteigen und mit Taucherausrüstung und Unterwasserkamera den Raum näher zu erkunden. Sorgfältig werden die Schutzanzüge angezogen, die Funksprechanlage ausprobiert, Sauerstoffflaschen angeschnallt. Nicht nur Willi Kramer und sein Assistent Klaus Knodt machen sich fertig zum Einsatz, auch ein dritter Taucher bereitet sich vor. Er soll oben an der Einstiegsluke warten und bei Notfällen seinen Kollegen zu Hilfe eilen. Eine Sicherheitsmaßnahme, die dringend geboten ist. Denn unter Wasser können in den ehemaligen Werkstätten durch die Bewegungen der Taucher Stahlträger verrutschen und den Rückweg blockieren. Und anders als bei Expeditionen auf dem Meeresgrund kann man sich im Stollensystem des Kohnstein nicht durch einfaches Auftauchen in Sicherheit bringen: Zwischen die Oberfläche des Wassers und die schweren Betonplatten des Zwischengeschosses paßt kein Finger. Der Rückweg der Unterwasserexpedition führt nur über das ein Quadratmeter große Einstiegsloch.

Als alle drei Taucher fertig sind, stellen sie sich zu einer kurzen Einsatzbesprechung zusammen. Es gilt, noch einmal die Verhaltensregeln bei einem Unfall durchzusprechen. Zwar sind die Taucher mit ihren Kollegen über Wasser per Sprechfunk verbunden, doch wenn der ausfällt, bleibt als letztes Kommunikationsmittel eine Leine, deren Spitze von den Tauchern mitgeführt wird und die ein Helfer von einer Kabeltrommel vorsichtig abrollt. An dieser Leine können die Taucher im Notfall kräftig ziehen und so entsprechende Zeichen geben. Nachdem sich alle Beteiligten noch einmal auf die Zeichensprache verständigt haben, steigt zunächst Klaus durch das enge Loch und verschwindet mit leiser werdendem Blubbern unter den Betonplatten. Als Willi Kramer nachsteigt, verkantet sich seine Preßluftflasche und wird ihm fast an den Betonplatten vom Rücken gerissen. Kramer hängt fest. Er kann weder nach unten ins Wasser noch aus eigener Kraft aus dem Loch heraus. Gleich stürzen zwei Helfer herbei, ziehen ihn mühsam wieder hoch, um ihn dann in einem passenden Winkel ins Einstiegsloch gleiten zu lassen.

Beide Taucher entdecken nun eine gespenstische Szene. Auf der Werkbank liegt ein Hammer, als wäre er zuletzt nicht vor über einem halben Jahrhundert, sondern erst gestern benutzt worden. Auf dem Fußboden steht eine offene Werkzeugkiste, als sei aus ihr gerade erst eine Zange genommen worden. An einem

Stuhl hängt eine Arbeitsjacke, auf einem Tisch steht eine Blechtasse. In einem weiteren Raum liegen Rumpfteile einer Rakete auf dem Boden. Alles ist überzogen mit dickem Schlamm und doch in seinen Umrissen gut zu identifizieren. Nur erahnen können die Taucher, welch ungeheurem Druck die Zwangsarbeiter in den letzten beiden Kriegsjahren ausgesetzt waren. Aus den später aufgefundenen Produktionsunterlagen geht beispielsweise hervor, wie ehrgeizig die Vorgaben des Oberkommandos Luftwaffe waren. So sollten im September 1944 das Stollensystem 400 V1-Flügelbomben verlassen, im Oktober gleich 1000, im November sollte die Fertigung erneut verdoppelt werden, um ab Dezember 1944 konstant bei 3000 Stück zu bleiben. Auch wenn die Vorgaben einfach nicht einzuhalten waren, wurde im Februar 1945 mit 2275 V1-Flügelbomben eine enorm hohe Produktionsgeschwindigkeit erreicht.

Die Herstellung der V2-Raketen war aufwendiger, was aber nicht bedeutete, daß sich das Heereswaffenamt mit einem langsameren Produktionstempo zufriedengegeben hätte. Anfang September waren die ersten V2 von Lüttich aus auf Paris geschossen worden, wenige Tage später wurden zwei V2 von Den Haag aus in Richtung London abgefeuert. Die Wirkung war verheerend. Augenzeugen berichten, daß eine V2 in London 600 Häuser zerstörte. Von nun an sollten immer mehr dieser »Wunderwaffen« zum Einsatz kommen: im Oktober 8, im November 12, im Dezember 14, im Januar 1945 20, im Februar 23, im März 25. Im April werden noch 14 Angriffe mit V2-Raketen gestartet, dann bricht der Einsatz ab. Im gesamten Zeitraum waren die logistischen Probleme beim Einsatz der V2 offenbar unterschätzt worden. Immerhin mußte eine V2 innerhalb von 90 Minuten startklar gemacht und abgefeuert werden. »Schießen und verschwinden« hieß der Leitsatz, um nicht selbst Opfer feindlicher Luftangriffe zu werden. Doch für die Startvorbereitungen der A4 war eine Batterie aus 230 Mann verantwortlich, die mit über 100 Einzelfahrzeugen unterwegs war. Auch mußte

Im Mittelbau wurde in drei Geschossen rund um die Uhr gearbeitet. Von 60 000 Zwangsarbeitern fanden im Stollensystem und im angrenzenden Konzentrationslager etwa ein Drittel den Tod.

das Personal sorgfältig geschult werden, wozu in den letzten Kriegsmonaten aber Ruhe wie Zeit fehlten. So produzierten die Zwangsarbeiter im Kohnstein eine enorme Anzahl von Raketen, von denen die wenigsten gestartet wurden. Waren in Peenemünde bis zum Sommer 1943 insgesamt 314 A4 hergestellt worden, so verließen zwischen Januar 1944 und April 1945 über 5700 V2 die Mittelwerk GmbH. Zwar standen die Raketen zum Abschuß bereit, aber die Heeresleitung war mit der Anwendung schlicht überfordert. So konnten die Alliierten in der Normandie landen und die Sowjets von Osten her in das Deutsche Reich eindringen, ohne daß sie durch die V1 und V2 entscheidend in Bedrängnis geraten wären. Hitlers Wunderwaffen waren zu spät fertig geworden.

Ort der Zerstörung

Willi Kramer ist eigentlich kein begeisterter Taucher. Er taucht nicht, weil es ihm Spaß macht, sondern weil er so auf archäologische Fundstücke stößt, die anderen nicht zugänglich sind. Daß Willi Kramer in der unterirdischen Anlage des Kohnstein überhaupt tauchen muß, um alte Werkstätten und Raketenteile zu untersuchen, hängt mit der Geschichte des Berges zusammen. Denn die Nazis hatten das Problem mit dem Grundwasser durch eine aufwendige Pumpanlage gelöst. So blieben die Produktionsstätten einigermaßen trocken. Doch als die Nazis ihre unterirdische Fabrik fluchtartig verließen, verfiel die Wasserpumpanlage, einige Teile wurden auch geplündert. Folglich stieg das Grundwasser und verwandelte weite Abschnitte des Stollens in einen unterirdischen See. Zwar blieben auf diese Weise viele Überreste unberührt, doch der Zugang zu ihnen ist mühsam.

Am 10. April 1945 – in Berlin hatte sich Hitler in sein eigenes Erdloch zurückgezogen, vom Mittelwerk hatten sich 500 Wissenschaftler und Ingenieure mit einem Sonderzug nach Bayern abgesetzt – erreichten amerikanische Soldaten den Kohnstein. Wenn überhaupt, hatten sie nur eine schwache Ahnung davon, was sich in den letzten Jahren im Innern des Berges abgespielt hatte. Zwar hatten Agenten immer wieder von der Produktion einer Geheimwaffe mitten in Deutschland berichtet, aber die Hinweise waren zu wenig konkret.

Als sich im Januar und Februar 1945 jedoch die Indizien verdichteten, daß im Kohnstein Raketen hergestellt würden, diskutierten die Alliierten, wie die vermutete Produktionsstätte zerstört werden könnte. Der radikalste Vorschlag, ein brennbares Gemisch aus Petroleum und Schmierseife abzuwerfen, das selbst in die Ritze von Gebäuden dringen würde, wurde verworfen. Ebenso die Idee, brennendes Phosphor in die Luftschächte zu leiten und die Insassen des Berges zu ersticken. Die Alliierten vermuteten völlig zu Recht, daß nicht die Nazis allein, sondern vor allem Zwangsarbeiter die Raketen bauten. Deren Leben wollte man nicht unnötig aufs Spiel setzen. So blieb bis zuletzt unklar, welch gewaltiges Ausmaß die Waffenfabrik hatte. Als die Amerikaner bis zum Kohnstein vorgedrungen waren, kamen sie aus dem Staunen kaum heraus – und sie beeilten sich, alles, was einigermaßen beweglich war, abzutransportieren. Denn eigentlich gehörte der Kohnstein in den bereits Monate zuvor ausgehandelten Zuständigkeitsbereich der Sowjets. Und die würden den Kohnstein und seinen wertvollen Inhalt sicher bald ebenfalls entdecken. So wurden unter anderem 100 fabrikneue V2-Raketen beschlagnahmt, in Güterwaggons in die Niederlande gebracht und von dort in die USA verschifft.

Wenige Wochen später trafen die Sowjets ein. Auch sie waren mächtig beeindruckt und beschlossen, einige Teile der Anlage, die die Amerikaner zurückgelassen hatten, in Kisten zu verpakken und in die Sowjetunion zu bringen. Andererseits war aber die Versuchung zu groß, die nur leicht beschädigten Produktionsstätten wieder in Gang zu setzen und selbst Raketen herzustellen. Schnell wurden deutsche Fachleute zurückgeholt, die mit den Sowjets den Bau der geheimnisvollen Waffen in dem nahe gelegenen Ort Bleicherode wiederaufnehmen sollten. Insgesamt 2000 deutsche Raketenbauer standen plötzlich in den Diensten der Sowjets. Kurz darauf wurde tatsächlich eine V2 für Testzwecke fertiggestellt. Doch der Technischen Sonderkommission (TSK) der Sowjets behagte die Produktionsstätte in Deutschland, weit weg vom eigenen Machtzentrum, überhaupt nicht.

Serienproduktion der V2: Im Stollen 38 lagerten die Mittelteile der Rakete mit den Treibstofftanks für Flüssigsauerstoff und Alkohol. Die V2-typischen Tarnfarben sind bereits auf der Außenhaut aufgetragen. Aufnahme von 1944.

Die Waffen konnten ja auch, in Einzelteile zerlegt, in aller Ruhe in der Sowjetunion untersucht und dort zusammengesetzt werden. Also wurden die Anlagen, die noch nicht unter Wasser standen, zum größten Teil verpackt und auf die lange Reise nach Osten geschickt; mit ihnen etwa 300 deutsche Experten, denen eine Karriere als Raketenbauer in der Ostukraine bevorstand, die dann aber doch nicht so glanzvoll verlaufen sollte wie die ihres Kollegen Wernher von Braun in den USA. Da die Sowjets jetzt das Interesse am Kohnstein verloren hatten, wollten sie ihn zum Einstürzen bringen. Eine fixe Idee, wie sich bald herausstellen sollte. Denn die Stollen brachen nur an einigen wenigen Stellen ein, gerade mal die Eingänge konnten verwüstet und somit versperrt werden.

Immer wieder mußten die Archäologen jetzt über Hügel voller Geröll klettern, aus denen deformierte Eisenträger herausragen. Zum Teil liegen die riesigen Felsbrocken sogar in Stollenabschnitten, die von den Explosionen gar nicht in Mitleiden-

Zwangsarbeiter aus dem KZ Mittelbau-Dora bei letzten Arbeiten am Abschußtisch, auf den die V2 für den Start gestellt wurde – hier im Hintergrund vor den Heckteilen von zwei Raketen zu erkennen. Auf jedem Abschußtisch befand sich ein Kabelmast zur bodenseitigen Versorgung der Rakete mit Strom. Aufnahme von 1944.

schaft gezogen wurden. Willi Kramers Erklärung ist, daß der Druck der Sprengung so gewaltig war, daß einige Gesteinsbrokken durch die zwei Kilometer langen Hauptstollen geschleudert wurden. Und während die Raketenteile, die Kramers Leute unter Wasser untersuchten, eine braune Schlammschicht verdeckt, sind die Felswände über der Wasseroberfläche mit dickem Ruß überzogen. Spuren menschlicher Zerstörungswut, wohin man auch blickt. Die Stollenanlage ist kein Ort, an dem sich die Archäologen um Willi Kramer gern lange aufhalten. Und dennoch verspüren sie nach ihrer wochenlangen Expedition ein befriedigendes Gefühl. Das Gefühl, mit ihrer Arbeit, die jetzt dokumentiert und publiziert wird, einigen Menschen die Augen zu öffnen.

Thomas Förster

Titanic der Ostsee

Die Hoffnung auf schönes Sommerwetter ließ den Landesverband für Unterwasserarchäologie und das Landesamt für Bodendenkmalpflege für die zweite Augusthälfte eine Expeditionsfahrt in die Gewässer um die Insel Rügen planen. Nach und nach treffen am Abend die Taucher auf dem »Seefuchs« ein und verstauen ihre Ausrüstung – bestehend aus schweren Sauerstoffflaschen, Trockentauchanzügen, dem Kompressor, zwei Schlauchbooten, diverser Ortungstechnik, Fässern mit Treibstoff und dem Proviant – an Bord. Als alles seinen Platz gefunden hat, werden die Kojen im ausgebauten Fischraum von den zwölf Expeditionsteilnehmern bezogen. Bei einem Glas Rotwein erfolgt eine kurze Vorstellung der Fahrtroute und der zu untersuchenden Wracks. Die Grundlage für die geplante Auffindung und Untersuchung der Wracks bilden Meldungen von Unterwasserhindernissen durch das Bundesamt für Seeschifffahrt und Hydrographie sowie die Bundesmarine; hinzu kommen die für Wassertiefen bis zu sechs Metern, die keine Wracksuchschiffe mehr anlaufen können, idealen Luftbilder von Otto Braasch. Die einzelnen Positionen sind zwar erfaßt worden, allerdings sagen die Luftbilder und die Aufnahmen mit den hydroakustischen Meßinstrumenten sehr wenig über das Alter und den Denkmalswert der einzelnen Wracks aus. Ziel der Expedition ist es, die Positionen auf See wiederzufinden, über die Satellitennavigation genau einzumessen sowie Datierungen aufgrund der Konstruktion und mittels entnommener Holzproben über die Dendro-

Vorhergehende Doppelseite:
Mit Kunststoffkeilen wird die mehrfache Beplankung des »Gellenwracks« demontiert; die Planken sind numeriert, damit sie später im Museum wieder alle ihren zugehörigen Platz finden.

chronologie zu erhalten. Das erste Untersuchungsgebiet liegt im Ausgang des Greifswalder Boddens beim Landtief zwischen der Insel Rügen und der kleinen Insel Ruden. Vorhergehende Sondierungen versprechen hier spannende Entdeckungen.

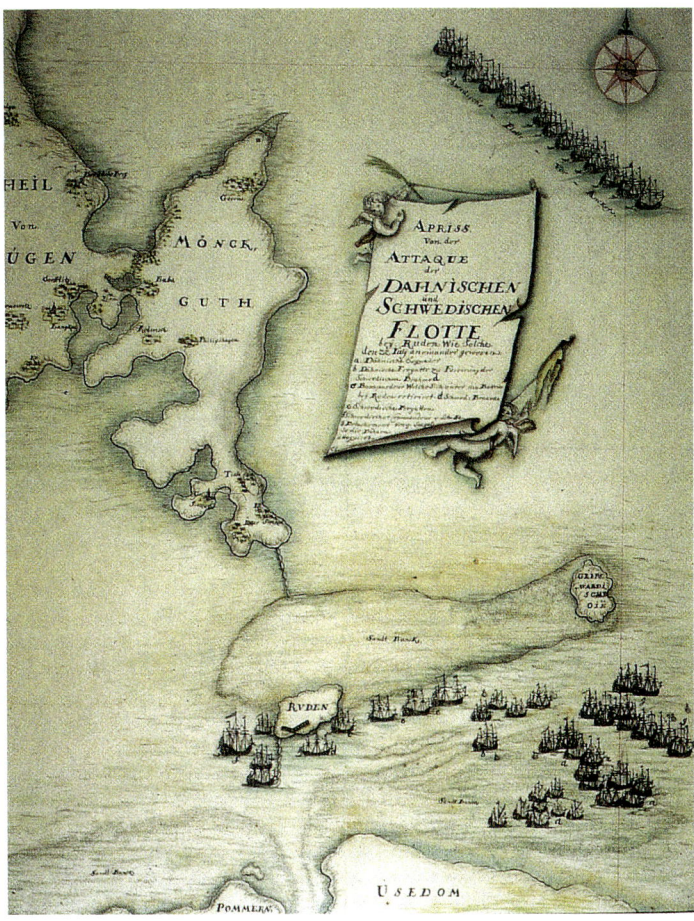

Historische Karte der Schiffssperre von 1715. Die südöstlich der Insel Rügen verzeichneten Wracks unterstützten die Archäologen bei der Auffindung des bedeutenden Fundplatzes.

Wracks als Schiffssperre

Das monotone Tuckern der Maschine und Kaffeegeruch wecken am nächsten Morgen die Crew. Der »Seefuchs« hat abgelegt und fährt über den Ryck in Richtung Ostsee. Nach der Sichtung von alten Akten und Urkunden verdichteten sich die Hinweise, daß während des Nordischen Krieges (1700–1721) im Greifswalder Bodden eine Schiffssperre angelegt wurde. Jochen, Geschichtsstudent an der Universität Greifswald, der diese Thematik erforscht und im Reichsarchiv von Stockholm aufschlußreiche Seekarten einsehen konnte, berichtet: »Im Nordischen Krieg kämpften unter anderen Schweden und Dänen um die Vorherrschaft in der Ostsee. Eine wichtige Schlüsselstellung bildete dabei das schwedisch besetzte Vorpommern mit Stralsund und der Insel Rügen. 1715 segelte ein großer dänischer Flottenverband in Richtung Rügen. Die Schweden versuchten die gegnerische Offensive zum Schutz von Stralsund und Rügen zu stoppen, indem sie zahlreiche einheimische Schiffe requirierten, mit schweren Steinen beluden und im Fahrwasser des Greifswalder Boddens – im damaligen Neuen Tief – versenkten. Zusätzlich riegelten auf Rügen und auf der Insel Ruden kanonenbewehrte Bastionen mögliche Schlupflöcher ab. Als großer Fehler für die Schweden erwies es sich, daß sie zum Bau einer Bastion das Gehöft des Lotsen auf Ruden abtrugen. Aus Rache unterstützte er die dänische Flotte und geleitete sie über sicheres Fahrwasser in den Greifswalder Bodden, so daß die Dänen ihre Operation gegen die Schweden erfolgreich weiterführen konnten.«

Was 1715 für die einheimischen Schiffer eine Katastrophe war, stellt 1998 für die Schiffsarchäologen einen Glücksfall dar. Bei Voruntersuchungen konnten bereits seit 1996 einzelne Wracks lokalisiert werden. Um die genaue Zahl der versenkten Schiffe zu ermitteln, wurde die Sperre mit einem Side-Scan-Sonar vermessen. Das Sonar tastet in einem hydroakustischen Meßverfahren den Seegrund ab und registriert dort alle Erhe-

Der Fischkutter »Seefuchs« ist das Basisschiff für die Expeditionen der Unterwasserarchäologen, hier ankert er vor dem Hintergrund der slawischen Tempelburg von Arkona.

bungen – also beispielsweise Wracks. So konnten in dem Seegebiet über 24 Anomalien festgestellt werden. Eine wichtige Hilfestellung leistete der Luftbildarchäologe Otto Braasch. Nach mehrmaligen vergeblichen Versuchen vermochte er bei endlich klarem Wasser im meist trüben Bodden wie auf einer Perlenkette aufgereiht 17 Wracks abzulichten. Auf dieser Grundlage sollen nun die einzelnen Wracks aufgefunden und vermessen werden.

Nur noch wenige Seemeilen trennen uns von der Fundstelle. Der Kompressor rattert – Martin und Olaf füllen die Tauchflaschen mit komprimierter Atemluft. Kapitän Ole hat den »Seefuchs« mittlerweile auf Ankerposition gebracht, Bootsmann René läßt den zentnerschweren Anker ins Wasser klatschen. Um

Beschädigungen an den Wracks durch den Anker zu vermeiden, fahren wir die Fundstelle mit dem Schlauchboot an. Olaf rüstet das Schlauchboot mit GPS (Global Positioning System) zur Positionsbestimmung via Satellit und mit einem Sonar zum Abtasten des Grundes aus. Danach wird die Tauchtechnik eingeladen. Beim ersten Tauchgang wollen Stefan, Maschinenbaustudent und ehemaliger Marinetaucher aus Rostock, und ich die einzelnen Wracks mit einem Scooter abfahren und für die Folgeuntersuchungen mit Bojen markieren. Für die kraftsparende und schnelle Suche unter Wasser hat sich dieses kleine Tauchfahrzeug mit Elektromotor, mit dem man sich über Grund schleppen lassen kann, sehr bewährt. Wir ziehen uns Fleeceunterzeug und die wärmenden Trockentauchanzüge an, da der verregnete Sommer dieses Jahr die Ostsee kaum erwärmte. Als Sicherheitstaucher steigt Martin mit uns in das Schlauchboot. Er beobachtet die knallgelben Signalbojen, die wir mitführen, und kann in schwierigen Situationen sofort zu Hilfe eilen.

Als alles verstaut ist, legen wir ab und steuern in schneller Fahrt auf die Position zu. Schon nach kurzer Zeit sieht Olaf auf dem Display des Sonars die erste Erhebung auf dem Grund. Wir legen die schweren Bleigurte, Tauchflasche und Flossen an und springen mit Vollgesichtsmaske ins trübe Wasser. Die Sicht beträgt kaum einen Meter. Langsam kommen wir auf dem Grund an und jagen mit aufheulenden Scootern in Richtung der vermuteten Wrackstelle. Plötzlich erhebt sich wie ein Ungeheuer aus dunkler Vorzeit das Wrack aus dem hellen Sand. Spanten, Planken und der mächtige Kielbalken ragen aus einem zwei Meter hohen Haufen von Steinen, die 1715 von schwedischen Soldaten in den Laderaum geworfen wurden: Die tonnenschwere Last hat das 20 Meter lange Schiff zerbrochen. Allerdings bewahrten die Steine die Schiffshölzer auch vor Zerfall und dem Abdriften in der Strömung, so daß noch ein Ensemble vorhanden ist.

Stefan und ich inspizieren das Wrack. Wir ertasten das lange Kielschwein. Dieser Balken wurde über die Spanten hinweg mit dem Kiel verbunden und diente mit quadratisch ausgearbeiteten Vertiefungen als Lager für die Masten. Ich erinnere mich an ein altes Brauchtum bei den Schiffbauern: In diese Vertiefungen – den Mastschuh – wurden Münzen hineingelegt, die dem Schiff Glück bringen sollten. Vorsichtig fächle ich mit der Hand Sand und Schlick aus der Vertiefung. Ich erkenne eine Konkretion aus Sand und Rost – aber glänzt es dort nicht silbern!? Mit dem Tauchermesser stemme ich die Verkrustungen ab und halte plötzlich eine Silbermünze in der Hand. Im Boot wird der Fund genauer begutachtet: Die Münze wurde 1679 vom brandenburgischen Kurfürsten geprägt und stellt so etwas wie die Geburtsurkunde des Schiffes dar.

In den nächsten beiden Tagen gelingt es, in der zweieinhalb Kilometer langen Schiffssperre alle 17 Wracks zu lokalisieren. Von den Schiffshölzern wurden Proben zur Bestimmung durch die Dendrochronologie entnommen. Da feuchte und warme Jahre unterschiedliche Dicken der Jahresringe ergeben, kann der Computer diese Abfolge wie einen Strichcode aus dem Warenhaus entziffern und das genaue Fälldatum der Hölzer ermitteln. Eine weitere Überraschung hält dieser Fundplatz bereit, als wir in der Nähe der Wracks einige Abschläge von Steingeräten entdecken. In diesem Gebiet des Greifswalder Boddens gab es noch im 14. Jahrhundert eine Landverbindung zwischen Usedom und Rügen, die erst in einer Sturmflut brach. So ist es gut möglich, daß hier auch vorgeschichtliche Siedlungsplätze aufzuspüren sind. Eine spätere Expedition soll darüber Aufschluß liefern.

Bereits ein Blick auf die Landkarte macht deutlich, daß Mecklenburg-Vorpommern im deutschen Nordosten den Unterwasserarchäologen ein breites Betätigungsfeld bieten muß. Mit seiner langen, von Bodden- und Haffgewässer zerklüfteten Außenküste besitzt das Bundesland eine Gesamtküstenlänge von 1712 Kilometern; Binnenseen bedecken 5,4 Prozent der Landesfläche. Die frühesten Spuren menschlichen Wirkens sind hier 10 000 Jahre alt. Infolge von Landabsenkung gerieten viele frühe Sied-

Links: Mit einem Metalldetektor wird das Umfeld des Wracks sondiert.
Rechts: Dokumentation unter Wasser: Der Bleistift hält alle wichtigen
formationen auf Folie fest.

lungsplätze im Küstengebiet unter Wasser. Durch Stürme, Krie-
ge und andere Katastrophen versanken tausende Schiffe als
Zeugnisse einer langen Seefahrtstradition. Heute befinden sich
diese submarinen archäologischen Fundplätze unter Luftabschluß in einem sehr guten Erhaltungszustand.

Zu ersten Forschungen kam es bereits von 1933 bis 1938, als
Korvettenkapitän von Müller-Berneck vor der slawischen Tempelburg von Arkona nach dem Hafen der sagenhaften Jomsburg
suchte. Zwar verfolgte er damals eine haltlose wissenschaftliche
These, aber sein Einsatz von Helmtauchern, Vermessungsschif-
fen der Kriegsmarine und Flugzeugen erwies sich als beispielhaft
für heutige Prospektionsverfahren. Auf Initiative der Deutschen

Akademie der Wissenschaften wurde in der ehemaligen DDR die Erkundung von archäologischen Fundstellen unter Wasser fortgeführt. Taucher untersuchten Brückenanlagen der Slawen, führten Vermessungen an Wasserburgen des 13./14. Jahrhunderts – den sogenannten Kemladen – durch und erkundeten Wracks vor der Küste von Hiddensee. Mangelnde finanzielle Förderung und die Verschärfung der Grenzgesetze – Tauchgänge mit Atemluftflaschen endeten nicht selten vor NVA-Kalaschnikows – brachten diese hoffnungsvollen Forschungen Anfang der siebziger Jahre völlig zum Erliegen.

Erst nach der politischen Wende von 1989 wurde die Ostsee für archäologische Forschungen wieder zugänglich. Interessierte Sport- und Berufstaucher gründeten 1990 den Landesverband für Unterwasserarchäologie e.V., der mit über 70 Mitgliedern im Auftrag des zuständigen Landesamts für Bodendenkmalpflege in der Ostsee und den Binnenseen tätig ist. In enger Abstimmung zwischen dem Landesamt und seinen ehrenamtlichen Helfern konnten bislang mehr als 130 Fundplätze in der Ostsee, den Binnenseen und verschiedenen Flüssen untersucht werden. Mit finanzieller Projektförderung des Kultusministeriums von Mecklenburg-Vorpommern führt der Landesverband viermal im Jahr einwöchige Expeditionsfahrten auf der Ostsee durch. Als Basisschiff dient der »Seefuchs«, ein 26 Meter langer ehemaliger Fischkutter, der mit seinem Baujahr 1958 selbst schon fast ein Museumsstück ist und sein Domizil zwischen den historischen Segelschiffen im Greifswalder Stadthafen gefunden hat.

Ein mittelalterliches Wrack

Nach dem erfolgreichen Abschluß der Tauchgänge tuckert unser Kutter in voller Fahrt durch den Strelasund an der alten Hansestadt Stralsund vorbei zum Gellen, dem südlichen Teil von Hiddensee. Vor seiner flachen, sandigen Küste konnten wir

Mit diesem mittelalterlichen Grapen – einem dreibeinigen Bronzetopf – kochte man an Bord auf offenem Feuer.

1996 eine sensationelle Entdeckung machen. In nur drei Meter Tiefe stießen wir auf das Wrack eines koggenähnlichen Schiffs – das »Gellenwrack« mit einer Fracht aus fein polierten Kalkplatten von der Insel Öland. Konstruktion, Einzelfunde und die Dendrochronologie lieferten unumstößliche Hinweise auf seine archäologische Bedeutung. Das Fahrzeug strandete in der ersten Hälfte des 14. Jahrhunderts südlich der alten Fahrrinne nach Stralsund.

Um 1330 aus skandinavischer Kiefer gebaut, besaß es zu unserer großen Überraschung eine dreifache Beplankung. Die innere Plankenlage wurde in sogenannter Schalenbauweise in Klinkertechnik ausgeführt: Die Planken überlappen sich dachziegelartig in Längsrichtung. Auf diese Art zimmerte man Planke für Planke auf und setzte erst zum Schluß die stabilisierenden

Teile der dreifachen Beplankung des Gellenwracks: Die innere geklinkerte Plankenschicht wurde mit Keilen ausgeglichen, so daß die Planken der Außenhaut glatt abschlossen.

Spanten in die fertige Rumpfschale ein. Die Außenhaut des Gellenwracks wurde verstärkt, indem die Überlappung der Klinkerplanken mit langen, keilförmigen Planken ausgeglichen wurde. Auf diese brachte man abschließend eine dritte, glatte Plankenhaut auf. Die glatte (kraweele) Bauweise, bei der zunächst das Spantenskelett gefertigt wurde, um es dann mit Planken zu versehen, setzte sich dagegen erst in den folgenden Jahrhunderten auf der Ostsee durch.

Vielleicht hatten hansische Kaufleute bereits von der aus dem Mittelmeerraum stammenden Bauweise erfahren und bestellten ihr Schiff mit einer glatten Plankenhaut. Ohne Kenntnis der Kraweeltechnik versuchten die einheimischen Schiffbauer eine Lösung mit der ihnen vertrauten Schalenbauweise zu erreichen. Weil der bedeutende Fund bereits durch die sich in der Ostsee

97

Taucher beim Abstieg am Grundtau bis in 45 Meter Tiefe zum Wrack des 1901 gesunkenen Kreuzers »Wacht«, acht Seemeilen nordöstlich von Kap Arkona.

ausbreitende Schiffsbohrmuschel befallen war, entschloß sich das Landesamt für Bodendenkmalpflege zu einer Notbergung des Wracks, die 1997 abgeschlossen werden konnte. Es wird in einer eigens aufgebauten Werkstatt in Schwerin wissenschaftlich betreut und konserviert, bevor es sich im neueröffneten »Museum für Unterwasserarchäologie« in Saßnitz präsentieren kann.

Da das südliche Ende der Insel Hiddensee durch extrem hohe Küstendynamik mit sich ständig verlagernden Sandbänken gekennzeichnet ist, gilt diesem Gebiet nach wie vor unsere hohe Aufmerksamkeit. Möglich ist, daß eine meterhohe Sandbank plötzlich von der Strömung abgetragen wird und weitere Hölzer und Funde vom Gellenwrack freigibt. Die Sondierung an der

Fundstelle wird durch Olaf, Stefan und unsere beiden Tauchschülerinnen Diana und Esther durchgeführt.

Die Taucher gleiten in voller Ausrüstung vom Schlauchboot ins Wasser. Sonnenlicht und Wellen werfen glitzernde Reflexe auf den geriffelten Sandboden. Schnell ist die altbekannte Fundstelle errreicht. Tonnenschwere Ankersteine für die Arbeitsboote und die aus Stahlstangen bestehenden Meßpunkte wurden im Grund belassen, als mögliche Basis für Folgeuntersuchungen. Wo noch vor einem Jahr die baumstarken Spanten und die Planken des Gellenwracks lagen, erstreckt sich heute eine monotone Sandfläche – keine Veränderungen feststellbar. Stefan weist in südliche Richtung, und die vier Taucher schwimmen zum Wrack des dänischen Schoners »Jessie«, der 1960 nur 50 Meter entfernt vom Gellenwrack strandete. Die Wucht des Aufstoßes riß den Ofen aus der Verankerung – das hölzerne Schiff mit einer Ladung Braunkohlenbriketts brannte in einem grausigen Schauspiel aus.

Esther und Diana schweben über das Skelett der verkohlten Spanten, finden das mächtige Bratspill aus Eichenholz und folgen der Ankerkette, die in Richtung offene See verläuft und mit dem Anker endet: ein letzter Rettungsversuch der »Jessie« – nur fand der Anker in dem sandigen Grund keinen Halt. Stefan und Olaf inspizieren den gewaltigen Glühkopfmotor und die Verstellschraube aus Bronze. Olaf fächelt vorsichtig den Sand von den Schraubenblättern und hält plötzlich einen mittelalterlichen Bronzekochtopf in den Händen. Er stammt offensichtlich vom Gellenwrack, wurde durch die Strömung abgetrieben und verklemmte sich unter dem Wrack der »Jessie«. Von diesen dreibeinigen Bronzetöpfen – den Grapen – konnten bereits 1997 fünf gut oder teilweise erhaltene Gefäße geborgen werden. Dieser Grapen weist zu meiner Überraschung an der Innenseite des Randes die Marke des Grapengießers auf. Das geteilte Wappenschild und ein auf der Seite liegendes »X« deuten daraufhin, daß der Topf um 1350 in Lübeck gegossen wurde – vielleicht stan den Schiff und Besatzung des Gellenwracks in enger Beziehung zu der bedeutenden Hansestadt?

Bei einem opulenten Mahl fährt der »Seefuchs« in der Abendsonne an der Westküste von Hiddensee und Rügen vorbei in die Tromper Wiek. Kapitän Ole hält ausreichend Abstand von der steil aufragenden Küste von Arkona, die, gekrönt mit zwei Leuchttürmen und der alten slawischen Tempelburg, schon aus der Ferne sichtbar ist. In den letzten Jahren konnte die Tauchcrew in diesem Gebiet mehr als 50 Schiffswracks dokumentieren, denen die stürmische See und Untiefen zum Verhängnis wurden. Mit dem Einlaufen am Reedeplatz, in der geschützten Bucht zwischen Kap Arkona und den Kreidefelsen von Stubbenkammer, nähert sich die Expedition ihrem Höhepunkt.

Kollision mit dem Panzerschiff

Denn am nächsten Tag soll am Wrack des Kreuzers »Wacht« getaucht werden – an der »Titanic der Ostsee«, wie Techniker Eckbert sagt. Der Morgen weckt uns mit Sonnenschein und Windstärke sechs aus Südwest. Da sich der Wind jedoch beruhigen soll und wir an der Untergangsposition der »Wacht« eine Verabredung mit Tauchern der Bundesmarine haben, laufen wir aus dem Windschutz der Tromper Wiek aus. Was jetzt nicht sicher verstaut und festgebunden ist, fliegt bei diesem Seegang mit lautem Scheppern durch die Gegend. Smutje Steffen kämpft verzweifelt mit Tassen und Tellern. Die Überfahrt wird für eine kurze Besprechung der Tauchgänge genutzt. Die »Wacht« wurde mit Nummer 85 von der Werft AG »Weser« in Bremen gebaut und 1888 als Aviso in Dienst gestellt. Sie hatte eine Länge von 85 Metern, war zehn Meter breit und konnte mit einer Maschinenleistung von 3461 PS die beachtliche Geschwindigkeit von 19 Knoten (etwa 35 km/h) erreichen. Mit ihrer kunstvollen Rumpfkonstruktion aus Holz und Eisen stellte die »Wacht« ein

100

»High-Tech-Kriegsschiff« der Jahrhundertwende dar. Als technisches Unikat blieb sie in 45 Metern Tiefe erhalten, während ihre Pendants in Abwrackwerften endeten oder von Tauchern zur Schrottgewinnung zersprengt wurden.

Unter dem Kommando des Korvettenkapitäns Hugo von Cotzhausen nahm sie im Sommer 1901 als leichter Kreuzer an einem Manöver in der Ostsee teil. Am 4. September 1901 sollte die »Wacht« die Formation von in Linie laufenden Panzerschiffen durchbrechen. Durch Mißverstehen eines Flaggensignals und Fehleinschätzung der Fahreigenschaften kollidierte sie mit dem Panzerschiff »Sachsen«. Korvettenkapitän Cotzhausen konnte den Rammstoß der »Sachsen« in letzter Minute in den stabilen Mittschiffsbereich lenken. Dennoch war die »Wacht« schwer getroffen. Es blieb gerade noch Zeit, die gesamte Besatzung zu retten, bevor sie auf eine Tiefe von 45 Metern versank. Der Kommandant mußte sich vor dem Seegericht verantworten – die Anklage lautete auf »Versenkung von S.M.S. Wacht durch Fahrlässigkeit«. Zahlreiche Akten im Bundesarchiv Freiburg geben Aufschluß über die Untersuchungen, die mit Freispruch für Hugo von Cotzhausen endeten.

Bereits vom 30. September bis zum 3. Oktober 1901 untersuchten Helmtaucher der Kaiserlichen Kriegsmarine das Wrack. Nachdem die Flagge geborgen und der Mast umgerissen war, versank es in einen langen Dornröschenschlaf, bis es 1980 von einem Forschungsschiff des damaligen Instituts für Meeresforschung Warnemünde wiederentdeckt wurde. Die Taucher drangen wegen der zahlreichen Netze nicht bis ans Wrack vor und konnten es nicht als historisches Kriegsschiff identifizieren. Durch das seit 1993 geltende Denkmalschutzgesetz von Mecklenburg-Vorpommern ist das Landesamt für Bodendenkmalpflege nicht nur für slawische Kielboote und Koggen zuständig, es nimmt sich auch der neueren Wracks an. In seiner Fundstellenkartei sind bislang mehr als 500 Positionen vermerkt. Zahlreiche Segel- und Dampfschiffe der letzten 200 Jahre sind wie

Historische Aufnahme der »Wacht«, der »Titanic der Ostsee«. Fotos wie dieses halfen bei der Orientierung am Wrack. Mit Bürsten ließ sich die Verzierung am Bug freilegen.

die »Wacht« nur als Wrack erhalten geblieben. Die Schiffsrümpfe, das Inventar, die Maschinen und andere Ausstattung lassen die Herzen vieler Historiker, Museologen, Volkskundler und Denkmalschützer höher schlagen. Bei diesen Fundstellen erfolgt teilweise ein fließender Übergang vom archäologischen zum technischen Denkmal. Der Schutz der zahlreichen Wracks konnte zuletzt in enger Zusammenarbeit mit der Wasserschutzpolizei, der Küstenwache und der Bundesmarine realisiert werden.

In der schweren See taucht vor uns das graue Taucherbasisschiff »Langeoog« auf, und über Seefunk erfahren wir, daß der Minensucher »Mühlhausen« ebenfalls auf dem Weg zur »Wacht« ist. Der »Seefuchs« läßt den Anker in die blaugrüne Unendlichkeit der Ostsee fallen. Allerdings vergeblich, da die starke Strömung den Kutter abtreibt, ohne daß der Anker Halt im schlickigen Grund findet. Von der »Langeoog« wirft man uns eine Schlepptrosse zu, so daß wir über der »Wacht« zum Liegen kommen. Der Seegang nimmt indes beständig zu – Taucharbeiten sind bei einer Wellenhöhe von zwei Metern ausgeschlossen. Plötzlich zerreißt mit einem ohrenbetäubenden Knall auch noch die armstarke Verbindungstrosse zwischen dem Kutter und dem grauen Schiff der Bundesmarine.

Um nicht das Schicksal der »Wacht« zu teilen, entschließt sich unser kleiner »Flottenverband«, in die geschützte Tromper Wiek zurückzukehren. Das ruhige Wasser dort bietet Gelegenheit, die Ausrüstung bei einem Tauchgang am »Arkonawrack« – einer ehemals stark armierten kleinen dänischen Fregatte – zu testen. Als Vertreter des Landesamts für Bodendenkmalpflege werden Dr. Harald Lübke und ich an Bord der »Mühlhausen« vom Kommandierenden der Minenkräfte, Kapitän zur See Schreck, begrüßt. Er erläutert uns die Aufgabe seines Verbandes, die in der Erstellung eines Minenkatasters für die Ostsee besteht: Noch immer bedrohen abgetriebene scharfe Minen und Torpedos sowie verklappte Giftgasgranaten der Siegermächte des Zweiten Weltkriegs Menschenleben. Positiver Nebeneffekt dabei ist, daß die Marine bei der Minenortung entdeckte historische Wrackstellen umgehend ans Landesamt meldet. Die gute Zusammenarbeit soll am morgigen Tag Ausdruck in gemeinsamen Tauchgängen an der »Wacht« finden. Die Nacht steht unter einem guten Stern, da der Wind völlig einschläft und die See spiegelglatt ist.

Unter dem Kommando von Karsten, nautischer Offizier der Handelsmarine, steuert der »Seefuchs« zum wiederholten Mal der »Wacht« entgegen. Wieder wird in einiger Entfernung gean-

Bei einem Ostseemanöver rammte ein Panzerschiff am 4. September 1901 die »Wacht«, die gesamte Besatzung konnte noch mit Rettungsbooten geborgen werden. Historische Aufnahme.

kert, da wir das Wrack nicht beschädigen wollen. Eckbert und Axel bringen das Grundtau für den sicheren Ab- und Aufstieg genau am Bug der »Wacht« aus und gehen mit dem Schlauchboot auf Position. Als hilfreich erweist sich wieder das Sonar, das uns ganz genau die Konturen des Bugs anzeigt. Die Taucher der Bundesmarine sind bereits im Wasser und markieren interessante Punkte am Wrack. Die große Tiefe erfordert für die teilnehmenden Sporttaucher eine gründliche Vorbereitung des Abstiegs und die Beachtung sämtlicher Sicherheitsvorkehrungen.

Beim ersten Tauchgang soll das Wrack mit zwei getrennten Videosystemen dokumentiert werden. Die erste Gruppe wird von

Eckbert, seinem Bruder Olaf, unserem Kameramann Thomas und mir gebildet. Eckbert und Olaf sollen das Wrack mit Handscheinwerfern ausleuchten und uns absichern, da die unhandlichen Kameras bei den vielen Netzen zu gefährlichen Situationen führen könnten. Die Technik wird routiniert ins Schlauchboot geladen, wobei Stefan als Sicherheitstaucher und Axel die Blasenbahn der Taucher beobachten. Nach dem Anlegen der Tauchausrüstung lassen wir uns rücklings ins Wasser kippen und sinken am Grundtau nach unten. Bei 25 Metern Tiefe dringt kaum noch Sonnenlicht vor, unsere Augen müssen sich an die Dunkelheit gewöhnen. Als der Tauchcomputer 35 Meter anzeigt, wissen wir die zwischen 37 und 45 Meter tiefe »Wacht« in unmittelbarer Nähe. Ich schalte die Scheinwerfer der Kamera an und kann kurz vor mir ihren scharf geschnittenen Bug erkennen. Olaf und Eckbert gleiten links und rechts an der Bordwand hinab und leuchten den Rammspornbug aus. Thomas schwebt mit seiner Kamera über mir und filmt das Wrack in einer Überblicksperspektive. Vom Vorschiff der »Wacht« schwimmen wir zum Mittschiffsbereich, um mögliche Beschädigungen durch die Kollision mit dem Panzerschiff »Sachsen« festzustellen. Teilweise sind die aufgenieteten Panzerplatten der Außenhaut durch den nagenden Rost abgefallen und erlauben so den Blick in das Schiffsinnere.

Ich erkenne eine große Holzkiste mit einem Schraubstock – die Werkstatt der »Wacht«? Auf dem hölzernen Oberdeck liegt ein loses Gewirr, bestehend aus der bronzenen Reling, zerrissenen Netzstücken, Stahlplatten und weiterem undefinierbaren Schiffszubehör. Plötzlich tauchen vor uns die golden glänzenden Poller der »Wacht« auf. Die Oberseiten der zum Festmachen der Taue gedachten Stützen sind mit Messingplatten versehen, auf denen sich ein fünfzackiger Stern ausmachen läßt. Wir schwimmen weiter und erkennen das runde Fundament eines Geschützes. Die Kanone wurde vermutlich beim Untergang aus der Halterung gerissen und liegt jetzt im Schlick neben dem Wrack. Etwas weiter tauche ich in einen Niedergang hinab und halte meine Kamera in einen Unterkunftsraum.

Das Gefühl beschleicht mich, hier sei die Zeit eingefroren. Neben mir stehen Betten mit einem Bezug aus grauem Schlick. Im Hintergrund befindet sich ein hölzerner Einbauschrank mit grün leuchtenden Bronzeschlössern. Ein Blick auf den Tauchcomputer zeigt mir, daß unsere zwölf Minuten Grundzeit fast vergangen sind und wir an den Aufstieg denken müssen. Olaf und Eckbert geben den Weg über die vom Grundtau ausgerollte Suchleine vor. Auf dem Rückweg passieren wir an der Backbordseite ein gespenstisches Durcheinander von Mastteilen und Stahlplatten. Erfolgte hier der Rammstoß durch das Panzerschiff »Sachsen«? Etwas weiter erkennen wir eine Tür mit einem großen stilisierten Sextanten. Gehört diese Tür zum Kartenhaus, in dem sich Cotzhausen befand, als das verhängnisvolle Signal zum Seitenwechsel gegeben wurde?

Thomas und ich schalten die Kamerabeleuchtung aus und beginnen mit der Gruppe den Aufstieg. Zwischendurch halten wir Sicherheitsstopps ein, damit sich die in unserem Blut gelösten Gase wieder entsättigen können. Auf drei Meter Tiefe hängen für uns blaue Sauerstoffflaschen, mit denen wir diesen Prozeß beschleunigen. Mit einem tiefen Luftzug durchstoßen wir die Wasseroberfläche und steigen ins Boot. Auf dem »Seefuchs« werden die Videoaufnahmen gleich ausgewertet, um der nächsten Gruppe die Orientierung zu erleichtern. Harald und Ingo gelingt es im nächsten Tauchgang, die geschnitzte hölzerne Bugzier der »Wacht« durch Bürsten von zahlreichen Muscheln zu befreien, während Stefan und Axel wichtige Details fotografieren.

Wir konnten zwar nicht alle Geheimnisse der »Wacht« lüften, verfügen nun aber über umfangreiches Videomaterial zu ihrem Zustand und zu vielen Details der Konstruktion. Am Abend nimmt der Wind wieder zu, so daß die Schiffe der Marine in Richtung Osten abdampfen und wir uns in den Schutz des Saßnitzer Hafens begeben. Über Seefunk tauschen wir mit der Marine letzte Grüße aus. Am ehemaligen Fährterminal gehen wir vor Anker. Hier in Saßnitz präsentieren sich den Interessierten im »Museum für Unterwasserarchäologie« die archäologischen Untersuchungen der letzten Jahre.

Peter Prestel

Ein Wunder
muß her!

Die Dämmerung bricht sich Bahn über dem mittelalterlichen Regensburg. Die Stadt schläft noch, als die ersten Sonnenstrahlen des neuen Tages die Steinerne Brücke treffen. 15 Bögen, aus mächtigen Steinquadern geformt, überspannen auf über 300 Metern die Donau. Ein technisches Wunderwerk mittelalterlicher Baukunst. Und dazu ein ganz besonderes. Waren doch im 12. Jahrhundert, als die Brücke entstand (1135–1146), die herausragenden romanischen Bauten vor allem Ausdruck landesherrlichen Machtstrebens, kirchlicher Repräsentation oder prosperierenden Klosterlebens. Die Steinerne Brücke ist nichts von alledem. Sie ist das zu Stein gewordene Zeugnis des bürgerlichen Handelsgeists in der Wirtschaftsmetropole Regensburg. Der Einfluß des Bürgertums ist hier größer als anderswo. Ihre Kaufleute bringen Geld in die Stadt, die einst vom römischen Kaiser Mark Aurel gegründet wurde. Über die Steinerne Brücke kommen Waren und Menschen aus allen Ecken Europas in das Handelszentrum am großen Fluß. Zum Klappern der Räder der schweren sechsspännigen Ochsengespanne, die Glas aus Böhmen, Stoffe aus Italien und Gewürze aus dem fernen Indien nach Regensburg bringen, erhebt sich seit einiger Zeit schon am frühen Morgen ein weiterer Klang. Von weitem hört es sich an wie Gesang, doch als die Stimmen näher kommen, ist deutlich zu vernehmen, daß es sich um monoton wiederholte Gebete handelt. Wallfahrer haben sich unter die Handelsleute gemischt. Wir

Vorhergehende Doppelseite:
Ein sensationeller Goldfund: der Schatz eines Regensburger Geldverleihers, auf den man Jahrhunderte nachdem dieser ihn vergraben hatte im Keller seines Hauses nahe der Synagoge stieß. Insgesamt 400 Goldmünzen enthielten allein diese beiden zerbrochenen Tongefäße.

schreiben das Jahr 1520, und mit jedem Tag werden es mehr, die auf der Suche nach ihrem Seelenheil über die Steinerne Brücke in die Stadt an der Donau drängen.

Auf Pilgerfahrt oder: Wem die Bierglocke läutet

Sind es die vielen Kirchen und Klöster, die die Pilger in die Stadt ziehen? Die Benediktinerabtei St. Emmeram ist weit über die Grenzen Bayerns hinaus bekannt, der Dom zum heiligen Peter ist eines der herausragenden Bauwerke des Mittelalters in Deutschland. Doch die Wallfahrer, unter ihnen auffällig viele Kranke, Gebrechliche und Aussätzige, lassen den Dom links liegen, als sie in jenen Morgenstunden des Jahres 1520 durch die

Die Ausgrabung des mittelalterlichen Judenviertels rund um die Neupfarrkirche in Regensburg. Zu den spektakulärsten Funden gehörte ein Goldschatz mit über 600 Münzen und die Entdeckung der mittelalterlichen jüdischen Synagoge.

Die ausgegrabene und gesicherte Wirtshauslatrine im Haus Auergasse 10. Die Tiefe barg ein ganzes Panoptikum von mittelalterlichen Fundstücken, die sich in dem feuchten Klima hervorragend erhalten haben.

schnell erwachenden Gassen innerhalb der Regensburger Stadtmauer ziehen. Dabei fällt ihnen auch nicht auf, daß auf so mancher Baustelle in der Stadt seltsame Steine verwendet werden. Es sind Grabsteine vom geschändeten jüdischen Friedhof. Die sonderbaren Schriftzeichen auf den Steinplatten interessieren die Wallfahrer nicht. Ihr Ziel ist eine unscheinbare Holzkapelle. Dort ist, wie sie glauben, eine wundersame Heilung geschehen. Viele nahmen die Strapazen der beschwerlichen Pilgerreise in der Hoffnung auf sich, daß sich das Mirakel an ihnen wiederholen würde. Die Regensburger Händler haben sofort auf die gestiegene Volksfrömmigkeit reagiert und verkaufen an jeder Ecke Devotionalien. Die Pilger interessieren sich vor allem für kleine

Engelsfiguren aus Ton, natürlich auch für Rosenkränze, die massenhaft produziert werden. Sie sind ein unerläßliches Hilfsmittel beim stundenlangen Beten. An den Mann oder die Frau gebracht werden zudem billige Heiligenmedaillons, die ihren Träger vor jeglicher Unbill beschützen sollen. Und die Gastwirte machen ebenfalls mit den Heilsuchenden ein gutes Geschäft. Die lange Reise hat alle hungrig und durstig gemacht, und so sind schon früh die Gaststuben mit frommen Zechern gefüllt. Es soll nicht wenige Pilger gegeben haben, die erst zu später Abendstunde ihre Rast beendeten – nach dem Läuten der Bierglocke, die gemäß eines Erlasses aus dem Jahr 1366 jedem verkündete, daß »niemand in Wirtshäusern noch in anderen Häusern sitzen und spielen soll, noch soll es nach dieser Zeit Wein geben«. So manch geschäftstüchtiger Wirt mag das schlechte Gewissen seiner Gäste ausgenutzt und außer für ihr leibliches Wohl auch für ihr geistliches Rüstzeug gesorgt haben, indem er gleich in der Schenke einen florierenden Devotionalienhandel betrieb: Schnaps, Schweinsbraten und Schutzmadonna – die Dreifaltigkeit der Wirtsstube.

Der Abort als Fundgrube

Jetzt werden manche zu Recht fragen, woher wir das so genau wissen wollen. Nun, da sind zunächst schriftliche Quellen, die vom plötzlichen Auftreten einer Marienwallfahrt um 1520 berichten, und dann läßt eine Vielzahl von archäologischen Funden in alten Regensburger Stadthäusern eine ziemlich lebensnahe Rekonstruktion der Vorgänge um diese Zeit zu. Da ist zum Beispiel die Auergasse 10, mitten in der Altstadt von Regensburg. Bei Umbauarbeiten in dem im Ursprung romanischen Gebäude kam unter dem modernen Fußboden ein unscheinbares Mauergeviert zum Vorschein. Die herbeigerufenen Stadtarchäologen vermuteten aufgrund der lichten Maße von drei mal drei Metern und einer oberflächlichen Verfüllung mit Bauschutt in dem alten Mauerwerk einen mittelalterlichen Keller. Routinemäßig wurde durch das Landesamt für Denkmalpflege eine Grabung angesetzt. Bei der Freilegung der Mauern mußten die »Time-Digger«, die Zeitreisenden in Sachen Archäologie, zu ihrer Überraschung feststellen, daß sie auf einen Schacht gestoßen waren, der über sechs Meter in die Tiefe führte. Das konnte kein Keller sein. So sahen früher Latrinen aus. Doch für einen Abortschacht waren die Maße reichlich überdimensioniert. Was hatten die Archäologen hier entdeckt? Bei der Suche nach alten Urkunden zum Haus Auergasse 10 fiel ihnen eine Eintragung von 1471 auf, die das Gebäude einem »Weinbrenner« zuschreibt. Neben einer Konzession für das Schnapsbrennen ist später auch das Recht zum Weißbierausschank belegt. Jetzt war die Sache klar. Bei dem mächtigen Schacht mußte es sich um das wahrscheinlich gar nicht so stille Örtchen einer spätmittelalterlichen Gastschenke gehandelt haben.

Dr. Silvia Codreanu-Windauer kümmert sich für das Bayerische Landesamt für Denkmalpflege um die Stadtarchäologie in Regensburg. Wenn bei Bauarbeiten irgend etwas »Altes« entdeckt wird, ist sie zur Stelle, um zu klären, ob es sich dabei um ein schützenswertes Denkmal handelt oder ob weitergeschafft werden darf. Da Regensburg eine sehr alte Stadt ist, die auf den Mauern eines Römerkastells errichtet wurde, findet man in der Altstadt beinahe überall steinerne Zeugen der Vergangenheit. Die Stadtarchäologen können sich über Arbeitsmangel nicht beschweren. Beschwerden kommen hingegen des öfteren von den erbosten Bauherren, die nicht immer einsehen wollen, daß ihr Bau vorübergehend eingestellt wird, um »nach dem alten G'raffel« zu graben. Doch im Laufe ihrer Tätigkeit ist es Codreanu-Windauer gelungen, das Bewußtsein für die in den Mauerresten schlummernde Geschichte auch bei Bauherren und Investoren zu wecken. Beharrlichkeit und Kompromißfähigkeit haben ihren Ruf in der Stadt geprägt: Die Frau meint es ernst mit dem

Denkmalschutz, aber sie ist auch für praktische Lösungen aufgeschlossen, wenn es um die Interessen der Grundstückseigentümer geht.

Zurück ins Mittelalter. Auf einer schmalen Leiter steigt ein Grabungstechniker in ein sieben Meter tiefes Loch. Gerade noch stand er direkt in der Regensburger Fußgängerzone im Schaufenster eines Ladens, der umgebaut werden soll, und schon sitzt er im feuchten Moder eines weiteren Latrinenschachts, den die Stadtarchäologen untersuchen. So unappetitlich das auf den erten Blick erscheinen mag, so ergiebig sind die »Häusl« des Mittelalters für die Stadtkernforschung. Hier unten wird der über 500jährigen Geschichte eines Regensburger Hauses archäologisch auf den Pelz gerückt. Welche Geheimnisse birgt die Tiefe? Silvia Codreanu-Windauer ist zuversichtlich, sie hofft auf reiche Funde. In das dunkle »stille Örtchen« wanderte nämlich nicht nur die mittelalterliche »Verrichtung«. Vom Hosenknopf bis zum Silberpfennig, von Fischgräten bis zu ganzen Vorratsbehältern – im feuchten, sauerstoffarmen Klima der Latrine hat ein ganzes mittelalterliches Panoptikum die Jahrhunderte überdauert. Das Wühlen im Abfall der Geschichte lohnt: Wir erhalten so detaillierte Aufschlüsse über die damalige Speisekarte, von der »Schweinshax'n« bis hin zu Fischsuppen und deren Gräten. Darüber hinaus kann durch parasitologische Untersuchungen von Bodenproben ermittelt werden, welche Krankheiten die einstigen Latrinenbenutzer plagten. Wir sehen auch, was die Menschen damals in den Taschen hatten und am dunklen Ort verloren... Münzfunde in der Latrine erlauben eine ziemlich genaue Datierung der jeweiligen Schichten. Knöpfe, Schnallen und anderes Metallzubehör der Kleidung, die zufällig in die Grube fielen, erzählen uns etwas über die spätmittelalterliche Mode. Zerbrochene Trinkbecher aus Glas und Spielsteine aus Bein lassen mit ein bißchen Phantasie auf ein recht buntes Treiben im Wirtshaus schließen. Wir erfahren des weiteren, was als wertlos einfach ins schwarze Loch geworfen wurde: massenhaft Scher-

Massenweise produzierte Beinperlen und Scheiben deuten auf einen schwunghaften Devotionalienhandel mit Pater-Noster-Schnüren und Rosenkränzen hin. Sie waren unerläßliche Hilfsmittel beim stundenlangen Beten, um die »schöne Maria« gnädig zu stimmen.

ben von Gebrauchskeramik. Tongefäße waren im Spätmittelalter in jedem Haushalt in großer Zahl vorhanden und wurden zur Aufbewahrung wie auch zum Kochen verwendet. Kein Wunder, daß da öfter was zu Bruch ging.

In der Wirtshauslatrine der Auergasse 10 wurde neben zerbrochenen Schnapsgläsern auch so manche Heiligenfigur zutage gefördert. Zu den wertvollsten Funden gehören ein Engel und ein kleiner Lautenspieler. Mit Modeln wurden die Figuren in Serie produziert, der Markt verlangte anscheinend große Mengen an Devotionalien. Das belegen unzählige Knochenplättchen, aus denen Beinperlen und Ringe herausgebohrt wurden. Sie wurden zu Gebetsschnüren, den sogenannten Pater-Noster-Schnüren, und Rosenkränzen weiterverarbeitet. Die Konzentration dieser

Mit Modeln wurden diese Tonfiguren massenhaft für den Devotionalien-handel produziert. Besonders schön ist die Engelsfigur rechts, die in einer Latrine gefunden wurde.

Objekte in der Wirtshauslatrine ist ein eindeutiger Hinweis dar-auf, daß der Wirt sein Geschäft mit Devotionalienhandel aufge-bessert haben wird. Für die Stadtarchäologin Codreanu-Wind-auer sind die Latrinen ideale Fundorte und insbesondere dieser, da er ein lebendiges Bild jener Vorgänge um das Jahr 1519 zeichnet, die bereits an anderen Stellen in der Stadt ihre Spuren hinterlassen haben und erst durch die Archäologen wieder ans Tageslicht gebracht wurden. Was hatte es mit dem Wunder auf sich, das damals zu einer wahren Pilgerflut führte? Und was war da eigentlich geschehen?

Die wundersame Heilung

1519 wurde in Regensburg die jüdische Synagoge abgerissen. Dabei hatte sich ein Arbeiter schwer verletzt. Daß er am nächsten Tag wieder zur Arbeit erschien, trotz seiner Verletzung, wurde von der Kirche als wundersame Genesung interpretiert und der ganze Vorgang geschwind zum Wunder erklärt. Das abergläubische Volk nahm die Nachricht begierig auf. In den wirtschaftlich schweren Zeiten eines nachlassenden Fernhandels warteten viele, besonders die Armen, auf ein Zeichen des Himmels. Unverzüglich wird auf der Ruine der Synagoge, dem Ort des vermeintlichen Wunders, eine christliche Kapelle errichtet. Sie wird schnell zum Zentrum der Wallfahrt zur Schönen Maria. Jeden Tag strömen mehr Pilger aus nah und fern nach Regensburg und werfen sich dort betend auf den Boden, wo der Arbeiter sich verletzt hatte. Daß er inzwischen jedoch verstarb – diese dem »Wunder« abträgliche Wendung des Schicksals wird geflissentlich verschwiegen. Wichtig ist, daß die Juden hier in dem Viertel, in dem sie seit Jahrhunderten leben, nichts mehr zu suchen haben. Das »Wunder« hat damit seinen Zweck erfüllt. Die Vertreibung der Juden aus Regensburg ist besiegelt.

Westlich der heutigen Neupfarrkirche stand damals die Wallfahrtskapelle zur Schönen Maria. Da der Andrang immer größere Ausmaße annahm, wurden Baumeister beauftragt, eine große, kuppelförmige steinerne Kirche zu planen. Das »Wunder« hatte sich verselbständigt. Die Stadt drohte im Pilgerstrom zu ersticken. Mahnende Stimmen warnten vor der Gefahr der Krankheiten, die durch die Wallfahrer in die Straßen und Gassen Regensburgs geschleppt wurden. Das Ablaßwesen, das im 15. und 16. Jahrhundert perfektioniert wurde, machte beschwerliche Fernpilgerreisen ins Heilige Land oder nach Santiago de Compostela überflüssig. Auch an weniger heiligen Orten war die Vergebung der Sünden käuflich zu erwerben. Das führte mit zu dem Boom rund um die Schöne Maria. Die große Wall-

Die ausgegrabenen Fundamente des 1519 zerstörten Judenviertels deuten auf wohlhabende Bewohner hin. Regensburg beheimatete damals die größte jüdische Gemeinde Süddeutschlands.

fahrtskirche wurde zwar nie fertiggestellt, denn der heilige Spuk ebbte nach einigen Jahren so schnell wieder ab, wie er angeschwollen war, und so fehlte das nötige Kleingeld. Als Torso der einstigen gigantischen Planungen, die man heute noch in Form eines phantastischen Holzmodells im Historischen Museum der Stadt Regensburg bestaunen kann, wurde die Wallfahrtskirche jedoch 1542 zum ersten evangelischen Gotteshaus Regensburgs. Aus dem Lebensmittelpunkt der Juden, der Synagoge, war jedenfalls, beinahe über Nacht, ein christlicher Wallfahrtsort geworden. Der Schönen Maria, deren Bildnis auf einer Säule vor der ursprünglichen Holzkapelle verehrt wurde, haben sie es gedankt.

Die Rabbiner von Regensburg

Die Regensburger Stadtarchäologen haben auch dazu interessante Fakten ausgegraben. Bei der Neugestaltung des Neupfarrplatzes war man unter dem Pflaster auf alte Mauerreste des ehemaligen Judenviertels gestoßen. Drei Jahre lang wurde daraufhin auf 3000 Quadratmetern im Herzen der Regensburger Altstadt nach diesem verdrängten Kapitel Stadtgeschichte gegraben. Mit wöchentlichen Führungen durch die Ausgrabung gelang es den Stadtarchäologen, die anfänglich sehr skeptische Haltung der Bevölkerung gegenüber dem Vorhaben in reges Interesse umzuwandeln. Kein Wunder, denn die knapp unter dem Pflaster des Platzes zutage kommenden Mauern belegten, daß dieses Judenviertel mit einem armseligen Getto nichts gemein hatte. Die herausragende Stellung der jüdischen Gemeinde Regensburgs zeigte sich auch an ihrer Synagoge. Es war eine archäologische Sensation, als die Grundmauern der romanischen und später gotischen Synagoge freigelegt wurden und ihr Standort dadurch erstmals lokalisiert werden konnte. Die Rabbiner von Regensburg geboten über eine wohlhabende Gemeinde und genossen Ansehen im gesamten süddeutschen Raum. In der Synagoge bewahrten sie die Thora-Rollen auf, ebenso die kaiserlichen und päpstlichen Freibriefe und andere wichtige Urkunden. Das äußerlich schlichte Gebäude drückte primär in seiner qualitätsvollen Innenausstattung seine besondere Stellung aus, und damit die seiner Rabbiner.

Für Silvia Codreanu-Windauer ist die Entdeckung von herausragender architektonischer Bedeutung. Die freigelegten Fundamente der Synagoge bestätigen nämlich die historische Nachricht, daß die Wallfahrtskapelle zur Schönen Maria direkt auf den Grundmauern des Gotteshauses der Juden errichtet wurde. Ihre Spuren sollten damit für immer verwischt werden. Doch die moderne Archäologie kam den christlichen Judenhassern auf die Schliche und entdeckte nicht nur den Grundriß der 1519 zerstörten gotischen Synagoge – sie zählte zu den größten Deutschlands –, sondern auch die Überbleibsel des Vorgängergebäudes, eines Baus im romanischen Stil.

Auf engstem Raum läßt sich am Neupfarrplatz so ein ereignisreicher Abschnitt der Geschichte einer Stadt ablesen. Dem Regensburger Künstler Albrecht Altdorfer verdanken wir die einzig erhaltenen Innenansichten der gotischen Synagoge. Wenige Tage nach der Vertreibung der Juden und dem darauffolgenden Abbruch des Tempels hat der Maler zwei Zeichnungen davon angefertigt, die er später in seinem Atelier zu eindrucksvollen Radierungen verarbeitete. Als Mitglied des Rates der Stadt hat er von den bevorstehenden Ereignissen gewußt, als Maler und Architekt wollte er die Schönheit der Synagoge der Nachwelt erhalten. Altdorfer hat die Räume vor dem Abbruch selbst vermessen, so daß man seiner Architekturdarstellung eine große Realitätsnähe unterstellen kann. Vereint mit den archäologischen Befunden, ist heute daher eine exakte Rekonstruktion des Bauwerks möglich.

Im Judenviertel von Regensburg gab es neben der berühmten Synagoge eine weithin angesehene Talmud-Schule, ein rabbinisches Gericht, ein Hospital, ein Gemeindehaus, stattliche Wohnhäuser und einen Friedhof. 1998 sind die Arbeiten rund um die Ausgrabung des mittelalterlichen Judenviertels so gut wie abgeschlossen. Der Neupfarrplatz kann den Bürgern wieder zurückgegeben werden. Damit die Ergebnisse der langwierigen Ausgrabung jedermann zugänglich sind, wurde unter dem Pflaster des Platzes ein Informationszentrum errichtet. Besonders repräsentative und aufschlußreiche Teile des ergrabenen Gemäuers kann man dort besichtigen. Über eine Treppe steigt man hinab ins Mittelalter. Die Ausgrabungen haben nämlich ein ebenso faszinierendes wie lehrreiches Kapitel Stadtgeschichte erhellt. Es beschränkt sich nicht auf die Zeit der mittelalterlichen Judenverfolgung. Der freigelegte unterirdische Raum zeigt eine Mauer des römischen Kastells, ebenso Teile eines Ringbunkers aus dem Dritten Reich, die sich ebenfalls in diesem Komplex befinden. 2000 Jahre Geschichte auf engstem Raum zusammen- und übereinandergebaut. Ein wahrer Querschnitt durch die Zeit. Den Mittelpunkt dieser begehbaren »Archäologie zum Anfassen«

Mittelalterliche Figur des
Hohenpriesters Aaron. Seine kultische Verwendung
ist den Archäologen immer
noch schleierhaft.

bilden die Keller zweier jüdischer Häuser. Ihre Größe und Ausstattung deuten darauf hin, daß hier sehr wohlhabende Juden
gelebt haben müssen.

Historiker bezeichnen als Blütezeit der Regensburger Juden
das 11. bis 13. Jahrhundert, als sie, geschützt durch den Kaiser,
über weitreichende Handelsprivilegien verfügten. Sie waren er-
folgreiche Kaufleute, die mit allem handelten, was Gewinn ver-
sprach: mit Stoffen und Sklaven, Pelzen und Pretiosen, von Byzanz und Buda nach Prag und Paris. Fernhandel war ein riskan-
tes, doch einträgliches Geschäft. Noch im 15. Jahrhundert, als
andernorts schon die meisten Juden vertrieben waren, lebten in
Regensburg ungefähr 500 jüdische Einwohner. Die Stadt besaß
damit die größte jüdische Gemeinde Süddeutschlands. Die Regensburger Juden verdankten ihre Ausnahmestellung dem direkten Schutz des Kaisers, dessen Gerichtsbarkeit sie unterstellt wa-

ren. Als Gegenleistung entrichteten sie direkt an ihn ihre Steuern. Und er wußte natürlich, daß man nur von reichen Schutzbefohlenen kräftig abkassieren konnte.

Der Goldschatz des Geldverleihers

Einen zusätzlichen Beweis für den Reichtum der Regensburger Juden brachte ein Zufallsfund während der Ausgrabungen: In drei Meter Tiefe stießen die Archäologen auf zwei zerbrochene Tongefäße, aus denen es golden blinkte. Sie enthielten 400 Goldmünzen. Ein paar Tage später wurde unweit der Fundstelle ein drittes Töpfchen entdeckt, das randvoll mit Goldmünzen gefüllt war. Ein wahrer Goldschatz: 624 Münzen, kunstvoll zu Rollen geformt und verstaut in drei kleinen Töpfchen, die jeweils nur ungefähr sieben Zentimeter hoch sind. Der Vorteil der kleinen Gefäße ist, daß man sie leichter verstecken kann. In diesem Fall, so fanden die Archäologen heraus, war der Schatz im Keller eines Hauses nahe der Synagoge vergraben worden. Drei gerade mal 20 Zentimeter tiefe Löcher in dem schwarzen, lehmigen und nur festgetretenen Kellerfußboden waren anscheinend ein ideales Versteck. Nicht einmal beim aufwendigen Bau des Ringbunkers 1939 kamen die Töpfchen zum Vorschein.

Für die Grabungskampagne rund um das mittelalterliche Judenviertel war der Goldfund natürlich eine Sensation, die von den Medien begierig aufgenommen wurde. Plötzlich war die Stadtarchäologie in aller Munde, und viele beteiligten sich an den Spekulationen rund um den Schatz. Wem mag er wohl gehört haben, wann und warum wurde er versteckt? Was geschah mit seinem Besitzer? Daß er die Töpfchen einfach vergessen hatte, ist kaum anzunehmen. Vielleicht mußte er fluchtartig die Stadt verlassen, oder er wurde Opfer eines Verbrechens, oder der schwarze Tod, die Pest, hatte ihn ohne sein Gold ins Todesreich geholt. Und immer wieder geht es darum, was der Riesenschatz

Der bei den Ausgrabungen am Neupfarrplatz gefundene Münzgoldschatz und ein rätselhafter Ring deuten auf den Reichtum der Regensburger Juden hin. Die gefundenen 624 Goldmünzen gehörten wahrscheinlich einem Geldverleiher, der die Stadt fluchtartig verlassen mußte.

damals wohl wert war. Viele Fragen, auf die es bis heute nur wenige Antworten gibt. Hier die Fakten: Die numismatische Auswertung ergab, daß die Goldmünzen aus dem 14. Jahrhundert stammen und vor allem in Ungarn geprägt wurden. Es sind aber auch Münzen aus Böhmen, Venedig, Brandenburg und Rom dabei. Der Fernhandel hat wohl das geprägte Gold nach Regensburg gebracht. Die jüngste Münze stammt aus dem Jahr 1387 und wurde unter König Sigismund von Ungarn geprägt, so daß der Schatz irgendwann danach versteckt worden sein muß. Gehört hat das Vermögen, das so fein säuberlich in den kleinen Tontöpfen verstaut war, wohl einem jüdischen Geldverleiher. Das sind zumindest die Ergebnisse historischer Nachforschungen, die auch offenbart haben, daß in der zweiten Hälfte des 14. Jahrhunderts viele Juden vom Handel zum Kreditgeschäft und zur Pfandleihe übergegangen sind. Aus alten Quellen wissen wir, daß ein Haus um 1390 in der Unteren Bachgasse für 277 Gulden verkauft wurde. Das läßt darauf schließen, daß der Besitzer der 624 Gulden sicher nicht zu den Armen gehörte. Historiker vermuten auch, daß es sich bei dem gefundenen Schatz nur um einen Teil seines Vermögens handelte. Was aus dem Mann wurde und warum er den Schatz überhaupt versteckte, bleibt weiterhin der Phantasie eines jeden einzelnen überlassen.

Rätsel gibt ferner ein kleiner goldener Ring auf, der unweit des Münzschatzes gefunden wurde. Ein Halbmond und ein siebenzackiger Stern zieren das Schmuckstück, das Dr. Martin Angerer, der Direktor der Museen der Stadt Regensburg, zusammen mit dem Gold des Juden aufbewahrt. Der Kunsthistoriker meint, daß es sich um den Ring eines Gemeindevorstehers handeln muß, eine Verbindung mit dem Schatz des Geldverleihers ist für ihn jedoch ungeklärt. Trotzdem freut es den Museumsmann Angerer, daß er seine Ausstellung zur jüdischen Geschichte der Stadt, deren Höhepunkte bisher alte Grabsteine und eine mittelalterliche Figur des Hohenpriesters Aaron waren, mit dem schimmernden Geschmeide auch optisch aufwerten kann.

Der Kaiser ist tot

Doch wie kam es nun zur Vertreibung der Regensburger Juden, die in der Vergangenheit so viele unruhige Tage immer wieder gemeistert hatten? Ihr Leben war durch Mißgunst und blanken Haß bedroht. Geld hatte sie lange vor dem Schlimmsten bewahrt. Als am 12. Januar 1519 Kaiser Maximilian starb, brach sich die Intoleranz gegen die »Judenwucherer« Bahn. Geschürt wurde sie von einem Domprediger namens Huebmaier, der über Jahre mit seinen antisemitischen Reden die Handwerkerzünfte und Händler regelrecht aufgehetzt hatte. Um diese Zeit gab es auch den Fastnachtsbrauch, junge Juden gefangenzunehmen, zu verprügeln und nur gegen Lösegeld wieder freizulassen.

Als man die Juden nach dem Tod Kaiser Maximilians aus Regensburg vertrieb, wurden ihre Synagoge zerstört, ihr Friedhof geschändet und ihre Grabsteine zum Hausbau verwendet.

Aus dem makabren Spiel wurde mit dem plötzlichen Ableben des kaiserlichen Schutzherrn über Nacht tödlicher Ernst. Man wollte vollendete Tatsachen schaffen, bevor ein neuer Kaiser – und möglicher Beschützer der Juden – gekrönt war. Am 21. Februar 1519 beschloß der Stadtrat von Regensburg die Vertreibung der Juden, die Räumung ihrer Häuser und den Abbruch der Synagoge. Man ließ ihnen gerade einmal fünf Tage Zeit, die Stadt zu verlassen. Die Synagoge mußte sogar binnen 24 Stunden geräumt werden. Danach machte man sie sofort dem Erdboden gleich. Die Bücher der Talmud-Schule wurden beschlagnahmt und als Einbindematerial für die Akten eines Klosters verwendet. 4200 Grabsteine wurden aus dem jüdischen Friedhof gerissen, Leichen ausgegraben und geschändet. Der Pöbel durfte sich austoben. Der Volkskundler Dr. Samuel Weissenberg schreibt dazu: »Zur Erinnerung an diese glorreiche Tat schmückten die damaligen Regensburger ihre Häuser mit jüdischen Grabsteinen, ein Ideengang, der noch jetzt bei manchen Wilden zu beobachten ist, die ihre Hütten mit den Köpfen ihrer erschlagenen Feinde schmücken.«

Es gibt Berichte von Bürgern, die sich jüdische Grabsteine zu Eßtischen haben umarbeiten lassen – ein beredter Ausdruck dafür, daß in den kalten, stürmischen und schneereichen Spätwintertagen des Jahres 1519 eine der letzten Judengemeinden Deutschlands zugrunde gegangen ist. Die Vertreibung der Juden wurde schnell und gründlich vergessen. Und die reichen Regensburger Kaufleute spielten ihr Spiel nun ohne die lästigen Konkurrenten aus der Judengasse. Hinter den Fenstern der prunkvollen Bürgerhäuser wurde darüber nachgedacht, wie der »christliche Friede« auf Dauer zu sichern war.

Ein Wunder mußte her, und so wurde geschwind die »Wallfahrt zur Schönen Maria« erfunden, die wohl jeder Pilger mit einem deftigen Mahl in einem Regensburger Wirtshaus abschloß. Hier vollendet sich der Kreis, den die Stadtarchäologin Silvia Codreanu-Windauer mit ihren Ausgrabungsergebnissen am Neupfarrplatz und den Latrinenfunden in den alten Gasthäusern faßbar gemacht hat. Man kann sie sehen, die Grundmauern der zerstörten Synagoge, die Kellerräume der jüdischen Bürgerhäuser, den Goldschatz des unbekannten Geldverleihers, die Hosenknöpfe der Zecher, die Rosenkränze, Medaillons und Heiligenfiguren der Pilger. Sogar ihre Speisereste wurden geborgen. Durch die Funde der Stadtarchäologen ist dieses mittelalterliche Lehrstück heute fast so lebendig wie vor 500 Jahren.

Rita Knobel–Ulrich

Die Tempelburg
von Kap Arkona

»Sie graben doch sicher nach Gold«, fragt sie und lugt neugierig auf die Grabungsstelle – in kurzen Hosen, Sandalen, an der Hand ein Kind, in der Strandtasche die für einen Ostseeurlaub unvermeidlichen Utensilien: Schaufel und Eimer. Mit fragendem Blick bleiben Mutter und Kind am rot-weißen Absperrseil stehen.

Peter Herfert, Leiter der wahrscheinlich öffentlichsten Grabung Deutschlands, seufzt. Ein paar hundert Mal am Tag könnte er Auskunft geben, hier auf der sturmumtosten Spitze Rügens am Kap Arkona, einem Touristen-Eldorado. Am Rand seiner Grabungsfläche direkt am senkrecht abfallenden Steilufer, unter sich die anbrandende Ostsee, pilgert täglich eine ganze Karawane von Urlaubern an ihm und seinen Mitstreitern, den jungen Archäologiestudenten, vorbei. Und fast jeder fragt, wonach die jungen Leute und der nicht mehr ganz so junge Grabungsleiter denn wohl suchen, und liefert die Antwort meist gleich mit: Gold, oder etwa nicht!?

Nein, nach Gold gräbt er nicht – die Grabung seines Lebens ist es aber trotzdem. Er legt den sagenumwobenen Svantevit-Tempel frei, das letzte Heiligtum der Slawen in Deutschland. Hier war vor 1000 Jahren die Zitadelle des Widerstands gegen die Christianisierung, ein heidnisches Bollwerk, gegen das Sachsen, Pommern, Dänen fast zwei Jahrhunderte lang vergeblich anrannten. Erst 1160 bildete sich eine Koalition: König Waldemar von Dänemark verbündete sich mit Heinrich dem Löwen.

Vorhergehende Doppelseite:
Der originalgetreue Nachbau eines über ein Jahrtausend alten Slawenschiffes, das von den Archäologen entdeckt wurde, segelt vor Kap Arkona, wo sich einst der Svantevit-Tempel erhob.

Sie unterwarfen Mecklenburg und eroberten Rügen. An dem Feldzug nahmen der Dänenkönig und im Auftrag Heinrichs des Löwen dessen Vasallen, die von ihm unterworfenen pommerschen Herzöge Bogislaw I. und Kasimir I., teil. Nach langer Belagerung eroberte das vereinigte Heer 1168 die Burg und zerstörte sie und das slawische Heiligtum.

Ein Domherr berichtet von dem heidnischen Heiligtum

Die ausführlichere Kenntnis darüber, was es mit dem Tempel der Slawen eigentlich auf sich hatte, verdanken wir dem Domherrn Adam von Bremen, der um 1070 sein Bistum bereiste und daraufhin die Hamburger Kirchengeschichte verfaßte. Jenseits seines Sprengels begann das berüchtigte Fürstentum Rügen, das alles Land zwischen Kap Arkona und dem Urstromtal der Peene umfaßte.

In seiner Geschichte des Bistums Hamburg schrieb Adam: »Von den Inseln der Slawenküste habe ich drei als bemerkenswert nennen hören . . . Fehmarn, die zweite, den Wilzen gegenüber, gehört den Ranen oder Runen, einem besonders tapferen Slawenstamme, ohne dessen Befragung rechtens nichts Allgemeinverbindliches geschehen darf, so sehr achtet man ihn wegen seiner engen Verbundenheit mit den Göttern oder vielmehr Dämonen, denen er mit strengerer Verehrung dient als andere.«

Ein christlicher Heiliger wird zu einem heidnischen Gott

Es ist wahrscheinlich kein Zufall, daß der Domherr sich hier selbst korrigierte und aus den Göttern Dämonen wurden, denn Svantevit war pikanterweise ursprünglich ein christlicher Heiliger gewesen, nämlich der heilige Veit, wobei »heilig« ins Slawische übersetzt »svjaty/svanti« ergibt.

Auf der sturmumtosten Spitze Rügens, auf Kap Arkona, direkt am steil ins Meer fallenden Ufer liegt die nördlichste deutsche archäologische Ausgrabung: Stück für Stück wird geduldig das Tempelareal des letzten Heiligtums der Slawen in Deutschland ausgegraben.

Wie es zuging, daß aus dem heiligen Veit, dem Schutzheiligen des Klosters Corvey, der heidnische Gott Svantevit wurde, hat der Pastor einer Ortschaft am Plöner See überliefert, Helmold von Bosau. Er schrieb zwischen 1163 und 1172 die Slawenchronik, in der es heißt:

»Zu Zeiten Ludwigs II. [843–76] brachen nach einer alten Überlieferung . . . Mönche aus Corvey auf . . . Sie durchwanderten viele Slawenländer und gelangten zu den sogenannten Ranen oder Rugiani mitten im Meere. . . . Dort befindet sich der Herd aller Irrtümer und der Hauptsitz des Götzendienstes. Mit aller Treue das Gotteswort verbreitend, gewannen sie so jene Insel, auf der sie auch ein Bethaus gründeten . . . zur Erinnerung an

132

den heiligen Veit, den Schutzherrn von Corvey. Als... die Verhältnisse sich änderten, fielen die Ranen vom Glauben ab, vertrieben Priester und Christen und verkehrten Religion in Aberglauben; sie verehren nämlich den heiligen Veit... selbst als Gott ... Dieser Aberglaube war bei den Ranen so stark, daß Zuanthevith, der Gott des Landes der Rugianer, unter allen Gottheiten der Slawen einen Vorrang erlangt hat, da man ihm glänzendere Siege und wirksamere Orakelsprüche zuschrieb. Daher schickten auch noch zu unserer Zeit nicht nur das Land Wagrien [Ostholstein], sondern alle Länder der Slawen dorthin jährlich Tribute und bezeichneten ihn als Gott der Götter.«

Weiße heilige Pferde sollen die Tempelpriester besessen haben, die als Orakeltiere den Kriegsausgang vorhersagten: Ein weißes Pferd mußte gekreuzte Lanzenbündel überschreiten – war es der rechte Fuß, so war das Kriegsglück den Rugianern gewogen. Auf den Pferdefuß kam es eben an! Soweit die Schilderung des Pfarrers vom Plöner See. Kurz nachdem Helmold den Slawentempel so eingehend beschrieben hatte, wurde er zerstört. Im 19. Jahrhundert begann die Suche nach der Tempelburg, die im Volk allerlei romantische Verklärung erfuhr: Anwohner berichteten, Reste davon seien bei nebligem Wetter im Wasser zu erkennen.

Die Suche nach der Tempelburg beginnt

Eine deutsch-dänische Kommission machte sich 1868 auf die Suche: »Die Tempelstelle schien die Commission auch erkennen zu können. Ungefähr in der Mitte des ganzen Burgraumes ist eine ziemlich große, länglich viereckige Fläche erkennbar, welche geebnet ist, jetzt aber unter Ackercultur liegt. Dies wird die Tempelstelle sein.«

50 Jahre später stieß der berühmte Archäologe Carl Schuchhardt bei einer Grabung »auf eine Art Pflaster« und »war so gut wie sicher, daß wir... das Fundament der Tempelfront gefunden

Rechts: Wo ein Laie nur Steine, Knochen und kreisförmige Vertiefungen sieht, stellt sich bei Archäologen der Zusammenhänge entdeckende Tiefenblick ein: Hier haben Siegesfeiern stattgefunden, wurden nach einem ausgiebigen Mahl (Tierknochen und Gefäßscherben) die besiegten Feinde getötet (Menschenknochen) und Svantevit geopfert.

hatten«, nachdem »wir uns eben überlegt [hatten], daß hier an der Spitze selbst, auf dem höchsten Teile der Burg und ganz gegen Sonnenaufgang vorgeschoben, der geeignetste Platz für das Heiligtum einer alten Himmelsgottheit wäre«. Archäologen-Kollegen warfen Schuchhardt später vor, er habe über dem Wunsch, etwas zu finden, nur die Angaben der Chronisten verifiziert – ein »circulus in demonstrando«, ein Zirkel in der Beweisführung.

In den 1970er Jahren dann das scheinbare Aus für weitere Nachforschungen und Grabungen: Der Archäologe Joachim Herrmann aus Berlin, damals noch Hauptstadt der DDR, wies nach, daß die Fundamente, die Schuchhardt für die Tempelanlage selbst gehalten hatte, nur Reste des riesigen Burgwalls waren, der um den Tempel herumführte. Weitere Grabungen hielt Herrmann für überflüssig und sinnlos: Der »Kult- und Tempelplatz, dessen Existenz sich aus der schriftlichen Überlieferung eindeutig ergibt«, sei »durch Uferabsturz restlos verschwunden und daher der archäologischen Untersuchung nicht mehr zugänglich«. Punktum. Der Direktor des Zentralinstituts für Alte Geschichte und Archäologie der Akademie der Wissenschaften der DDR, Mitglied internationaler Fachgremien, hatte sein Verdikt abgegeben. Und sein Wort hatte Gewicht.

Die Grabung seines Lebens

Das leise Strahlen in Peter Herferts Gesicht spricht Bände. Der Mann ist viel zu bescheiden, um in Indianer-Triumphgeheul auszubrechen, aber daß er heute – 25 Jahre nach Herrmanns Votum, der Tempel sei restlos verschwunden – hier geduldig Geviert für Geviert ebenjenen Tempel ausgräbt, erfüllt ihn doch mit nicht zu übersehender Freude. Die Archäologiestudenten um ihn herum lieben ihn, denn er – der alte Hase – behandelt die jungen Leute mit ausgesuchter Höflichkeit, diskutiert mit den »verehrten Kolleginnen und Kollegen« die Funde, stellt Mutmaßungen an, was hier geschehen sein kann. »Hier war das Vorgelände des Tempels, vermutlich eine Vorhalle, wo die Opfergaben dargebracht wurden« – wir sehen allerdings nur ein langgestrecktes, dichtes Steinpflaster.

Peter Herfert aber sieht alles und vor allem auch den Zusammenhang. Auf einer Länge von 25 Metern zwei Reihen flacher Gruben mit Schildbuckeln, Lanzen- und Pfeilspitzen, Reitersporen, abgeschabte arabische Silberdirhems, winzige, kostbare Perlen aus Glas und Halbedelstein, die Zähne eines Schweins, Tier- und auch Menschenknochen: Schädelreste mit tödlichen Kopfverletzungen – Spuren ritueller Handlungen. Und dies noch

Einer der kostbarsten Funde von Kap Arkona: der mit Silber eingelegte Schwertknauf eines 1000 Jahre alten Wikingerschwertes, das vermutlich einem besiegten Feind gehörte.

dazu mit brauner Erde zusammengeklumpt. Funde also, nach denen man geduldig kratzen und scharren muß und für die es ein geübtes Auge bedarf, sind für ihn Indizien, die er nur zueinanderzufügen braucht, und schon entsteht vor uns ein Bild des Dramas, das sich damals ereignet haben muß. Hier hat man besiegte Feinde bestraft, ihre beschädigten und unversehrten Waffen als Trophäen an geheiligter Stätte niedergelegt und damit dem eigenen Volk den Sieg anschaulich vorgeführt.

Die Rugianer waren ein kriegerisches Volk: mal, wie uns Widukind von Corvey zu berichten weiß, im Jahr 955 als Verbündete von Kaiser Otto I. in der Schlacht an der Raxa gegen ihre Stammesnachbarn, die Obodriten, dann auch ständig unterein-

Arabische Silbermünzen, Dirhems, wurden haufenweise auf dem Tempelareal ausgegraben. Arabische Händler aus den Kalifaten kamen hierher, um
billig Sklaven einzukaufen. Ihre Münzen wurden bald zur allgemeinen Sil-
berwährung im Gebiet von Mecklenburg-Vorpommern.

ander in Stammesfehden verwickelt und immer wieder erbittert
im Kampf gegen Bekehrungsversuche der allerchristlichsten
Heerscharen.

Siegesfeier in der Tempelburg

Es war ein wildes Volk, das vom Ackerbau und vom Krieg lebte. Nach einem Sieg wurden Gefangene zusammen mit ihren
Waffen in das bedeutendste Heiligtum der Rugianer gebracht,
in die Tempelburg nach Kap Arkona. Reste von Waffen finden
sich zuhauf – und Menschenknochen. Gefangene wurden nicht

gemacht, sagt Peter Herfert dazu kurz. Das menschliche Leben an sich hatte keinen Wert, wie Adam von Bremen schrieb: »Während andere ihre Feinde gewöhnlich verkaufen, töten sie alle.«

Alle können es aber denn doch nicht gewesen sein, denn auch von den Rugianern ist überliefert, daß sich arabische Händler auf den weiten Weg zu ihnen machten, um ihnen Sklaven abzukaufen. Arabische Silbermünzen, Dirhems, mit denen sie diesen Handel bestritten, wurden in großer Zahl, wie erwähnt, in der Vorhalle des Tempels ausgegraben. »Die Tierknochen und Schweinezähne sind vermutlich Reste eines opulenten Siegmahls«, sagt Herfert und zieht überraschende Analogien. Wir verstehen langsam, warum der bedächtig-freundliche Mann in der DDR so manche Schwierigkeiten mit den »Betonköpfen« hatte. »1945 war das doch nicht anders«, philosophiert er. »Es ist ein alter slawischer Brauch, den Sieg öffentlich vor dem Volk darzustellen. In Moskau hielt man auf dem Roten Platz an der ›heiligsten‹ Stelle vor dem Leninmausoleum und dem Kreml eine gewaltige Siegesparade ab, die von Marschall Schukow, auf einem Schimmel reitend, angeführt wurde. Als Trophäen wurden die Standarten der besiegten Feinde wie Unrat auf einen großen Haufen geworfen. Nur die Amerikaner, die feiern lieber mit Sekt und Konfetti«, meint er ein bißchen sehnsuchtsvoll-neidisch.

Große Teile des Walls, der um die Burg herumführte, sind im Laufe der 1000 Jahre seit der Zerstörung des Svantevit-Tempels ins Meer gestürzt, aber Herfert ist sich sicher, daß der Tempelstandort noch vorhanden ist. Doch bald wird sich der »Blanke Hans« auch diesen Teil geholt haben, werden die Reste des Tempels am Kreidefelsen von Rügen abgebrochen und für immer im

Auf der Karte ist der Burgwall zu sehen, der das Tempelareal begrenzte. Große Teile von ihm stürzten im Laufe der letzten 900 Jahre nach der Zerstörung des Tempels 1068 ins Meer. Archäologen der DDR hielten auch den Tempel selbst für restlos verschwunden – ein Irrtum, wie sich jetzt zeigt.

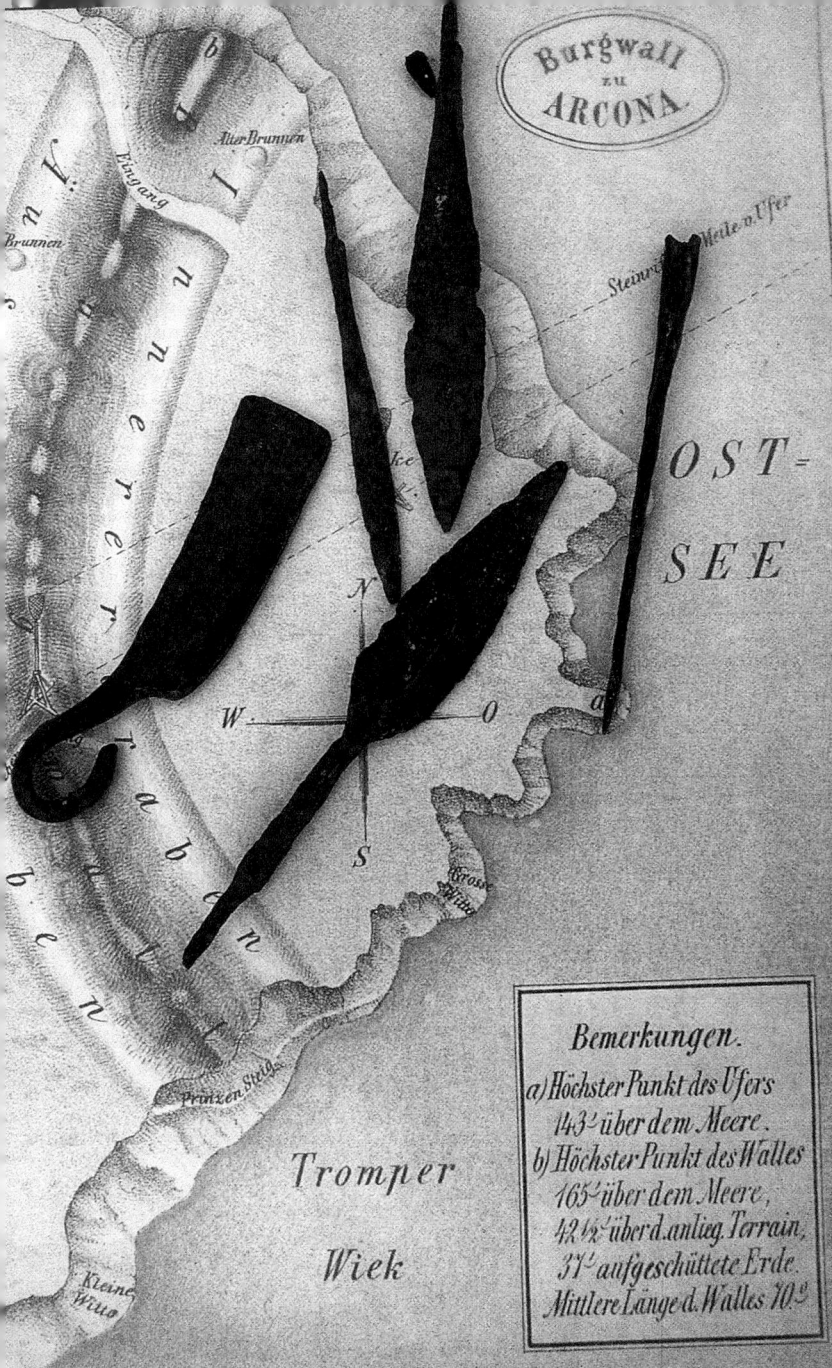

Meer begraben sein. »Wir werden hier Stück für Stück die Geschichte dieser Tempelburg lebendig machen«, zeigt sich Herfert hingegen zuversichtlich. »Wir haben jetzt den Teil des Tempels gefunden, wo die Opfer dargebracht wurden. Bis zum Winter wollen wir Klarheit über den Grundriß des Tempels haben.«

Was bislang bekannt ist, haben die Eroberer, die Sieger überliefert. Der Bischof von Lund, Absalon, leitete 1168 die Eroberung Arkonas und die Christianisierung der Rugianer als Missionar. In Kopenhagen steht heute noch ein Standbild des streitbaren Bruders in Christo, der bei diesem Feldzug Karriere machte, mit Schwert und Axt (!) bewaffnet. Ein Gelehrter, Saxo Grammaticus, war sein Vertrauter. Wahrscheinlich hat er den Bischof auf seinem Eroberungszug nach Rügen begleitet. Vielleicht auch haben Teilnehmer am Feldzug ihm von der Tempelburg der Rugianer erzählt.

Dieser Saxo Grammaticus also schildert die Vorgänge im Jahr 1168 im 14. Buch seiner Historia Danica, der Geschichte der Dänen: »Inmitten der Burg ist ein ebener Platz, auf dem sich ein aus Holz erbauter Tempel erhob, von feinster Arbeit, erkennbar nicht nur durch die Pracht der Ausstattung, sondern auch durch die Bedeutung des ehrwürdigen, in ihm aufgestellten Götzenbildes. Der äußere Umgang des Tempels erstrahlte durch seine sorgfältig gearbeiteten Skulpturen. ... Im Tempel stand ein gewaltiges Götterbild, den menschlichen Körper an Größe weit übertreffend, wunderlich anzusehen durch seine vier Köpfe und ebenso viele Hälse. Zwei der Köpfe scheinen nach der Brust und ebenso viele nach dem Rücken zu sehen. Außerdem schien von den vorderen wie von den hinteren der eine nach rechts, der andere nach links zu blicken. ... In der Rechten hielt die Statue ein Trinkhorn, aus verschiedenen Metallen gebildet, das der Priester jährlich neu zu füllen gewohnt war, um aus dem Zustand der Flüssigkeit die Ernte des kommenden Jahres zu weissagen.«

Heidnische Reste der Tempelburg im Fundament der Kirchen

Bezeichnenderweise läßt sich ausgerechnet in einer christlichen Kirche ein Beleg für Saxos Schilderung finden. Mit dem Bau der ältesten Kirche auf Rügen, der Marienkirche in Bergen, wurde 1180 begonnen, zwölf Jahre nachdem die Rugianer mit Feuer und Schwert besiegt worden waren. Zimperlich, gar barmherzig gingen die Eroberer mit den »Heiden« nicht um. Als Zeichen der Unterwerfung wurden Reste des slawischen Heiligtums in die Fundamente der neuen, nun christlichen Kultstätten, die nunmehr Kirchen geworden waren, eingebaut.

So findet sich im unteren Teil der Grundmauern der Marienkirche zu Bergen eine slawische Figur mit einem Trinkhorn: ein Svantevit-Priester, desgleichen ein »Slawenstein« mit diesem Motiv im östlichen Seitenflügel des Altarraums der Kirche in Altenkirchen. Und nicht nur äußere Symbole des Kults wurden »eingemauert«. Die heidnischen Rituale selbst galten der Nachwelt als Götzendienst, als Aberglaube und barbarisch. Es gab keine schriftlichen Zeugnisse von den Slawen selbst, und so hat sich die Siegerperspektive auf sie bis heute gehalten: grausame Wilde, die erst im Zuge der Christianisierung zivilisiert geworden seien.

Ein prominentes Beispiel für dieses Bild vom Heidentum liefert uns Heinrich Böll, der auf die Frage, was er vom Christentum halte, bemerkt: »Selbst die allerschlechteste christliche Welt würde ich der besten heidnischen vorziehen, weil es in der christlichen Welt Raum gibt für die, denen keine heidnische Welt Raum gab, für Krüppel und Kranke, Alte und Schwache, und mehr noch als Raum gab es für sie. Liebe, für die, die der heidnischen wie der gottlosen Welt nutzlos erschienen und erscheinen.« Hier die grausamen Heiden also – dort die edlen Christen, Erbarmer der Schwachen und Hilflosen.

Die bösen Heiden?

Helmold von Bosau, der Pastor aus Plön, überliefert uns in seiner Slawenchronik ein anderes Bild: »Doch obgleich bei den Ranen der Haß auf die Christen und der Zündstoff des Aberglaubens größer war als bei den übrigen Slawen, zeichnen sie sich durch viele natürliche Vorzüge aus. Man ist bei ihnen außerordentlich gastfreundlich, und sie erweisen auch den Eltern die schuldige Ehre. Niemals findet man bei ihnen einen Bedürftigen oder Bettler; sobald nämlich jemand unter ihnen krank oder altersschwach wird, übergibt man ihn seinem Erben zur Pflege, der ihn aufs barmherzigste versorgen muß. Denn Gastfreundschaft und Sorge für die Eltern gelten bei den Slawen als die ersten Tugenden.«

Für die beschriebene Gastfreundschaft hat Peter Herfert zahllose Belege: Hier müssen Händler aus dem Nahen und Mittleren Osten gewesen sein, denn es finden sich kostbare Perlen und Schmuckstücke sowie Münzen aus dieser Region. Und auch Christen war es gestattet, in das Land der Rugianer zu kommen, um Handel zu treiben. Allerdings wurde ihnen abverlangt, der Gottheit, dem vielköpfigen Svantevit, zu opfern, ehe sie ihre Waren zu Markte tragen durften.

Die listenreichen Kaufleute

Die christlichen Kaufleute zogen sich geschickt aus der Affäre. Einem fremden Gott zu opfern war zwar eine Sünde, aber doch wohl eher eine läßliche, wenn nicht allzu Kostbares in die Opferkasse gelegt wurde – das war sicherlich die Hauptüberlegung dabei. Und vor allem wurde die Kasse des Kaufmanns so geschont. Also brachte der sächsische oder fränkische Handelsreisende wertlose Glasperlen, angeschlagene Schmuckstücke, Münzen minderer Qualität mit, die auf dem Markt sowieso kei-

142

Mit solchen Schiffen segelten die Rugianer auf Eroberungsfahrt über die Ostsee zur dänischen Küste. Dort raubten sie riesige Schätze zusammen. Der Tempel von Arkona war reich gefüllt mit Kostbarkeiten aus Gold, Silber, Edelsteinen und Waffen.

ne hohen Preise erzielt hätten, und opferte sie Svantevit, sozusagen als Eintrittsticket für den Zugang zum Marktplatz.

Peter Herfert verweist auf zahlreiche Indizien dafür und zollt den listenreichen Kaufleuten Anerkennung. In der Vorhalle des Tempels fand er einen ganzen Opfer»schatz« aus minderwertigen Glasperlen oder gar aus Ton, die wohl Händler niedergelegt haben, mutmaßt er, denn sie wurden von weit her antransportiert. Er interpretiert diese Funde als lästigen Obolus reisender Kaufleute, vergleichbar den Knöpfen, die sich auch heute noch angeblich in den Klingelbeuteln mancher Pfarreien anzufinden pflegen, wo man des guten Rufs wegen eben in die Kirche gehen und auch bei den Opfergaben zumindest nach außen mithalten muß.

Doch die Motive der Koalition unter Führung des Bischofs

von Roskilde waren keineswegs so edel, wie man es die Nachwelt gern glauben gemacht hätte. Es ging den Eroberern weniger darum, die Heiden mit dem Christentum zu beglücken. Das war pure Ideologie. Wonach es sie tatsächlich gelüstete, ist bei Saxo Grammaticus belegt: Legendär war nämlich der Tempelschatz von Arkona.

Der ungeheure Tempelschatz

»Von jedem einzelnen Manne oder Weibe wurde jährlich zur Verehrung dieses Götzenbildes eine Geldmünze als Geschenk entrichtet. Auch wurde ihm von der heimgebrachten Beute ein Drittel überwiesen, wie wenn sie unter seinem Schutz gewonnen und behauptet wäre.« Die Schatzkammer des Tempels von Arkona war also reich gefüllt mit Kostbarkeiten aus Gold, Silber, Edelsteinen und Waffen.

Wie groß diese Schätze waren, davon berichtet uns wieder Helmold von Bosau. Als die Rugianer den Sohn eines obodritischen Fürsten erschlagen hatten, kam dieser im Winter mit einem großen Heer über das Eis. Er forderte als Gegenleistung für seinen Verzicht auf einschneidende kriegerische Handlungen eine Art »Kompensation«: 4400 Mark Silber. Die Mark Silber betrug damals etwa 230 Gramm. Damit ging es also um mehr als 1000 Kilogramm Silber.

Im übrigen waren die Rugianer keine Engel: Als Seeräuber erschienen sie dann und wann vor der dänischen Küste und plünderten, so daß die Dänen wohl auch genau wußten, welche Reichtümer übers Meer verbracht und in der Tempelburg ange-

Nach der gewaltsamen Christianisierung der Rugianer baute man in die Fundamente der neuen Kultstätten, der christlichen Kirchen auf Rügen, Steine des Svantevit-Tempels als Zeichen der Unterwerfung ein – bei der Bevölkerung sind sie bis heute bekannt als »Slawensteine«. Zu erkennen ist ein Svantevit-Priester mit einem Trinkhorn.

häuft waren. Herfert selbst hat Ende der sechziger Jahre drei solcher Schiffe am Strand von Ralswiek auf Rügen, unter Sand verborgen, gefunden. Da zu jener Zeit in der DDR noch keine Möglichkeit der Konservierung bestand, ließ er sie schnell wieder zuschaufeln. Er wußte, er hatte einen Schatz entdeckt, die größten erhaltenen Slawenschiffe. Nach der Wende wurden 1993 zwei Schiffe zusammen mit dem Landesarchäologen Dr. Friedrich Lüth geborgen. Ein slawisches Schiff wurde mit alten Materialien und Handwerkszeug nachgebaut und erprobt derzeit seine See- und Manövriertüchtigkeit auf der Ostsee. Als Herfert vor Kap Arkona in den Nachbau steigt, hat er fast Tränen in den Augen: »Daß ich das noch erleben durfte!« Er liebt klare Worte: »Natürlich waren die Dänen scharf auf den Schatz«, sagt er unverblümt. »Es ging schließlich um sieben mit Münzen und Silbergerät gefüllte Kisten!«

Auch für diese Annahme finden sich Belege in der Chronik des Saxo Grammaticus. Als die belagerten Slawen sahen, wie verzweifelt die Lage war, versuchten sie durch Verhandeln zu retten, was zu retten war. Ein Teil der Burg brannte – das Ende schien unvermeidlich.

Die Gegenseite – der allerchristlichste Bischof von Rosklide – stellte Bedingungen. Aber bezeichnenderweise ging es bei diesen Kapitulationsverhandlungen nicht um den Glauben in Christo. Zunächst kam auch für Absalon »das Fressen und dann erst die Moral«, will sagen: In vorderster Linie drehten sich die Verhandlungen um den Tempelschatz! Saxo Grammaticus, der Vertraute des Bischofs, hielt die Bedingungen fest, deren Reihenfolge das wahre Anliegen der Dänen nur notdürftig verschleiert: »Der König nahm die Übergabe der Burg unter folgenden Bedingungen an: Das Götzenbild nebst dem gesamten Tempelschatz sollte ausgeliefert werden, die gefangenen Christen sollten aus dem Gefängnis freigegeben und ohne Lösegeld entlassen werden, und alle Punkte der wahren Religion sollten nach dänischem Ritus angenommen werden.«

Das Heer der Belagerer hätte eine richtig schöne Plünderung der geregelten Übergabe vorgezogen. So zogen sich die Verhandlungen beträchtlich in die Länge. Doch schließlich gab der Erzbischof Eskil von Lund zu bedenken, »daß es doch der schönste Sieg sei, ein heidnisches Volk nicht nur tributpflichtig zu machen, sondern auch zum Christentum zu bekehren«. Als alles ausgehandelt war, wurde Svantevit zerhackt und zum Kochen der Siegesmahlzeit verwendet, alsdann »das dem Götzenglauben ergebene Volk an den christlichen Gottesdienst gewöhnt und seinem gotteslästerlichen Sinne die Zucht der Heiligkeit eingepflanzt«.

Mit dem Schatz im Schiff machten sich dann im Morgengrauen der allerchristlichste König der Dänen, Waldemar I., und Bischof Absalon auf den Heimweg. Zweitrangig für den Bischof war offenbar die Massentaufe der Ranen: 1300 von ihnen wurden noch am selben Tag getauft, wobei sich die Frage erhebt, wer vom Wesen des Christentums weniger verstand, die Getauften oder die Täufer.

Die Ausgrabungen unter Peter Herfert im Auftrag des Landesamts für Bodendenkmalpflege zusammen mit den schriftlichen Zeugnissen lassen dieses letzte Denkmal der Slawen auf Arkona lebendig werden. Sie stellen der Nachwelt beim Nachvollzug des Dramas, das sich hier abgespielt hat, unbequeme Fragen hinsichtlich unserer Zivilisation und ihrer christlichen Vorbildfunktion.

Nachtrag: In seinem Testament vererbte Bischof Absalon von Roskilde einen in Arkona erbeuteten goldenen Kelch seiner Schwester – hätten der Bischof und die allerchristlichste Koalition nicht so zugelangt, vielleicht hätten dann Mutter und Kind am rot-weißen Absperrseil der Grabung von Peter Herfert und Co. auf Kap Arkona doch noch ein bißchen Gold erblicken können.

Rita Knobel-Ulrich

Atlantis des Nordens

»Es ist ein Wirtschaftskrimi«, sagt er und lugt über seine rand-
lose Brille. Die Augen blitzen energisch. Der Mann reckt sich
hoch und blickt über das Meer. »Ich bin überzeugt – hier war's.
Man hat einfach einen mächtigen Konkurrenten aus dem Weg
geräumt.« Der Mann spricht nicht etwa von großen Deals zwischen Bonn und Berlin. Vermutlich sind ihm bundesdeutsche
Rankünen so fern wie unsereinem das Jahr 963. Ihm sind Heinrich der Löwe, ein jüdischer Handlungsreisender aus dem Kalifat Cordoba namens Ibrahim Ibn Jacub und der Domherr Adam
von Bremen, der um 1075 die Hamburger Kirchengeschichte
verfaßte, näher als Clinton und Co.

Dr. Klaus Goldmann, der Mann mit den blitzenden blauen
Augen hinter der Brille, ist Archäologe – Oberkustos am Museum für Vor- und Frühgeschichte in Berlin. Theorien auf den
Kopf stellen, vermeintlich unumstößliche Wahrheiten anzwei-
feln, nachfragen, sich in Archiven auf die Suche nach der Wahrheit machen – das betreibt er mit Leidenschaft. Seit Jahrzehnten
gilt er unter den Museumsleuten als »Jäger des verlorenen Schat-
zes«, der mit kriminalistischem Spürsinn Spuren von Gemälden,
Schätzen und Kunstgegenständen verfolgt, die in den Nach-
kriegswirren aus Deutschland verschwanden. Jahrzehntelang
hatte er hartnäckig behauptet, der berühmte, von Heinrich
Schliemann entdeckte »Schatz des Priamos« sei in Moskauer
Museumsmagazinen verborgen. Ebenso hartnäckig wurde dem
aus Moskau widersprochen und Goldmann zum Spinner er-

Vorhergehende Doppelseite:
In Eilhard Lubins richtungsweisender Pommernkarte, erstmals 1610 – hier
die Amsterdamer Karte von 1633 –, ist »Wineta«, wie es die Legende will,
der Insel Usedom vorgelagert.

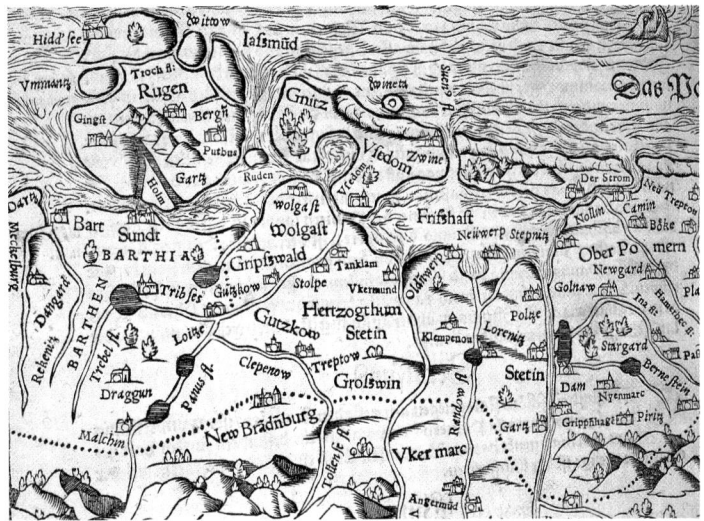

Sebastian Münsters Pommernkarte steht im Einklang mit der früheren Use-
dom-Theorie: Vor dieser Insel meinte man abends, bei Windstille, zu erkennen, was vom »Atlantis des Nordens« übriggeblieben war.

klärt, der sich in eine haltlose Theorie verbissen habe. Doch im
Oktober 1994 kam der Tag seines Triumphes: Goldmann gehör-
te zu den wenigen Auserwählten, die im Moskauer Puschkin-
Museum »mit Herzklopfen« den verlorenen Schatz zum ersten
Mal fasziniert in die Hand nehmen durften. Die beharrliche Su-
che hatte sich gelohnt.

Ob der Schatz jemals wieder nach Deutschland zurückkehrt,
sei Sache der Politik – nicht seine. Er ist Archäologe, ein Forscher, schon wieder auf den Spuren der nächsten Sensation. Nun
also Vineta! Im 11. Jahrhundert soll das Atlantis der Ostsee die
größte Stadt Europas gewesen sein, größer als Konstantinopel,
und dazu schön, mächtig und wohlhabend. Alle Welt kam hierher, Schiffe aus aller Herren Ländern legten in Vineta an, brachten Waren aus entlegenen Winkeln der Welt. Sagen und Legenden spinnen den Reichtum Vinetas mit Genuß aus: Jeden er-

Je statt Wineta ist vor vil jaren gar ein trefflich vnnd hoch verrümpte statt gewesen / Der gleichen im gantzen Europa kaum dozümal ist gewesen / vnnd mann meint es sei Archon oder Julinum gewesen / welche die künig vonn Dennmarck / so sie mechtiger waren dann sie ietzunt seind / zerbrochen haben. Daß aber ein statt soll mancherlei nammen gehabt haben / das ist zü der selbigen zeit nit seltzam gewesen / besunder bei den Wandalen / Saxen vnnd Denmärckern. Dann die statt so die Wandalen Stargard haben genent / ist vonn den Saxen Aldenborg vnnd von den Senmerckern Brandnesia genant worden. Also ist es wol müglich / daß die statt / die vonn den Senmärckern Archon in Rugen der inseln oder Julinum auff dem land / sei von den Wandalen in jhrer sprach Wineta genant worden. Also schreibt Albertus Krantz. Du fundest in der tafeln so mir auß Pomern geschickt ist ein eigen örtlin für die statt Wineta zwischen dem wasser Süeno vnnd der inseln Rugiam.

Diese Beschreibung der »trefflichen« Stadt, »der gleichen im gantzen Europa kaum dozumal ist gewesen«, stammt ebenfalls aus Münsters *Cosmographia Universalis* (Basel 1550), die zugleich die wohl erste gedruckte Erwähnung Vinetas auf einer Karte beinhaltet.

denklichen Luxus habe es gegeben, die Glocken der Stadt seien aus Silber gewesen, die Kinder hätten mit Silbertalern auf den Straßen gespielt, die Pferde silberne Hufe getragen. Stolz und gottlos – so wird es in den Legenden überliefert – sei Vineta gewesen und reich, so reich, daß die Mädchen auf goldenen Spindeln spannen und die Mütter ihren Kindern mit Semmeln die Hintern wischten. Schließlich kam, was kommen mußte. Gott strafte die zügellose Stadt: Vineta wurde angegriffen, geplündert, zerstört – der Rest ging in einer Sturmflut unter.

Ein Mythos war geboren – und doch hielt sich beharrlich die Vermutung, er habe einen realen Hintergrund. Vineta wäre wohl nie über den Status einer Legende oder einer Jahrmarkt-Moritat hinausgekommen, hätte es nicht Zeitzeugen gegeben: Chronisten, Domherren, Handelsreisende, die unabhängig voneinander die Existenz einer reichen Handelsmetropole an der Ostsee bestätigten.

Ein Domherr als Zeitzeuge

Adam von Bremen, Domherr und der erste deutsche Geograph von Weltrang, bezeichnet in seiner um 1075 entstandenen Hamburger Kirchengeschichte präzise die Lage der sagenumwobenen Stadt. Er nannte sie nicht Vineta, sondern Jumne oder Iumme. Er schrieb:

»Hinter den Liutizen, die auch Wilzen heißen, trifft man auf die Oder, den reichsten Strom des Slawenlandes. Wo sie an ihrer Mündung ins skythische Meer fließt, bietet die sehr berühmte Stadt Jumne für Barbaren und Griechen in weitem Umkreis einen vielbesuchten Treffpunkt. Weil man sich zum Preise dieser Stadt allerlei Ungewöhnliches und kaum Glaubhaftes erzählt, halte ich es für wünschenswert, einige bemerkenswerte Nachrichten einzuschalten. Es ist wirklich die größte von allen Städten, die Europa birgt. In ihr wohnen Slawen und andere Stämme, Griechen und Barbaren. Auch die Fremden aus Sachsen haben gleiches Niederlassungsrecht erhalten, wenn sie auch während ihres Aufenthaltes ihr Christentum nicht öffentlich bekennen dürfen. Die Stadt ist angefüllt mit Waren aller Völker des Nordens, nichts Begehrenswertes oder Seltenes fehlt… Hier zeigt sich Neptun in dreifacher Gestalt, denn die Insel wird von drei Meeren umspült, eins davon soll von tiefgrünem Aussehen sein, das zweite weißlich; das dritte wogt ununterbrochen, wildbewegt von Stürmen. Von dieser Stadt aus setzt man in kurzer Ruderfahrt nach der Stadt Demmin in der Peenemündung über, wo die Ranen wohnen.«

Knapp hundert Jahre später gab ein Pastor, der am Plöner See seine Pfarrei hatte, Helmold von Bosau, einem Kapitel seiner Slawenchronik die Überschrift: De civitate Vineta – Über die Stadt Vineta. Das meiste übernahm er von Adam von Bremen, in einem wichtigen Punkt änderte er aber seine Geschichte: Er beschrieb Vineta in der Vergangenheitsform. »Bis zum Untergang dieser Stadt«, notierte Helmold um 1170, und weiter: »Ein

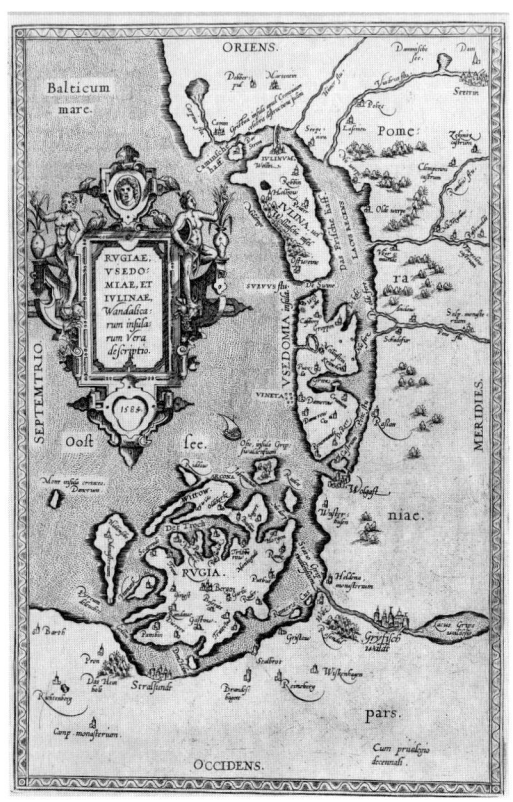

Auch in der ungewöhnlich perspektivierten Karte des Abraham Ortelius von 1584 ist Vineta der Insel Usedom zugeordnet, zwischen Rügen (»Rugia«) und Wollin (»Iulina«).

König der Dänen soll diesen höchst wohlhabenden Platz mit einer sehr großen Flotte angegriffen und völlig zerstört haben. Die Überreste sind jetzt noch vorhanden.« Das hieß nichts anderes, als daß die größte Stadt Europas, ein multikultureller Treffpunkt, Jahre oder Jahrzehnte vor der Niederschrift des Helmold von Bosau zerstört worden sein mußte. Danach wurde die hochberühmte Stadt niemals mehr erwähnt, nicht in Annalen, Chroniken oder Erinnerungen: Der Mythos war geboren.

Naive Bilder auf mittelalterlichen Karten und Zeichnungen schmückten die Sage verklärend aus: Keine kleine Wendenstadt (urbs Venetorum – die Stadt der slawischen Wenden) wurde da abgebildet, sondern eine mittelalterliche Stadt mit hoch aufragenden Türmen, Ziergiebeln an den Häusern und hohen Mauern – »quondam celebris Vineta sub undis – das einst berühmte Vineta unter den Wogen«. Nur wenigen waren die Niederschriften des Adam von Bremen und Helmold von Bosau zugänglich, und bis auf eine Handvoll Gelehrter in klösterlichen Gewölben war kaum jemand des Lesens kundig. Erst durch die Erfindung des Buchdrucks wurden die Chroniken einem größeren Leserkreis zugänglich gemacht, und immer wieder wurde versucht, das Rätsel zu entschlüsseln.

Die Suche nach Vineta beginnt: Wollin oder Usedom?

Das Hauptaugenmerk richtete sich darauf herauszufinden, wo die reiche, ruchlose Stadt denn nun gelegen habe. Die Usedom-Version wurde geboren: Man entdeckte eine alte Schriftrolle, auf der die Lübecker Gründungsräte von 1158 verzeichnet waren. In der Liste fand sich ein gewisser Cord Strale, »van Wineta gekamen«. Daraus ließ sich zwar keineswegs ein Hinweis auf Usedom entnehmen, doch der Wunsch, endlich fündig zu werden, war wohl stärker. So meinte man allen Ernstes abends, bei Windstille, vor Usedom die Überreste der versunkenen Stadt auf dem Meeresgrund zu erblicken. Ganz Hellhörige glaubten gar, ein silberhelles Läuten vom Meeresgrund herauf zu vernehmen.

Im 19. Jahrhundert begann die Wissenschaft, sich mit der Vineta-Frage zu beschäftigen. Das Deutsche Reich war gerade gegründet worden: Das Interesse an der Geschichte, vor allem an der heimischen Frühzeit, rückte in den Mittelpunkt. Bei Wollin, am rechten Mündungsarm der Oder, kamen bei Grabungen Überreste von Friedhöfen mit reichlichen Grabbeigaben zutage. Bald darauf schien klar: Wollin sei das sagenhafte Vineta – das Atlantis der Ostsee. Ein Streit begann zwischen denen, die weiter behaupteten, Vineta sei vor Usedom versunken, und den Wollin-Anhängern. Zwar paßte eine ganze Reihe von Angaben in den Schriften Adams von Bremen weder zur Usedom- noch zur Wollin-Theorie. Doch die Vineta-Sucher sprachen kurzerhand dem Domherrn aus Hamburg die geographische Ortskenntnis ab und erklärten die Ungereimtheiten mit ungenauen Übersetzungen oder fehlerhaften Abschriften.

Der Zweite Weltkrieg beendete den Streit: Die Oder wurde Grenzfluß. Wollin und Usedom lagen nun in getrennten Staaten. Die Küste Pommerns war fest in der Hand der NVA und der Staatssicherheit, und kein Wissenschaftler in der ehemaligen DDR interessierte sich noch für die verschrobene Legende von einer hoffärtigen Stadt, die vor tausend Jahren von Gott bestraft und untergegangen sein sollte. Schließlich hatten sich in Vineta, auch wenn man Adam von Bremen noch so sehr bemüht hätte, bei bestem Willen keine geknechteten Volksmassen gegen ihre Unterdrücker erhoben.

Die Wollin-Theorie

In Polen dagegen baute der Direktor des Nationalmuseums in Stettin, Wladislaw Filipowiak, die Vineta-Wollin-Theorie weiter aus. Schon um die sozialistische Völkerfreundschaft nicht zu gefährden und den Bruder im Osten nicht zu verärgern, hätte sich Störfeuer der Usedom-Fraktion aus der DDR verboten. Filipowiak legte auf der Sandbank der Dievenow 50 000 Fundobjekte frei, darunter vier Häfen, drei Vorstädte und Silberfunde, und erklärte überzeugt, er habe das Rätsel gelöst. Vineta sei gefunden, und zwar in Wollin. 1984 schrieb Filipowiak: »Wir neigen aufgrund der bisherigen vieljährigen Grabungen immer mehr dazu, das sagenhafte Vineta mit der ausgegrabenen Stadt Wollin zu identifizieren, deren Geschichte man vom 6. bis zum 12. Jahrhundert verfolgen kann und die in der Zeit ihrer Blüte

Eilhard Lubin unternahm die erste Landvermessung Pommerns mit Astrolabium, Jakobsstab und Höhenwinkelmesser. Auf dieser Karte von ihm, ungefähr 1618 entstanden, wird die Zerstörung Vinetas dem Dänenkönig Konrad zugeschrieben.

zwischen dem 9. und 11. Jahrhundert zu den größten und reichsten Städten des Ostseeraumes gehörte.«

Das sozialistische Lager war nicht von Bestand, und auch die Wollin-Version hielt nicht für die Ewigkeit. Schon lange vor dem Zusammenbruch der Sowjetunion und der DDR waren die Kontakte zwischen einigen Wissenschaftlern aus Ost und West eng, besonders zwischen Polen und West-Berlin. So reiste Wladislaw Filipowiak häufig nach Berlin.

Der Zweifel ist die Mutter aller Erkenntnis

1984 wurde im Museum für Vor- und Frühgeschichte in West-Berlin seine große Vineta-Wollin-Ausstellung gezeigt; ihr Titel: »Wollin-Vineta: Ausgrabungen aus einer versunkenen Stadt«.

157

Das Grußwort schrieb Klaus Goldmann. Und das Enfant terrible der deutschen Archäologie blieb sich und seinem Grundsatz treu, daß vor allem der Zweifel die Mutter aller Erkenntnis sei. »Wer in die Fußstapfen Vorangegangener tritt, kann keine neuen Wege finden«, sagt er entschieden. Ihm fielen die Ungereimtheiten der Wollin-Version auf – und: Er war nicht bereit, sie zu akzeptieren. Filipowiak habe Großes geleistet, eine bedeutende Siedlung ausgegraben, aber Vineta habe er nicht gefunden. Und auch die deutsche Romantik, die das Atlantis des Nordens in allen Varianten verklärend vor Usedom angesiedelt und besungen hat, habe unrecht. Geirrt habe sich nicht der Chronist Adam von Bremen, sondern seine Interpreten, die Wissenschaftler, die ihrem Wunsch, endlich Vineta zu finden, die geduldige Befragung und richtige Interpretation der Quelle geopfert hätten. Adam von Bremen die geographische Kenntnis abzusprechen sei falsch. Warum, fragt Klaus Goldmann und lugt mit blitzeblauen Augen über die Brille, sollte sich der Domherr aus Hamburg denn geirrt haben? »Er hat seinen eigenen Sprengel bereist und beschrieben, und den hat er doch wohl gekannt!«

Nun sind allerdings die Voraussetzungen zur Überprüfung der Angaben des Hamburger Geistlichen schwierig: Als der Nordosten Europas missioniert wurde, zerstörten die christlichen Eroberer zielstrebig heidnische Zeugnisse. Auch die Erinnerung daran wurde langsam getilgt, indem man das Heidentum als dumpf, rückschrittlich, minderwertig und bedeutungslos abqualifizierte. So ließ sich am besten die Zerstörung von deren Heiligtümern durch die skandinavischen und deutschen Kreuzzügler rechtfertigen. Die Kirche beeinflußte auf diese Weise die Geschichtsschreibung mehrere Jahrhunderte lang negativ.

Es gab auch kaum Stadtarchive, die es nach der Erfindung des Buchdrucks einem größeren Kreis erlaubt hätten, Verschüttetes und Vergessenes zutage zu fördern, denn die meisten großen Ostseestädte wurden erst in der zweiten Hälfte des 12. Jahrhunderts gegründet.

Eine Karte aus der Mitte des 18. Jahrhunderts. Vineta, dessen Name an Venedig als Königin der Meere angelehnt ist, inspirierte auch die Dichter: Herder etwa sprach von ihm als dem »slawischen Amsterdam«.

Und ein Drittes: Die Vor- und Frühgeschichte war im 19. Jahrhundert eine junge Disziplin, dominiert von der klassischen Archäologie. Für die waren die Menschen in Nordeuropa, jenseits des Limes, unkultiviert und wild – Barbaren eben, die auf Bärenfellen herumlungerten und Met tranken. Unter all diesen widrigen Bedingungen erfordert das Studium der Quellen die Qualitäten eines Sherlock Holmes: Was wurde unterdrückt, verfälscht, frisiert, bewußt geändert, vertauscht? Die Original-

Handschriften des Adam von Bremen und Helmold von Bosau sind verschollen. Sie existieren nur noch in Abschriften, redigiert, verändert, mit Anmerkungen versehen, übermalt.

Ein Schlüsselerlebnis aus dem Weltraum

Insofern ist, was Klaus Goldmann sich vorgenommen hat, eine Sisyphus-Arbeit, eine Art Puzzle aus unzähligen Fundstücken, die zusammengefügt eine archäologische Sensation bergen: Vineta ist – so Goldmann – lokalisiert. Die Stadt liege unter dem Grund des Barther Boddens unweit der heute kleinen und unbedeutenden Stadt Barth an der Ostsee. Es war die große Oderflut des Jahres 1997, die als ergänzendes Moment ein Aha-Erlebnis, eine Art Quantensprung des Erkennens bei Klaus Goldmann auslöste. Er zieht eine Satellitenkarte aus der Schublade seines schweren Schreibtischs: »Der Blick aus dem Weltraum auf das Oder-Hochwasser war das Schlüsselerlebnis«, sagt er. Auf dem Satellitenbild ließen sich die geographischen Verhältnisse der Vergangenheit gut erkennen, denn ein Teil des Oderwassers drückte am Gellen vorbei in die Ostsee: ein Beweis, daß es dort einst eine heute nicht mehr existente Odermündung gegeben haben muß. Auf dem Bild aus dem Weltraum könne man aber auch gut erkennen, daß ein Arm der Oder den breiten Graben hinterlassen habe, der bis heute Pommern und Mecklenburg trennt. Dieser Arm zwischen Demmin und Anklam, in dem gegenwärtig die Peene nach Osten abfließt, müsse – so Goldmann – im 11. Jahrhundert in umgekehrte Richtung geflossen sein, nicht nach Osten, sondern nach Westen. Dort habe der Arm zusammen mit Peene, Trebel und Recknitz den gemeinsamen linken Mündungsarm gebildet, und den habe Adam von Bremen gemeint, als er die Lage Vinetas beschrieben habe.

Goldmann stellt damit alles auf den Kopf, was bisher galt. Doch das Faszinierende daran ist: Adams Bericht erscheint nun in neuem Licht. Nun hatte die Peene tatsächlich, wie Adam es beschrieben hat, ihre Mündung bei Demmin, war die Stadt in kurzer Ruderfahrt zu erreichen, lebten die Ranen, die Bewohner des Fürstentums Rügen, auch bei Demmin.

Ein Puzzle wird zusammengesetzt

Goldmann fügt Stück für Stück seine These zusammen, übersieht dabei kein Detail, vergräbt sich akribisch in Sagen, alte Handschriften, Berichte von Handelsreisenden. Die pommersche Sage vom Untergang der Stadt Vineta, wie sie in Thomas Kanzows Chronik von Pommern 1841 geschildert werde, enthalte ein interessantes Detail, sagt er. Eine große, von der strafenden Hand Gottes gesandte Sturmflut würde die Stadt, wenn sie vor der Ostseeküste etwa beim Vinetariff vor Usedom gelegen hätte, unter Wasser geraten lassen, aber jedes Hochwasser, auch das der Ostsee, pflegt mit Veränderung der Wetterlage auch wieder zurückzugehen und das kurzfristig überflutete Gebiet wieder freizugeben, wenn es auch ursprünglich über dem Meeresspiegel gelegen hat. In der Pommern-Chronik heißt es: »Am Ostermorgen, denn vom stillen Freitag bis zum Ostermorgen soll der Untergang von Vineta gedauert haben, kann man die ganze Stadt sehen, wie sie früher gewesen ist.« Danach, schlußfolgert Goldmann, könnte der Untergang etwa zweieinhalb Tage gedauert haben, bis die Niederung, in der die Stadt lag, vollgelaufen war. Diese Schilderung erinnere durchaus an die Überflutung der Ziltendorfer Niederung, als dort 1997 der Deich gebrochen war.

Doch warum und wie ist die wunderbarste und größte Stadt Europas versunken, buchstäblich im Laufe dreier Tage abgesoffen, wenn sich der Meeresspiegel seit 3000 Jahren – was der Archäologe Goldmann für unbestritten hält – nur geringfügig verändert hat? »Sicher ist eines«, sagt er im Bewußtsein, mit seiner

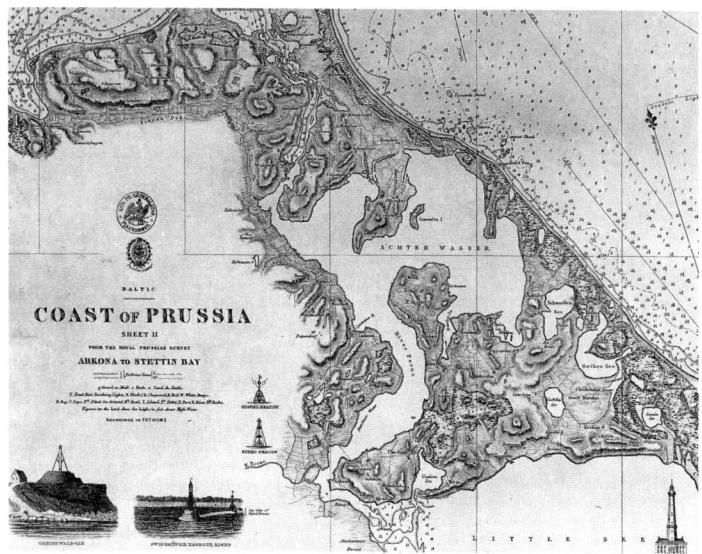

Eine englische Karte von 1855. An der Wende zum 20. Jahrhundert vermeinten Forscher die untergegangene Stadt an der Mündung der Peene in die Ostsee aufzuspüren.

Auffassung im Gegensatz zu seinen Kollegen zu stehen: »Der weltweite Meeresspiegel zeigt in den letzten drei Jahrtausenden nur noch unwesentliche Schwankungen. Die archäologischen Grundlagen für die Debatte über weltweite Meeresspiegelschwankungen stammen vorwiegend aus dem Küstenbereich der Nordsee. Es gilt in der Küstenforschung als Axiom, daß es geschlossene Deichlinien an den Nordseeküsten erst etwa seit dem Jahre 1000 n. Chr. gibt. Dann erst konnte auch Marschenland unter dem Spiegel des Weltmeeres entstehen. Wenn tatsächlich aber schwere Außendeiche schon in vor- und frühgeschichtlicher Zeit bestanden haben und diese zum Beispiel Land schützten, das drei Meter unter dem Meeresspiegel lag, mußte ein Deichbruch zu einer Überflutung in gleicher Höhe führen. Dauerte die Überflutung dann vielleicht über viele Jahrzehnte, entstand im Binnenland eine auch archäologisch nachweisbare ›Küstenlinie‹, die gegenüber der Zeit vor dem Deichbruch eine Erhöhung des Meeresspiegels um die besagten drei Meter vortäuscht. Wird der Deich später ausgebessert, finden die Archäologen jetzt wieder Siedlungen ›unter dem Meeresspiegel‹, woraus auf einen entsprechenden Rückzug des Meeres, also ein Fallen des Meeresspiegels um diese drei Meter geschlossen wird.«

Goldmann aber hält ebendieses Axiom, daß nämlich an den nördlichen Küsten Europas Deiche erst seit 1000 Jahren gebaut worden seien, für falsch. Folgerichtig müßten »entscheidende Grundannahmen der weltweiten Klimaforschung in Frage gestellt werden: Hat sich der Meeresspiegel in den letzten drei Jahrtausenden tatsächlich in anderem Maße geändert, als bisher allgemein angenommen wurde, so sind auch alle modernen Hochrechnungen über die weltweite Klimaentwicklung mit einem Fehler behaftet, der auf die grundlegende Fehlinterpretation archäologischer Daten zurückgeht.« Punktum. So spannend kann Archäologie sein, so in Tagesdebatten eingreifen und unsere scheinbar unangefochtenen Erkenntnisse über Klimaverschiebungen, Wetterkatastrophen, Überflutungen umstoßen!

Für den »Untergang« Vinetas bietet Goldmann eine Erklärung, die weit über das Auffinden einer versunkenen Stadt aus dem 9. Jahrhundert hinausgeht und unser Weltbild gründlich auf den Kopf stellt. Es sei »communis opinio« – herrschende Lehrmeinung in der Archäologie, daß Deichbau und eine geregelte Wasserwirtschaft mit Kanälen und Schleusen in Nord- und Mitteleuropa erst eine Errungenschaft der Christianisierung gewesen seien – als eine Art zivilisatorischer Leistung, mit der man die Barbaren jenseits des Limes beglückt habe. Doch Goldmanns Leidenschaft ist es, Lehrmeinungen radikal in Frage zu stellen. Es gebe durchaus Quellen, die anderes belegten. So beschreibe Helmold von Bosau ein Elbufergebiet mit Deichanlagen: »Einst sollen Sachsen diese Landschaften bewohnt haben, zur Zeit der Ottonen, wie man es an alten Dämmen sehen kann.«

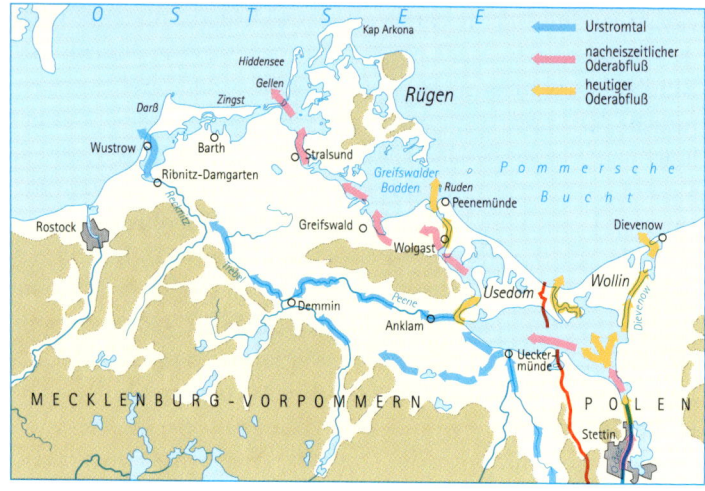

Als die eiszeitlichen Gletscher abgeschmolzen waren, floß die Oder westlich Rügens in die Ostsee, was sich beim Jahrhunderthochwasser 1997 teilweise wiederholte: ein Schlüsselerlebnis für den Erfinder der Barth-Theorie, der Vineta im Barther Bodden versunken sieht.

Um die Mitte des 10. Jahrunderts bestanden Handelsbeziehungen zwischen dem Emir von Cordoba und dem christlichen Europa. Der Bericht des jüdischen Handlungsreisenden Ibrahim Ibn Jacub aus dem Kalifat Cordoba über das Gebiet, das er bereiste, legt nahe, daß es damals als Kornkammer Konstantinopels galt, man dort Weizen, Roggen und Hirse einkaufte und daß es eingedeichtes Fruchtland gegeben haben muß, auf dem zwei Ernten im Jahr eingebracht wurden.

Waren die Barbaren wirklich so unzivilisiert?

Grimmig sagt Goldmann: »Bei der Interpretation archäologischer Funde, die in Europa außerhalb des römischen Limes liegen, in der von den Römern als Germania libera bezeichneten

164

Region, gelten für die archäologische Wissenschaft offenbar Denkverbote, die sonst seit der Renaissance aufgehoben sind.« Die Zivilisation komme danach allein aus mediterranen Regionen. In den »barbarischen« Gebieten lag man eben auf Bärenhäuten herum, mit technischen Leistungen wie etwa dem Deichbau oder einer Forstwirtschaft nichts im Sinn, geschweige mit einem differenzierten Staatswesen. Aber, wendet der Gelehrte ein, es könne doch wohl nicht sein, daß allein in Gebieten südlich der Alpen, im Orient mit Ägypten und Vorderasien bis nach China, Menschen seit der Jüngeren Steinzeit, also seit etwa 5000 Jahren, imstande gewesen sein sollen, Wasserbauten, Flußregulierungen, Dammbauten und Bewässerungsmaßnahmen zu entwickeln. Wenn es also keine Indizien dafür gebe, daß Vineta durch eine große Sturmflut untergegangen sei, so sei nur eine Erklärung möglich: Die Stadt, durch hohe Deiche geschützt, sei überfallen, und ihre Deiche seien durchstochen worden, so daß sie langsam abgesoffen sei. Hinweise darauf sieht Goldmann in den Quellen, die man lediglich genau lesen müsse. Denn, so sein Grundsatz: Man sieht nur, was man weiß. Und um zu sehen, was er zu wissen meint, ist er bereit abzuheben – er fliegt!

Auf dem Flugplatz in Barth trifft er sich mit dem Luftbildarchäologen Otto Braasch. Aus der Luft hofft er Spuren von Deichen und Dammanlagen, vielleicht sogar Spuren von Vineta zu entdecken, denn auch nach einem Jahrtausend sind menschliche Eingriffe in die Natur in der nachwachsenden Vegetation ablesbar: Wälle, Vertiefungen, Gräben hinterlassen ihre Spuren. Und noch etwas ist mit Glück aus der Luft zu erkennen: Die Weltstadt Vineta/Jumne war sicher – wie zu jener Zeit alle Siedlungen und Burgen – fast vollständig aus Holz erbaut. Das läßt hoffen, denn Holz, das unter Wasser gerät und nicht trockenfällt, kann selbst Jahrtausende überstehen, wie Schiffsfunde gezeigt haben. So bestehen gute Chancen, Reste alter Holzkonstruktionen im Boddengewässer selbst oder im Torf am Ufergelände aufzufinden, etwa durch Radarortung vom Flugzeug aus mittels sogenanntem »ground-penetrating-radar«, das sogar ein Durchdringen des Erdbodens möglich macht.

Immer wieder späht Goldmann gemeinsam mit Braasch, der früher Tornados für die Bundeswehr geflogen hat, nach unten. Geduld braucht man als Archäologe vor allem und einen langen Atem. Als er wieder aus dem Flugzeug klettert, ist er nicht enttäuscht, daß er heute nicht fündig geworden ist. Es gibt nur ganz bestimmte Wetterlagen und Vegetationsperioden, wo sich tief unten im Boddengewässer etwas erkennen läßt. Zum geübten Auge muß natürlich auch Glück hinzukommen. Parallel zu Otto Braasch tuckern unten über die Boddengewässer Schlauchboote mit Unterwasserarchäologen an Bord, die mit dem Echolot im trüben Boddengewässer nach Spuren suchen.

Goldmann taucht nicht mit, wühlt sich nicht durch den Schlamm des Meeresbodens. Seine Welt sind Archive mit vergilbten Handschriften; die ackert er durch, macht Sprachanalysen, vergleicht, fügt dem Puzzle ein weiteres Stück zu. Zum Beispiel: Bodden. Der Begriff bezeichne nicht etwa den Meeresboden, sondern Boden im Sinne von Land. Klaus Goldmann schaut auch gern dem Volk aufs Maul und wurde dabei fündig: Es gebe innerhalb des Barther Boddens uralte Bezeichnungen, die nur so zu erklären seien, daß früher hier eine Stadt, eine Siedlung gewesen sein müsse: etwa Torg – Markt. Auch der Name »Frisches Haff« im Oder- und Weichseldelta heiße nichts anderes als »Neuer See«, also eine neu entstandene Wasserfläche, die es zuvor nicht gab.

Das Kain-und-Abel-Drama von Vineta

Wenn aber Vineta eine von großen Außendeichen geschützte Stadt war, reich und mächtig und mit Handelsbeziehungen bis in den Nahen Osten, was war dann der Grund, es zu ertränken, seine Deiche zu durchstechen? Auch hierfür zieht Goldmann die

Quellen heran: So habe Adam darauf hingewiesen, daß in der vielgerühmten Stadt Slawen und andere Stämme, Griechen und Barbaren gewohnt hätten. Sachsen hätten zwar Aufenthalts- und Wohnrecht in der Stadt genossen, es sei ihnen aber verwehrt gewesen, ihr Christentum öffentlich zu bekennen: »Denn noch sind alle in heidnischem Irrglauben befangen, abgesehen davon wird man allerdings kaum ein Volk finden können, das in Lebensart und Gastfreiheit ehrenhafter und freundlicher ist.«

Der Begriff »Stadt« sollte nicht zu eng ausgelegt werden; möglicherweise bezieht er sich nicht allein auf die städtische Bebauung, sondern auch auf die Verfassung. So heißt es bei Ibrahim Ibn Jacub, dem Händler aus Cordoba: »Sie haben keinen König und lassen sich von keinem Einzelnen regieren, sondern die Machthaber unter ihnen sind ihre Ältesten.« Der irritierende Hinweis auf die Griechen löst sich auf, wenn man weiß, daß im Altrussischen damals die Bewohner des Byzantinischen Reiches als Griechen bezeichnet wurden, selbst wenn sie nicht griechischer Nationalität waren. Die Annahme liegt nahe, daß auch in zeitgenössischen »lateinischen« Schriften, wie bei Adam, der Begriff in der gleichen Bedeutung verwendet wurde. Wenn also Griechen in Vineta wohnten, errichteten sie sicher auch Kirchen und Klöster der byzantinischen Glaubensrichtung. Warum aber erlaubten sie, die von Adam als gastfreundlich und ehrenhaft geschildert werden, den Fremdlingen aus Sachsen nicht das öffentliche Bekenntnis ihres abweichenden lateinischen Glaubens?

Die Erklärung dafür ist einfach: Die Brüder im Glauben hatten sich kurze Zeit zuvor entzweit. In die Geschichte ist das Kain-und-Abel-Drama als »Kirchenschisma« eingegangen – als Trennung zwischen Ost- und Westrom, die nach der Sprache der Liturgie auch als Griechen und Lateiner bezeichnet wurden. Die beiden Kirchen hatten sich wegen angeblich unüberbrückbarer Glaubensgegensätze gegenseitig exkommuniziert, sich damit gewissermaßen zu Heiden erklärt. Doch was vorgeblich »ad maiorem Dei gloriam« geschah – zum größeren Ruhme Gottes –, war wohl nichts anderes als handfeste Machtpolitik. 1203/04 nämlich wurde Byzanz erobert und das Ganze ideologisch zum Glaubenskrieg erklärt, doch es steht zu vermuten, daß sich dahinter wirtschaftspolitische Gründe der Konkurrenz verbargen: des mittelmeerischen Vineta, Venedigs. Der Konflikt ist im Abendland nur aus Sicht der obsiegenden römischen Seite, der Lateiner, dokumentiert. Für Vineta kann dieser Streit entscheidend gewesen sein.

Während die Lateiner mit Feuer und Schwert Ungläubige bekehrten, was zum Beispiel zu schrecklichen Greueltaten bei der Eroberung Konstantinopels führte, galten für die Byzantiner, die Griechen, andere Grundsätze. Aus alten Schriftrollen des Kiewer Höhlenklosters, die Goldmann als Quelle herangezogen hat, geht hervor, daß die Byzantiner zwar im Glauben fest und unbeugsam waren, den Brüdern in Christo aber bei aller Abgrenzung gastfreundlich gegenübertraten. Die Griechen wurden sogar ausdrücklich aufgefordert, sich in Not geratener Lateiner zu erbarmen. Sie sollten sich zwar mit ihnen nicht verbrüdern, auch keine Ehe mit ihren Frauen eingehen, aber ihren Hungrigen zu essen geben und ihre Nackten bekleiden.

Den Glaubenseiferern aus Westrom, den Lateinern, und ebenso den umgebenden Mächten, die weitgehend zum römischen Glauben bekehrt waren, muß die »selbständige politische Einheit Vineta« (Goldmann), in der byzantinische Glaubensregeln galten, ein Dorn im Auge gewesen sein – ein Feind, den es zu vernichten galt. Nebenbei entledigte man sich auch noch eines lästigen Konkurrenten: Wenn die Handelsmetropole Vineta absoff, die Stadt der Griechen, schlug man sozusagen zwei Fliegen mit einer Klappe. Ein Wirtschaftskrimi eben, ideologisch untermauert, sagt Klaus Goldmann triumphierend und schlägt mit einem Knall einen der vielen Folianten auf seinem Schreibtisch zu, daß es nur so staubt. »Tempora mutantur, nos et mutamur in illis« – Die Zeiten ändern sich und wir uns mit ihnen? Eigentlich nicht... Die Tageszeitungen sind voll mit solchen Kabalen.

Hier unter dem Grund des Barther Boddens vermutet Klaus Goldmann die sagenhafte Stadt Vineta, die vor über 800 Jahren untergegangen ist.

Nachtrag:
Dr. Friedrich Lüth, der oberste Bodendenkmalpfleger Mecklenburg-Vorpommerns, hält Goldmanns Theorie für in sich schlüssig und überzeugend und will der heißen Spur folgen, wenn genug Mittel aufgebracht werden können.

Das Städtchen Barth am Bodden hat die Goldmann-Spur schon hoffnungsvoll zum »Beinahe-Fund« erklärt. Für Barth wäre Vineta ein Glücksfall, eine Weltsensation unter dem Meeresboden, das dem von hoher Arbeitslosigkeit geplagten Städtchen – so hoffen die Honoratioren – zu Touristenströmen verhelfen könnte. Das Stadtmuseum wurde jedenfalls schon mal verheißungsvoll in Vineta-Museum umgetauft.

Peter Prestel

Das blaue
Geheimnis

Matsch, Schlamm, Nässe, Dunkelheit. Wenn Oliver Sprave am Ende eines langen Grabungstags aus seinen Klamotten steigt, kann er sie im wahrsten Sinne in die Ecke stellen. Seine Hosen sind lehmverkrustet, sein roter Pullover sieht aus wie ein Tarnhemd der Bundeswehr, und die Socken triefen. »Das kann man doch alles wieder waschen«, sagt Sprave trocken. »Dafür bin ich aber auf einer der spannendsten Ausgrabungen im ganzen Land. Und nur das zählt.« Doch bevor es hier im saarländischen Wallerfangen auf der dreckigsten Grabung Deutschlands richtig spannend wird, müssen Tonnen von Schlamm, Lehm und Geröll mit Eimern und in mühsamer Handarbeit aus den Schächten und Stollen des Grabungsobjekts geschafft werden. In all dem Dreck ist nämlich ein römisches Bergwerk verborgen, das vor beinahe 1800 Jahren einmal in Betrieb war. Was suchten und fanden die Römer hier, mit welchen Werkzeugen rückten sie dem Berg zu Leibe, wie war es überhaupt um ihre Kenntnisse vom Bergbau bestellt? Fragen, die Professor Gerd Weisgerber vom Deutschen Bergbau-Museum in Bochum zusammen mit seinem Team um Oliver Sprave beantworten möchte. Finanziert wird die Spurensuche unter Tage von der Wilhelm-Mommertz-Stiftung und dem Deutschen Bergbau-Museum. Sie haben sicher auch einen Extraposten für Waschpulver einkalkuliert, so daß am Ende des Tages die lehmverkrusteten »Jäger des verlorenen Bergwerkswissens« wieder porentief rein ihren wohlverdienten Feierabend genießen können.

Vorhergehende Doppelseite:
Diese bei Wallerfangen aufgefundene Inschrift brachte die Montanarchäologen auf die Spur des römischen Bergbaus an der Saar: »Emilianus hat am 7. März mit dem Bergbau begonnen.«

Angefangen hatte alles mit der Entdeckung einer römischen Inschrift an einem Berghang nahe des Ortes St. Barbara bei Wallerfangen. Auf ihr steht zu lesen: »INCEPTA OFFICINA EMILIANI NONIS MART«, was zu gut deutsch soviel heißt wie: »Emilianus hat am 7. März mit dem Bergbau begonnen.« Die dürren Worte sind für Archäologen und Historiker von großer Bedeutung, beweisen sie doch, daß in der römischen Kolonie Germanien Bergbau betrieben wurde.

Das römische Bergrecht, erlassen von Kaiser Hadrian (117 bis 138 n. Chr.), regelte den Abbau von Bodenschätzen in den Kolonien des Imperium Romanum. Eine Inschrift, die sogenannte »Occupatio«, mußte den Namen des Betreibers und den Betriebsbeginn nennen. Außerdem mußte der Betreiber innerhalb von 25 Tagen mit der Arbeit beginnen, sonst erlosch die durch den Kaiser gewährte Konzession. Das handhaben die Römer also nicht anders als die Goldgräber in Alaska, wenn diese einen Claim absteckten. Hier wie dort erlosch ohne eine Bearbeitung das Schürfrecht, mußte eine Tafel den Anspruch Dritten gegenüber zweifelsfrei anzeigen. Was das römische »Claim-Schild« von Wallerfangen so besonders macht, ist jedoch der Umstand, daß es als die einzige erhaltene Okkupationsinschrift des gesamten römischen Weltreiches gilt.

Die Suche nach dem verlorenen Schatz

Die Inschrift wurde schon in den vierziger Jahren des 19. Jahrhunderts entdeckt, das eigentliche Bergwerk jedoch erst in den sechziger Jahren unseres Jahrhunderts. Der saarländische Landeskonservator Dr. Reinhard Schindler beobachtete damals, daß nur wenige Meter von der Inschrift entfernt Wasser aus dem Fels austrat. Er vermutete sofort, daß es sich bei der Stelle um das Mundloch des römischen Stollens handeln mußte. Eine erste Grabung bestätigte Schindlers These, der Emilianus-Stollen war gefunden. 1993 nahm sich der Montanarchäologe Gerd Weisgerber des einzigartigen Zeugnisses römischer Bergwerkskunst in Germanien an. Weltweit erforscht der gebürtige Saarländer die Bemühungen der Menschheit, an die begehrten Rohstoffe unter der Erde zu gelangen.

Montanarchäologie, die Suche nach dem verlorenen Wissen um die Arbeit unter Tage in längst vergangenen Epochen, ist sein Spezialgebiet. Der römische Bergbau in Deutschland ist dabei bisher ein weißer Fleck auf seiner archäologischen Landkarte. Auch die Römer selbst wußten anscheinend nicht viel davon. In seiner Germania schreibt Tacitus: »Silber und Gold haben ihnen die Götter vorenthalten – soll ich sagen in gnädiger Gesinnung oder im Zorn? Aus dem Besitz und Gebrauch dieser Metalle machen sich die Germanen nicht gerade viel. Selbst Eisen haben sie kaum in ausreichender Menge.« Was suchte also dieser Emilianus in den rauhen und ungastlichen Wäldern der Sandsteinberge an der Saar? Gerd Weisgerber und seine Männer konnten seit 1993 Jahr für Jahr neue Erkenntnisse über die antike Roh-

Endlich – nach schwierigen, zeitraubenden Sondagen – ist das Stollenmundloch des Unteren Emilianus-Stollen gefunden (neben der Stütze). Er gibt uns heute Aufschluß über das bergmännische Know-how der Römer.

stoffgewinnung des Römers sammeln. Nach jeder Menge »Drecksarbeit« stießen sie auf archäologisch hochinteressante Funde.

Mit einer schmalen Strickleiter, wie sie auch Bergsteiger benutzen, steigt Oliver Sprave einen acht Meter tiefen römischen Schacht hinunter. Der Einstieg dazu liegt nur wenige Meter vom Mundloch des oberen Emilianus-Stollens entfernt. Unten angekommen, macht er sich sofort an die Arbeit. Ein zweiter Stollen muß freigelegt werden. Den Archäologen ist heute klar, daß Emilianus ein ganzes Stollen- und Schachtsystem betrieb. Der verschüttete äußere Zugang zum unteren Stollen wurde erst nach schwieriger Erkundung freigelegt. Über den acht Meter tiefen Schacht waren die Archäologen auf den Stollen gestoßen.

Jedoch gelang es in zwei Grabungskampagnen nicht, seinen Eingang am Berghang zu finden. Erst als mit einer Spezialbohrung vom Stolleninnern nach außen gebohrt wurde, erkannte Weisgerber, wo er das Mundloch suchen mußte. Fast 1800 Jahre war es den Blicken der Menschheit verstellt gewesen. Zum Glück für die Archäologen wurde weder im Mittelalter noch später hier bergmännisch gegraben. Also fanden sie den Stollen vor, wie ihn die Römer verlassen hatten. Menschen konnten die Spuren nicht verwischen, um so mehr dafür die Natur.

Nachgerutschtes Gestein, Schlamm und Wasser machen Grabungsleiter Sprave das Leben schwer. Da er sich unter Tage in einem Bergwerk bewegt, muß er sich zudem natürlich an die geltenden Sicherheitsvorschriften halten. Helm, Grubenlampe und Abstützpfosten sind da eine Selbstverständlichkeit. Und selbstverständlich wird der Berg von den Archäologen immer genaustens beobachtet. »Wenn wir etwas Ungewöhnliches bemerken, stellen wir sofort die Arbeit ein und ziehen einen Bergbauspezialisten zu Rate. Das Risiko wäre sonst einfach zu groß«, sagt Oliver Sprave. Respekt vor der Gewalt des Wassers und des Gesteins ist sehr wohl angebracht. Immer wieder stoßen die Montanarchäologen bei ihrer Arbeit auf verschüttete Stollen und

Schächte. »Irgendwann ist das Zeug runtergebrochen«, meint der Grabungsleiter, »und irgendwann wird wieder was runterkommen.«

High-Tech im Römerstollen

Blitze durchzucken die Dunkelheit eines freigelegten Abschnitts des unteren Emilianus-Stollens. Handelt es sich um Unheil verheißende Zeichen des in seiner Ruhe gestörten Berges? Nein, die Antwort ist viel profaner. Die Lichtblitze entspringen einem unscheinbaren Kästchen, der neuesten Erfindung des Deutschen Bergbau-Museums: einem Spezialblitzgerät, mit dem das Stollenprofil rundherum gleichzeitig ausgeleuchtet werden kann. In 50-Zentimeter-Schritten arbeitet Weisgerber sich mit Kamera und Blitzgerät durch den wiederentdeckten Stollen und erhält so exakte Bilder vom Verlauf seines gesamten Profils. Die grellweiße Blitzlinie, die von den Wänden reflektiert wird, ist hervorragend zu erkennen. Höhe, Breite und Form des Stollen- und Schachtausbaus sind wichtige Parameter für die Bewertung des römischen Bergbaus im Vergleich zu anderen Epochen und Kulturen. »Der Emilianus kann sich da sehr wohl sehen lassen«, meint Weisgerber nach Auswertung seiner Fotoserien.

Die Fakten: Der Streckenquerschnitt ist rechteckig bis trapezförmig, mit abgerundeten Ecken und etwa mannshoch. Die Höhe des Stollens beträgt im Durchschnitt 1,60 Meter. Die Sohle – oder unfachmännisch ausgedrückt: der Boden – ist 1,20 Meter breit und weist eine eingehauene Rinne auf. Über diese Rinne wurde das kontinuierlich in den Stollen einsickernde Wasser abgeleitet. Bergwerktechnik auf hohem Niveau, römisches Technik-Know-how also auch unter Tage, ähnlich wie beim Bau des großartigen Straßensystems des Imperiums oder der Anlage der Wasserversorgung mit den berühmten Aquädukten. Weisgerber sagt nicht ohne Bewunderung, daß es so großzügig angelegte

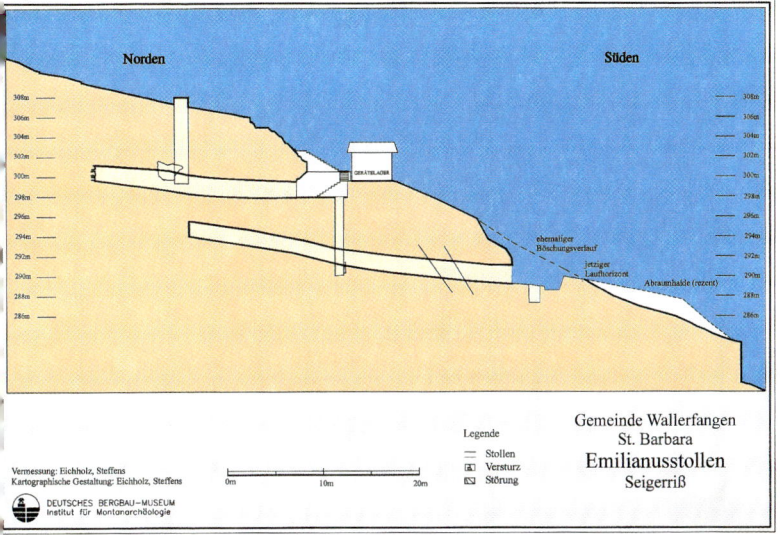

Lageplan des Oberen und des Unteren Emilianus-Stollens

Stollen in den folgenden 1200 Jahren nach Emilianus in Deutschland nicht mehr gegeben hat. Im Mittelalter kam man zum Beispiel nur auf Bauch und Knien kriechend durch die engen Stollen vorwärts. Die römischen Bergleute dagegen gingen aufrecht und hatten zudem noch Platz für eine Wasserleitung.

Die gut ausgebauten römischen Bergwerke lassen zum einen auf die gute Technik der Römer schließen, zum anderen sind sie auch ein Indiz dafür, daß sie keinen Mangel an billigen Arbeitskräften hatten. Der geräumige Ausbau der Stollen erforderte nämlich einen erheblich größeren Arbeitsaufwand. An den noch sehr deutlich erhaltenen römischen Arbeitsspuren im Emilianus-Stollen kann man erkennen, mit welchen Werkzeugen sie den Vortrieb bewerkstelligt haben müssen. Schlägel, Pickel und Keile wurden mit viel Muskelkraft in den Sandstein getrieben. Weisgerber hat errechnet, daß mit diesen einfachen Mitteln – Sprengstoff war den Römern unbekannt – im Emilianus-Stollen unge-

177

Vor dem Stollenmundloch des Unteren Emilanus-Stollens zeichnet sich das Rund eines kleinen Schachts (Gesenk) ab.

fähr 30 Zentimeter pro Woche geschafft werden konnten. Man kann davon ausgehen, daß im Schichtbetrieb rund um die Uhr gehämmert, geklopft, gebrochen und herausgeschleppt wurde. Knochenarbeit ohne Rücksicht auf Verluste. Da stellt sich natürlich die Frage: Wer waren die Arbeiter des Emilianus – Sklaven, Sträflinge? Dazu gibt es bisher keine archäologischen Erkenntnisse. Doch die Vermutung liegt nahe, daß die Arbeitskräfte billig und zahlreich vorhanden waren. Emilianus war Geschäftsmann, er mußte scharf kalkulieren, um mit seinem »Unternehmen Bergwerk« keinen Verlust zu machen. Reguläre Lohnarbeiter wären ihm bei der aufwendigen Vortriebsweise mit Sicherheit zu kostspielig gewesen. Deshalb ist anzunehmen, daß er mit Sklaven seinen Betrieb in Schwung hielt. Falls er einen guten Draht zum Präfekten gehabt hatte, konnte er auch für wenig Geld an ein Kontingent Sträflinge gekommen sein. Diese wurden ja, wie wir seit »Quo Vadis?« wissen, mit Vorliebe in Bergwerken und Steinbrüchen eingesetzt.

Detektivarbeit im Schlamm

Ein Grabungstechniker ist beim Säubern der Stollensohle auf etwas Merkwürdiges im Schlamm gestoßen. Sofort alarmiert er Grabungsleiter Sprave, der behutsam an die Freilegung des Objekts geht. Vorsichtig entfernt er millimeterweise den Schlamm, bis sich die Form deutlich abzeichnet: der Rand eines Tongefäßes. Bei einer »normalen« Grabung wäre das nicht der Rede wert, doch hier im Stollen ist es etwas Besonderes. Funde sind extrem selten, so daß sich Weisgerbers Männer an jeden Strohhalm klammern, der ihnen mehr über die Zeit und die Menschen des Emilianus-Stollens sagen kann. Anhand des Keramikfundes, wahrscheinlich ein Teil eines Kruges für Wasser, mit dem die Arbeiter im Stollen ihren Durst gelöscht hatten, läßt sich die Bauzeit des Stollens einigermaßen einordnen. Das ist wichtig, denn obwohl wir den genau datierten Beginn der Arbeiten von der Okkupationsinschrift, der »Claim-Tafel«, her wissen (Nonis Mart = 7. März), verschweigt uns diese Tafel, in welchem Jahr das war. Für die Schürfrechte war das nämlich unerheblich, mußte doch spätestens nach 25 Tagen mit dem Bergbau begonnen werden. Anhand der Scherbe und weiterer Funde läßt sich sagen, daß Emilianus im 2. oder 3. Jahrhundert n. Chr. gelebt haben muß. Das ist nicht sonderlich genau, doch immerhin etwas.

Einen entscheidenden Schritt weiter kommen die Montanarchäologen, als sie im Bereich des Stolleneingangs auf Holzreste stoßen. Aus ihrer Lage läßt sich schließen, daß es sich dabei um antike Stützbalken gegen den nachrutschenden Berg handelte. Da Sprave und seine Arbeiter heute dasselbe Problem plagt – immer wieder rutscht in dem steilen Gelände der verwitterte Sandstein nach –, ist er sich dieser These relativ sicher. Nachdem er den Balkenrest freigelegt hat, entnimmt er vorsichtig winzige Proben aus dem Holz und schickt sie zur Analyse ins Labor. Dort wird die Holzart bestimmt und auch, wann der dazugehörige Baum geschlagen wurde. Mit der sogenannten C 14-Methode kann das Alter des Balkens vom Stolleneingang datiert werden. Sprave und Weisgerber sind zufrieden, als sie erfahren, daß sich das Resultat mit ihrer Einschätzung der Keramikfunde deckt.

Bergung von Holzkohlespuren durch Oliver Sprave – dreckig, anstrengend und gefährlich ist die Arbeit der Montanarchäologen unter Tage, um den Geheimnissen der Vergangenheit nachzuspüren.

Emilianus hat seinen unteren Stollen wenige Jahre bevor die Germanen die Grenzbefestigungen des Limes überrannten, in den Berg getrieben, also etwa um 250 n. Chr., nur kurz vor dieser Bedrohung der römischen Kolonialherrschaft an Rhein und Saar.

Eine wichtige Frage wurde bisher noch gar nicht angeschnitten: Was suchte dieser Emilianus eigentlich in den Bergen rund um das heutige Wallerfangen? Von Tacitus wissen wir, daß Germanien nicht gerade als Gold- und Silberdorado bekannt war. Was war so wertvoll, daß sich der ganze Aufwand lohnte? Die Frage ist aus heutiger Sicht gar nicht einfach zu beantworten. Geologisch betrachtet verlaufen im Berg des Emilianus-Stollens kupfererzhaltige Schichten. Deshalb glaubte man auch lange Zeit, daß die Römer an dieses Erz heranwollten, um so auch fern der Heimat eine eigenständige Waffen- und Schmuckproduktion aufbauen zu können. Unterstützt wurde diese These durch archäologische Befunde in dem nur drei Kilometer vom Emilianus-Stollen entfernten Römerkastell Contiomagus. Hier wurde eine Bronzegießerwerkstatt ausgegraben, die zur Metallverarbeitung diente. Der geborgene Metallschrott beweist dies eindeutig. Neben diesem fanden die Archäologen auch mehrere nußgroße Sandsteinbrocken, an denen die typischen blauen Wallerfanger Azuritlinsen auszumachen waren. Der Zusammenhang zwischen dem Metallschrott und dem Azurit schien eindeutig: Damit haben die Römer Kupfer produziert.

Kupfer aus den Kolonien

Daß Emilianus wirklich Kupfererz abgebaut hat und nicht nur erfolglos in den Berg hineingraben ließ, konnte Gerd Weisgerber schon zu Beginn seiner Forschungen nachweisen. Unterhalb des Stolleneingangs entdeckte er eine unverhältnismäßig große Halde. Bei der Untersuchung stieß er auf römische Scherben. Es

Das bergwärtige Ende (Ortsbrust) des Unteren Emilianus-Stollens ist frei. Deutlich haben sich die römischen Arbeitsspuren erhalten. Die Knochenarbeit mußten wahrscheinlich Sklaven und Sträflinge verrichten.

mußte sich also um den Abraum des Emilianus handeln. Da dieser das Volumen der bisher zugänglichen Grubenbereiche bei weitem übersteigt, muß es im Berg größere Hohlräume geben.

Das ist der Beweis, daß es nicht nur Prospektionsstollen und -schächte gibt, sondern daß auch große untertägige Abbaufelder existieren müssen, wo das Kupfererz gewonnen wurde. Einen davon zu finden ist bis heute der große Traum des Bochumer Montanarchäologen. Natürlich träumt er auch von einem Metallgefäß oder einer Gürtelschnalle aus »Wallerfanger Kupfer«, dann könnte er endlich den Sinn und Zweck der Stollen nachweisen. Doch bisher herrscht bei der Suche nach dem Beweisstück Fehlanzeige. Hilfe bei der Lösung der schwierigen Frage erhielt Weisgerber 1997 von einem Kollegen der Universität des Saarlandes. Professor Ludwig Heck aus Saarbrücken ist auf anorganische Technologie spezialisiert, und er hat sich der Wallerfanger Azuritlinsen angenommen.

Das rätselhafte Blau

Unter dem Elektronenmikroskop untersuchte Heck mit bis zu zehntausendfacher Vergrößerung das blaue Mineral. Dabei gelang es ihm, so etwas wie einen »Fingerabdruck« des Wallerfanger Materials zu erkennen. Einschlüsse von Glimmer (Muskovit) kommen in einer solch speziellen Konstellation nur im Azurit dieser Gegend vor. Die Bilder, die das Elektronenmikroskop erzeugt, zeigen einen Querschnitt durch den Stein, der sich im Mikrometerbereich (also einem tausendstel Millimeter) bewegt. Falls das Azurit nun verarbeitet in einem anderen Zusammenhang gefunden würde, könnte man es ohne weiteres dort an den Stapeln von Muskovit- und Azuritplättchen, die unter dem Mikroskop auffallend blau glänzen, nachweisen. Schwierig daran ist nur, das Material zu finden, in dem sich der Fingerabdruck des Wallerfanger Azurit befindet. Auf der Suche nach der Ant-

Der Fund des Jahres 1998: Eine guterhaltene Schaufel lag im Gesenk vor dem Unteren Emilianus-Stollen.

wort, wofür Emilianus den aufwendigen Bergbau betrieb, verfolgte der Chemiker nicht die schon bekannte »Kupferspur«. Aus dem Mittelalter war bekannt, daß Azurit als Wallerfanger Blau ein europaweit begehrter Farbstoff war. Warum sollten also nicht auch die Römer um die blauen Qualitäten des Erzes gewußt haben? Nur, wofür genau haben sie es gebraucht, und wo gab es den Beweis dafür?

Bei der Ausgrabung einer Villa rustica, eines jener römischen Landhäuser, die das Zentrum großer landwirtschaftlicher Betriebe bildeten, fand man den für solche Anlagen typischen Bäderbereich. Das Bad, bestehend aus Dampfbad und einem Kaltwasserbecken, war integraler Bestandteil der römischen Kultur. Als nun die Archäologen die noch vorhandenen Mauerreste des halbrund angelegten Kaltbades untersuchten, entdeckten sie auf größeren Stücken des ursprünglichen inneren Mauerverputzes den Innenanstrich des Bades. Er schimmerte himmelblau. Sofort machte sich Ludwig Heck an die Arbeit. Mit seinem Elektronenmikroskop nahm er die Pigmente der Putzoberfläche unter die

Pickel, Keil und Hammer aus der Zeit des Emilianus (um 250). Mit solchen Werkzeugen haben sich die Arbeiter mühsam im Fels vorgearbeitet.

Lupe. Nach zweijährigen Forschungen war ihm klar, daß das Blau des römischen Badezimmers aus Wallerfanger Azurit hergestellt worden war. »Beim Betreten des Bades mit einer Lampe muß der ganze Raum blau geglitzert haben, wie das Meer an einem schönen Sommertag«, rekonstruiert Heck die optische Wirkung des quarzhaltigen Pigments. Es ist auch bekannt, daß bei demjenigen, der es sich leisten konnte, bunte Fische, Vögel und Nymphen die blaue Fläche zierten. Das Bad sollte für den edlen Herrn nicht nur Erfrischung, sondern auch ein Genuß für die Sinne sein. Emilianus lieferte die antike Malerfarbe dazu. Das Rätsel wäre also gelöst.

Die schönen Frauen Roms

Doch da man im Leben nie vor Überraschungen gefeit ist, mußte auch Ludwig Heck seine Detektivarbeit wieder aufnehmen, als er in der Nähe der römischen Bergwerke zwei ungefähr dau-

Eine heilige Quelle, von Galliern und Römern gleichermaßen verehrt, speiste das Kaltbad einer Villa rustica ganz in der Nähe des Emilianus-Bergwerks.

mennagelgroße Pigmentstücke fand. Sie hatten glatte, abgeriebene Oberflächen und waren von einem intensiven Blau. Wieder untersuchte er die Mineralstruktur, und wieder fand er den schon bekannten »Fingerabdruck«: Azurit aus dem Emilianus-Stollen. Die Verwirrung war groß. Was hat man denn nun aus diesem ominösen Stein gemacht? Kupfer, Farbe oder ganz was anderes? Im Gespräch mit Archäologen und dank seiner ausgezeichneten Kenntnisse über den römischen Naturwissenschaftler Plinius fand Heck erneut eine Antwort. Dieser Plinius berichtet nämlich, daß die römischen Damen zur Förderung des Haarwuchses an den Augenwimpern ein blaues Pulver auf die Haut auftrugen. Was der sittenstrenge Plinius nicht auszusprechen wagte: Das vermeintliche Haarwuchsmittel war natürlich antike Schminke, blauer Lidschatten – der letzte Schrei im Rom der Cäsaren. Das entsprach zwar nicht gerade den römischen Tugenden, doch gelobt ist, was schön macht.

Und so hatte jede Dame der High-Society im Imperium Romanum ein solches daumennagelgroßes Stück Schminke im Haus. Vor dem Schminken wurde jeweils etwas blaues Pulver von der Oberfläche abgerieben und dann zusammen mit einer Creme auf die Haut aufgetragen. So erklärt sich auch die glatte Oberfläche der Fundstücke. Daß es sich dabei um hoch angereichertes, beinahe reines Azurit handelt – anders als bei der Wandfarbe aus dem gleichen Stein, aber mit so gut wie keinem Quarzanteil –, läßt den Schluß zu, daß das Erz des Emilianus in einem aufwendigen Prozeß gereinigt, angereichert und verfeinert wurde. Ein Luxusprodukt, mit dem sicher gute Gewinne zu machen waren. Solange Emilianus Azurit in seinem Bergwerk fand, scheint also das Geschäft immer floriert zu haben. Wenn die Malerfarbe nicht ging, gab es sicher Bedarf für die Schminke, und wenn auch dort mal Flaute war, verkaufte er eben an die Kupferproduzenten. Metallschmuck und Gefäße wurden in jenen Tagen immer gebraucht.

Dieser Emilianus dürfte nicht schlecht verdient haben. Der Handel mit dem »blauen Gold« hat ihn wahrscheinlich zu einem reichen Mann gemacht, der sich natürlich auch eine Landvilla mit Dampf- und Kaltbad leisten konnte. Nicht weit von seinen Stollen entfernt wurde eine solche Villa rustica entdeckt. Daß das Bad blau gestrichen war, ist dabei nicht verwunderlich, daß das Wasserbecken aber von einer heiligen Quelle gespeist wurde, der sogar ein kleiner Tempel geweiht war, zeugt von der Ausnahmestellung des Bewohners. Ganz anders lebten sicher die Arbeiter des Emilianus – Sklaven und Sträflinge, die gefährliche Knochenarbeit im Berg verrichten mußten. Daß dabei so mancher auf der Strecke blieb, berührte den Boß sicherlich nicht sonderlich. Ein Menschenleben zählte in den rauhen Grenzkolonien des Nordens wenig, Ersatz war billig zu beschaffen. Ein wenig wie die Sklaven des Emilianus fühlen sich auch Oliver Sprave und seine Männer. Sie sind gerade daran, einen weiteren Stollen nur wenige hundert Meter von der Inschrift entfernt freizuräumen. Wieder versperren Schlamm und Geröll den Weg. Wieder muß Eimer für Eimer der Dreck aus dem Stollen geschafft werden. Doch eine Hoffnung treibt sie an: Nach Berichten aus den sechziger Jahren soll dieser Vortrieb zu einem großen Hohlraum führen, in dem Azurit abgebaut worden war.

Bisher haben die Archäologen ja »nur« Stollen und Schächte entdeckt. Nach zehn Metern mühevoller Schufterei kommt es im Dunkel des Stollens zur großen Enttäuschung. Mächtige Felsbrocken versperren den Weg. Oliver Sprave und Gerd Weisgerber wollen nicht aufgeben. Im nächsten Jahr soll versucht werden, einen Weg an den Felsen vorbei ins Innere des Berges zu finden. Vorerst bleibt ihnen jedoch nur die wissenschaftliche Auswertung des bisher Ergrabenen und jede Menge schmutziger Wäsche.

Die Ruinen der römischen Villa rustica. Links ist das Kaltbad zu sehen, das mit dem Blau des Emilianus bemalt war.

Wer kam nach Emilianus?

Geheimnisvolles Dunkel liegt über der Zeit nach Emilianus. Bis zum Ende des 15. Jahrhunderts gibt es keinerlei Hinweise auf eine bergmännische Tätigkeit rund um Wallerfangen. Die Wirren der Völkerwanderung sind wohl der Grund dafür, daß der Bergbau hier in Vergessenheit geraten war.

Weiter ging es erst in den Zeiten eines Albrecht Dürer. Der Hagenauer Kaspar Scheit, ein Zeitgenosse des großen Malers, reimte 1552: »...über ein Wasser, heißt die Saar, dabei ein Berg, der ist blaufarb, da man oft holt dem Dürer Farb, zu seinen Tafeln, ehe er starb. Kein Maler noch auf diesen Tag, des Berges mit Nutzen geraten mag.« Zeitgemäß verschlüsselt heißt das wohl nichts anderes, als daß das Blau in Dürers Bildern aus Wallerfangen kam. Erste historische Belege für den Bergbau nach Emilianus finden sich aus dem Jahr 1492. Unter dem lothringischen Herzog René II. wurden damals die Jahresrechnungen der Azur-Bergwerke nach Nancy geschickt. Die Bergleute, Blaugräber genannt, mußten nämlich dem Herzog den Zehnten (Teil) der geförderten Menge als Steuer abliefern. Und damit es da keine Ungereimtheiten gab, ließ der alles fein säuberlich aufschreiben, was den Bergbau in Wallerfangen betraf. Sicher zum Ärger der Bergleute damals, doch zum Glück für die heutigen Historiker und Archäologen. Daraus läßt sich nämlich genau ablesen, wieviel Azurit jedes Jahr gefördert wurde und wie viele Wallerfanger ihr Auskommen im Bergbau fanden. Um 1500 waren das gerade einmal sieben Unternehmer, die auf eigene Faust, allein oder mit einem Gehilfen, in den Blauberg einfuhren. Einige Jahre später sollten die Blaugräber eine schicksalhafte Begegnung mit ihrem Landesherrn haben, die den Wallerfanger Bergbau aus seinem bisherigen Schattendasein riß.

1507 reiste Prinz Anton von Lothringen mit seinem Gefolge durch die Lombardei. Sein Sekretär Volcry berichtet: »Prinz Anton traf auf seiner Rückreise von Genua und Venedig in der oberitalienischen Tiefebene am Fuße der Alpen mehrere Kauf-leute, die die Sprache seines Landes redeten. Auf seine Frage, was sie in den großen Ballen und Paketen mit sich führten und woher sie kämen, antworteten sie, daß sie Azur aus den Gruben von Walderfingen transportierten, wo die Leute gewöhnlich Deutsch, Romanisch oder Besin, ein Gemisch der beiden erstge-nannten Sprachen, redeten. Darüber war der Prinz sehr erstaunt, weil er davon noch nichts gehört hatte, da er seine Jugend zum größten Teil am Hofe des allerchristlichsten Königs Ludwig XII. verlebt hatte.« Stolz erfüllte Antons Brust, als er erfuhr, daß Ita-liens Meister mit Farbe aus seinem Lande die herrlichen Fresken und Altarbilder malten.

Mit größtem Interesse verfolgte und förderte er in seiner Re-gierungszeit (1508–1544) den Wallerfanger Bergbau. Sicher tat er dies nicht nur aus Liebe zu seiner Heimat, die Aussicht auf reiche Steuereinnahmen aus einem florierenden Azur-Handel war gewiß ein nicht zu unterschätzendes Motiv. In einem Edikt erließ Herzog Anton folgende Bestimmungen: »Graben lassen darf jede Person von guten Sitten, gleich welchen Landes oder welcher Nation; nur muß sie katholisch sein. Fremde Bergleute sind von der ›Taille‹, einer sonst von jedem Bürger zu zahlenden Steuer, und anderen Abgaben befreit. Häuser, Wohnungen und Hütten der Bergleute sind frei von jeder Abgabe. Die Bergleute dürfen ihr Bauholz aus den Domänenforsten entnehmen. Eine Arbeitsunterbrechung von einem Monat führt zum Verlust der Konzession, die der Gerichtsherr einem anderen Unternehmer übertragen darf. Der zehnte Teil des geförderten Erzes ist als Ab-gabe an den Landesfürsten zu entrichten.«

Heute würde man wohl sagen, Herzog Anton hat mit seinen strukturpolitischen Maßnahmen den Standort Wallerfangen fit gemacht. Er gab Anreize zur Ansiedlung von ausländischen Spe-zialisten in Form von Steuerbefreiungen, subventionierte deren Baumaterial und sorgte durch eine permanente Überwachung der bergbaulichen Aktivitäten für eine Auslastung der Kapazitäten. Das Resultat: Die Blaugräberei nahm einen rasanten Aufschwung, und die Steuereinnahmen des Herzogs sprudelten. So einfach kann das sein. Der Fernhandel mit dem »Azzurro della magna«, vor allem nach Italien, blühte. Tizian und Co. konnten anscheinend gar nicht genug bekommen von dem blauen Pulver von der Saar. Aus den Zolltarifen von Pisa und Siena ist klar ersichtlich, daß mit deutschem Himmelblau der Dom von Pisa ausgemalt wurde.

Das Wallerfanger Geheimnis

Die Herstellungsmethode des Farbstoffs aus dem Erz hüteten die Wallerfanger Bergleute übrigens über die Jahrhunderte sehr streng als ihr Berufsgeheimnis. Bis heute ist das genaue Läuterungsverfahren der Blaugräber unbekannt. Die Spuren dieser zweiten Blütezeit des Bergbaus in Wallerfangen sind heute noch in Form von zahlreichen erhaltenen Stollen, Schächten und Abbauräumen zu bewundern. An Iaustrophobie darf man allerdings nicht leiden, wenn man diese besichtigen will. Oftmals auf dem Bauch liegend, muß man durch die engen Stollen kriechen. In der Regel sind diese gerade einmal 60 Zentimeter hoch. Im ausgehenden Mittelalter konnte man sich den Luxus eines breiten und mannshohen Emilianus-Stollens anscheinend nicht mehr leisten. Die Konkurrenz war hart, um so mehr, als nach der Entdeckung des noch intensiver blau strahlenden Kobaltblaus um 1550 die Ausnahmestellung der Wallerfanger arg in Bedrängnis geriet. Nach den fetten Jahren des 16. Jahrhunderts begann nun der Niedergang des Azurit-Bergbaus. Um diesen aufzuhalten, reagierte die lothringische Regierung nicht viel anders als so manche Regierung unserer Tage. Der sterbende Bergbau wurde mit Subventionen künstlich am Leben gehalten. Dem Herzog ging es dabei im Gegensatz zu den heutigen Politikern nicht um die Arbeitsplätze, für ihn war das international be-

Zum Vortrieb im Sandstein verwendeten die mittelalterlichen Bergleute in St. Barbara eine Methode, wie es sie nur hier gibt: An den Seiten und auf der Sohle wurde ein Block freigeschrämt, der dann mittels einer Reihe von Keilen von der Firste (Decke) abgelöst wurde (Keilreihenmethode).

kannte Wallerfanger Blau ein Aushängeschild. Es war schlichtweg eine Frage der Ehre. Doch dann kam der Dreißigjährige Krieg (1618–1648). Er gab den Blaugräbern und ihrem Herzog den Rest. Plündernde und brandschatzende Truppen zogen durch das Gebiet, Hungersnot und Pest dezimierten die Bevölkerung, der Handel kam zum Erliegen. Wahrscheinlich wurde seit 1628 in den Bergwerken nicht mehr gearbeitet. 1649 schreibt ein Wallerfanger Chronist resigniert: »Es gibt keine Blaugräber mehr.«

Gerd Weisgerber und Oliver Sprave machen Mittagspause. Beide sind erschöpft von der anstrengenden Arbeit im unteren Stollen. Wieder haben ihnen die Schlammassen ein zügiges Vorwärtskommen verwehrt. Die beiden Männer sprechen einmal mehr darüber, wie es wohl den Arbeitern des Emilianus ergangen ist, als sie sich durch den Berg gearbeitet haben. Dabei analysieren sie die gefundenen Werkzeugspuren an der Stollenwand.

Das Kupfererz Azurit ist in Wallerfangen/St. Barbara in kleinen blauen Linsen abgelagert. Erst nach einem längeren Läuterungsprozeß, den die Blaugräber nie verrieten, konnte daraus das europaweit begehrte Bergblau, das Azzurro della magna, hergestellt werden.

»Sie zeigen, daß die mindestens genauso viele Schwierigkeiten hatten vorwärtszukommen wie wir«, sagt der Professor, und der Grabungsleiter meint dazu lakonisch: »Die wurden wahrscheinlich nicht gefragt, ob sie die Schinderei auf sich nehmen wollen. Wir machen die Drecksarbeit freiwillig.« Und im Gegensatz zu den Arbeitssklaven des Emilianus wissen die beiden Wissenschaftler auch, warum sie die Drecksarbeit auf sich nehmen. Mit der Erforschung der antiken Stollen in den Wallerfanger Bergen erwarten sie keine Goldschätze, keine sensationellen Funde. Sie suchen Antworten auf die Fragen, wie die Römer ihre germanische Kolonie ausgebeutet haben und wie sich der Bergbau in der Menschheitsgeschichte entwickelt hat. Sie wollen wissen, was sich vor beinahe 1800 Jahren im Dunkel des Emilianus-Stollens abgespielt hat. Und bei ihrer von Schlamm und Schweiß geprägten Suche sind sie einem bisher unbekannten Stück Kultur- und Technikgeschichte auf die Spur gekommen.

Stephan Lamby

Der Keltenfürst
vom Glauberg

Dr. Fritz-Rudolf Herrmann braucht Geduld. Hätte er sie nicht, wäre er in seinem Beruf wohl fehl am Platz. Jahrelang, sogar jahrzehntelang mußte er sich daran gewöhnen, daß sich Erfolge in seinem Arbeitsgebiet nicht über Nacht einstellen. Er weiß, was es bedeutet, Tausende von Scherben auszugraben und Stück für Stück zu einem Ganzen zusammenzusetzen – zu einem Gefäß oder zu einem Schmuckstück, letztlich zu dem Bild einer früheren Kultur. Wer sich an einem solchen Puzzle beteiligt, braucht Ruhe. Und Herrmann kann warten. Doch unter der Oberfläche des geduldigen Archäologen muß es gewaltig brodeln. Das verraten seine schnellen, manchmal nervösen Bewegungen. Das verrät auch der Qualm der filterlosen Zigarette, die er ständig zwischen den Fingern hält. In Wahrheit wird ihm die mühevolle Kleinarbeit nicht schnell genug gehen. Vermutlich wird es ihm schlicht zu lange dauern, bis ein Ereignis, das einige Jahrhunderte oder Jahrtausende zurückliegt, rekonstruiert und aus einem Anfangsverdacht Gewißheit geworden ist. Herrmann muß sich unter Kontrolle halten. Er will nicht seine Mitarbeiter unnötig unter Druck setzen oder dem Journalisten, der angereist ist, um Näheres über seine Arbeit zu erfahren, etwas Unbedachtes in den Block diktieren. Und meistens gelingt es ihm auch, seine Gefühlslage zu verbergen. Doch an diesem Mittwoch, mitten in einem Weizenfeld am Hang des hessischen Glauberges, verliert Herrmann für einen Augenblick die Contenance. Er gerät ins

Vorhergehende Doppelseite:
Die vollständig ausgehobenen Grabungsflächen am Glauberg. Als der örtliche Heimatverein 1987 das Gelände beflog, kam man auf die Spur dieses am Südhang gelegenen frühkeltischen Fürstengrabhügels von 70 Metern Durchmesser.

Schwärmen und formuliert, von seinen eigenen Worten mitge-
rissen, Sätze, die auf ein einschneidendes Erlebnis in seinem Leben schließen lassen – auf eine archäologische Sensation.

Die Entdeckung des Heimatforschers

Eigentlich ist Werner Erk Lehrer. Doch die meisten Menschen in
der Kleinstadt Glauburg werden ihn als leidenschaftlichen Heimatforscher kennengelernt haben. Wann immer es seine Zeit zuläßt, durchstreift Erk die Wiesen und Wälder der näheren Umgebung – fortwährend auf der Suche nach Besonderheiten, nach
Hinweisen, die »seinen« Glauberg zwar nicht räumlich, aber
doch mythologisch weit über die anderen Berge des hessischen
Wetteraukreises erheben. Was muß das für ein Erlebnis gewesen
sein, als Lehrer Erk 1987 eine ungewöhnliche Verfärbung im Be-

Luftbild des Glaubergs von Westen. In der rechten Bildmitte ist die
Grabungsfläche des Fürstengrabhügels aus der Frühlatènezeit (um 450 v.
Chr.) erkennbar.

wuchs des Glauberges entdeckte. Daß der Glauberg vor 2500 Jahren von Kelten besiedelt worden war, das wußte man bereits. Noch heute kann man die Überreste von Wällen und Gräben gut erkennen. Doch nicht bei allen Anlagen war man sich über ihre Funktion im klaren. Scheinbar ohne jede Ordnung verliefen sie durch das heutige Ackerland. Werner Erk ist so fasziniert von der geheimnisvollen Geschichte des Berges, daß er sich sogar mit einem Sportflugzeug auf den Weg machte, um die Landschaft aus einer höheren Perspektive zu untersuchen. Und von dieser luftigen Höhe aus konnte er ein kreisförmiges Gebilde ausmachen, knapp 70 Meter im Durchmesser. Er fotografierte die Ver-

Der Plan des Grabhügels mit seinem nordwestlichen Umfeld zeigt die bis jetzt aufgedeckten Strukturen des Heiligen Bezirks mit Grabenwerken, Pfostenstellungen und der Fundstelle der vollplastischen Fürstenstatue.

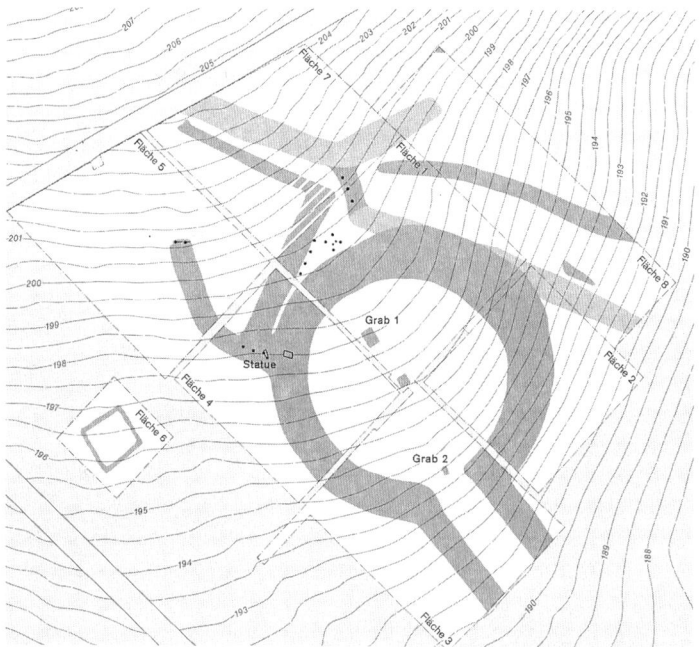

färbung und stellte, wieder auf der Erde, fest, daß sich an der von ihm entdeckten Stelle die Erde ganz leicht erhob. Natürlich, das war auch Erk klar, war beim Aufspüren von Kreisen in Kornfeldern Vorsicht angebracht. Zu voreilig stellen Hobbyforscher verlockende Theorien auf, und groß ist die Gefahr, sich vor fachkundigerem Publikum zu blamieren. Doch bald fand der Heimatforscher heraus, daß der mysteriöse Kreis schon früheren Generationen aufgefallen war. Noch vor einem Jahrhundert hatte sich an dieser Stelle ein kreisförmiger, gut erkennbarer Hügel erhoben, der später im Zuge von landwirtschaftlichen Arbeiten abgetragen wurde. Und aus der Mitte des 18. Jahrhunderts ist für die geheimnisvolle Stelle die Bezeichnung »auf der Winthmühl« überliefert. Offenbar waren die Menschen in dieser Zeit davon ausgegangen, daß die Erhebung irgendwann einmal als Standort für eine Windmühle gedient hatte.

In diesem Feld also, das Lehrer Erk vor 11 Jahren so sehr beschäftigte, bahnt sich an diesem Tag der Archäologe Herrmann seinen Weg. Vorsichtig, um das Getreide nicht unnötig zu beschädigen, setzt er seine Schritte auf Spuren, die ein Traktor hinterlassen hat. Doch irgendwann führen die Spuren in eine falsche Richtung, und Herrmann geht querfeldein durchs Gelände. Hier irgendwo muß die Stelle gewesen sein, die sein Berufsleben veränderte. Vor zwei Jahren ließ er hier keinen Stein auf dem anderen stehen. Nur noch zu erahnen ist die Stelle, längst ist Gras, oder präziser: Weizen, darüber gewachsen.

Doch plötzlich hält Herrmann inne – er hat den Ort wiedererkannt und beginnt zu erzählen. Vom Lehrer Erk, der eines Tages in seinem Amt angerufen und von der Verfärbung des Feldes erzählt hat. Vom Beginn der Ausgrabungen im Jahr 1994. Und von dem Augenblick im Juni 1996, als der Mann aus Stein ausgegraben wurde und Fritz-Rudolf Herrmann zum ersten Mal in sein Gesicht blicken konnte. Mit einemmal ist der Archäologe wie verwandelt. Es ist fast, als erzählte er, wie er seine Frau kennengelernt und sich gleich in sie verliebt habe. Nein, diesen ersten Anblick der Statue werde er nie vergessen. Man müsse das verstehen. Schließlich habe die jahrelange Kleinarbeit davor ja vor allem ein Ziel gehabt – sich vorstellen zu können, wie die Menschen früher gelebt haben, wie sie aussahen, wie sie sich kleideten, welche Gewohnheiten sie hatten. Seit seinen Anfängen als Archäologe hätten ihn diese Fragen beschäftigt, mühsam habe er eine Scherbe zur anderen gelegt, verglichen, Ideen verworfen, Scherben neu zusammengesetzt. Und doch sei das Bild des Menschen, der früher in Hessen gelebt habe, unscharf geblieben. Herrmann legt eine kleine Pause ein, als wollte er seine Gedanken neu ordnen und das, was jetzt folgt, möglichst genau zum Ausdruck bringen. »Und dann liegt da plötzlich die Statue eines Mannes vor Ihnen, lebensgroß. Sie schauen in sein Gesicht und finden mit einem Mal, wonach sie all die Jahre gesucht haben.« Noch heute, Jahre später, ist er ganz bewegt von so viel Forscherglück.

Es hatte zwei Jahre gedauert, bis die Grabungstechniker des Hessischen Landesamts für Denkmalpflege die Statue aus Stein fanden. Werner Erk hatte nicht lockergelassen, er hatte seine Entdeckungen gemeldet und – als Beleg – Fotos nachgereicht. Und schon bald, als die Archäologen die Sache übernahmen und mit der Ausgrabung begannen, war klar, daß es sich bei dem kreisförmigen Hügel keineswegs um den Standort einer Windmühle handelte, sondern um einen sakralen Ort. Denn die Forscher stießen auf zwei Gräber. In ihnen müssen Krieger bestattet worden sein. Im ersten Grab fanden sich Skelettreste eines etwa 30jährigen Mannes. Ihm wurden sein Schwert, zwei Lanzen und ein Schild aus Holz beigegeben. Auch ein nietenbeschlagener Gürtel fand sich und zahlreiche goldene Ringe, die der Tote an Arm, Fingern und Hals trug. Der Krieger im zweiten Grab war vor seiner Bestattung verbrannt worden, aber auch seinen Überresten waren entsprechende Gegenstände beigegeben. Auf den Leichenbrand hatte man Gürtel und Schwert gelegt. In den Gräbern fanden sich außerdem zwei Bronzekannen – eine

Schnabel- und eine Röhrenkanne –, die den Archäologen zunächst wegen ihrer sorgfältigen Verzierung auffielen. Später aber sollten sie ihnen noch völlig überraschende Erkenntnisse liefern. Die Grabkammern bestanden aus Holzkonstruktionen, die mit schweren Steinen abgedeckt waren. Im Laufe der Zeit drückten diese mit ihrem Gewicht auf die Gräber und preßten ihren Inhalt zusammen. Die Archäologen hatten Angst, daß sie bei der Freilegung und Untersuchung der Gräber im offenen Gelände Schäden an ihren Fundstücken anrichten würden. Also stachen sie die Gräber aus ihrer natürlichen Umgebung aus und transportierten sie in die Archäologische Restaurierungswerkstatt nach Wiesbaden. Dort werden sie unter Laborbedingungen Zentimeter für Zentimeter untersucht – eine Arbeit, die noch längst nicht beendet ist und wohl noch etliche Monate andauern wird. Doch der Schmuck, der den Toten beigegeben worden war, ist in den vergangenen Monaten an einigen Stellen völlig freigelegt worden und kommt so zur alten Geltung – darunter ein 175 Gramm schwerer Halsring aus purem Gold, der mit exakt herausgearbeiteten Darstellungen von Pflanzen und von menschlichen Köpfen reichhaltig verziert ist.

Allmählich wurde Herrmann auch klar, welche Funktion die Gräben hatten, die früher einmal überall im Gelände gewesen sein mußten und deren Ausmaße mit geomagnetischen Methoden ermittelt wurden. Direkt an den Grabhügel schlossen damals beispielsweise zwei etwa 350 Meter lange und knapp drei Meter tiefe Gräben an. Sie waren Teil eines umfassenden Grabmals, das das Bild der gesamten Landschaft prägte. Die beiden langen, parallel verlaufenden Gräben begrenzten eine Prozessionsstraße, die direkt zum Grabhügel führte. Möglicherweise handelt es sich bei dem gesamten Komplex um ein Zentralheiligtum des frühen Keltenreiches. In der Anlage wurden bei den Ausgrabungen noch zwei weitere Gräber entdeckt. Sie befanden sich nicht im eigentlichen Grabhügel, sondern einige Meter außerhalb – allerdings verbunden durch einen zusätzlichen Graben. In diesen Gräbern fanden sich die Überreste einer 60- bis 70jährigen Frau, die einen Armring am Handgelenk trug, und die Überreste eines etwa einjährigen Kindes. Möglicherweise waren diese Personen Familienangehörige eines der im Grabhügel bestatteten Krieger.

Ein Fürst kommt zum Vorschein

Dort, wo der zusätzliche Graben an den eigentlichen Grabhügel anschließt, stießen die Mitarbeiter von Fritz-Rudolf Herrmann 1996 etwa zwei Meter unter der Erdoberfläche auf einen länglichen, rötlichen Sandstein. Als sie ihn vorsichtig freilegten, bemerkten sie, daß es sich keineswegs um einen naturbelassenen, sondern um einen offenbar bearbeiteten Stein handelte. Mehr noch, die Form eines Beines wurde erkennbar. Aufgeregt gruben die Archäologen weiter, blickten bald auf ein zweites Bein, einen lebensgroßen Unterkörper, dann auf eine mit Mustern verzierte Taille. Die Forscher machten einen Schild auf dem Oberkörper der Figur aus, einen Brustpanzer, der früher aus Leinen oder Leder bestanden haben wird. Sie sahen zwei angewinkelte Arme mit dünnen Händen und schließlich einen ovalen Kopf, an dessen Seiten zwei überdimensionale »Ohren« abstanden. Als die Figur völlig freigelegt war und vermessen werden konnte, wurde eine Länge von 1,86 Meter und ein Gewicht von 230 Kilogramm festgestellt. Herrmann und seine Mitarbeiter trauten ihren Augen nicht – und sie begannen zu kombinieren. Die Statue trägt einen steinernen Schild, an der Seite ein Schwert, um den Hals eine schwere Kette. Und entspricht somit den Kriegern, deren Überreste und Beigaben in den beiden Gräbern gefunden wurden. Es konnte sich unmöglich um einfache Krieger handeln. Wer in einer derartig großen Anlage beerdigt wurde, umgeben von Gräben, Wällen und Prozessionsstraßen, wer zudem in Form einer lebensgroßen Figur aus Stein dargestellt wurde, der mußte jemand Besonderes sein. Keine Frage, bei der Statue handelte es sich um die Darstellung eines frühkeltischen Fürsten, eines Herrschers, dessen Herrschaftsgebiet zum Zeitpunkt der Ausgrabung noch völlig unbekannt war. Doch dies sollte sich bald ändern.

Während Fritz-Rudolf Herrmann an der Stelle, die noch im vergangenen Jahr Schauplatz emsiger Ausgrabungen war, die sensationelle Entdeckung der Fürstenstatue in Erinnerung ruft, erscheint am Waldesrand Werner Erk. Er ist wieder auf einem seiner Streifzüge und kommt, als er Herrmann erkannt hat, schnellen Schrittes näher. Nach einer kurzen Begrüßung – der Vorsitzende des Heimatvereins und der Archäologe kennen sich nun schon seit vielen Jahren – tauschen sie die neuesten Erkenntnisse und Theorien aus. Vor einigen Monaten wurde der Kopf einer weiteren Statue gefunden. Er ist stark beschädigt, so fehlt beispielsweise der Hinterkopf. Doch die Vorderpartie ist von der Stirn bis zum Hals erhalten. Oberlippen- und Kinnbart sind zu

Weltweite Aufmerksamkeit erregte die im Juni 1996 geborgene Statue eines frühkeltischen Fürsten des fünften Jahrhunderts v. Chr., hier an ihrer Fundstelle. Ihre Höhe beträgt 1,86 Meter, das Gewicht 230 Kilogramm.

erkennen, auch war diese Statue ebenfalls mit einer Blattkrone versehen. Die Vermutung, daß der Grabhügel einem Ahnenkult diente, hat also weitere Nahrung bekommen.

Die erste – und deutlich besser erhaltene – Fürstenstatue vom Glauberg befindet sich inzwischen wie verschiedene andere Fundstücke in der Archäologischen Restaurierungswerkstatt in Wiesbaden und wird dort genau untersucht. Ein ganzes Team von Archäologen und Restauratoren kümmert sich um die Skulptur wie um einen liebgewonnenen Patienten im Krankenhaus. Heimatforscher Erk ist begierig, von Herrmann den aktuellen Erkenntnisstand zu erfahren. Längst ist geklärt, was es mit den riesigen »Ohren« auf sich hat. In die Aufregung der Entdeckung hatte sich an jenem 24. Juni 1996 schnell auch Heiterkeit gemischt, lassen die flügelhaften »Ohren« doch an Mickey Mouse denken. Ein Vergleich, der an der Statue haftenblieb – mit Meldungen nach dem Muster: Mickeys Vorfahr erblickte nach einem 2500 Jahre dauernden Schlaf in der Hügellandschaft Hessens unerwartet das Licht der Neuzeit.

Die ernsthafte Erklärung für die seltsamen Gebilde am Kopf der Statue war weit weniger spektakulär, aber einleuchtend: Es handelt sich nicht um Ohren, sondern um die Darstellung von Mistelblättern, die als Blattkrone den Kopf der Figur zierten. Ob die Statue früher einmal bemalt gewesen ist, ist noch nicht bekannt; die Untersuchungen sind noch nicht völlig abgeschlossen. Dennoch gehen die Archäologen davon aus. Denn andere Statuen aus dem Mittelmeerraum, von denen auch die Bildhauer nördlich der Alpen Kenntnis bekamen, waren allesamt bemalt. Es ist also zu vermuten, daß nicht nur Anregungen für die plastische Darstellungsweise aufgegriffen wurden, sondern auch für eine farbliche Gestaltung. Rätsel gaben den Forschern gleichfalls die abgebrochenen Füße der Statue auf. Und für die Tatsache, daß der Oberkörper des Fürsten sehr schmächtig, der Unterkörper dagegen sehr kräftig dargestellt worden war, fand sich zunächst keine vernünftige Erklärung. War dem keltischen Bild-

Die lebensgroße stilisierte Skulptur des Keltenfürsten aus rötlichem Sandstein betont den Gegensatz zwischen kraftvollen Beinen und fast schmächtigem Oberkörper mit angesetzt wirkenden Armen.

hauer ein Mißgeschick unterlaufen, hatte er sich bei seiner Arbeit in den Proportionen verschätzt? Wohl kaum. Die Präzision in der übrigen Darstellung läßt darauf schließen, daß der Künstler sehr wohl wußte, was er tat. Fritz-Rudolf Herrmann fand eine andere Erklärung. Statische Gründe werden den Künstler dazu bewogen haben, die Beine seines Fürsten sehr kräftig und alles übrige eher zierlich darzustellen. Denn die Statue lag vor 2500 Jahren, bei der Beerdigung des Fürsten, nicht in dem Graben, sondern stand in einem Bezirk neben dem Grabhügel. Auch die abgebrochenen Füße stützen diese These. Die Statue wird – mit Füßen – vermutlich auf einem großen Steinsockel gestanden haben, dort aber irgendwann abgebrochen sein. Spuren der Beschädigung weist die Figur nicht auf – ein Zeichen dafür, daß sie nicht einfach umgefallen, sondern vorsorglich von Untergebenen des Fürsten in die sicherere Liegestellung gebracht worden ist.

Ins Wanken geraten ist inzwischen auch eine Theorie der Archäologen. Denn nicht weit von dem Fundort der Statue entfernt wurden verstreut die Überreste einer anderen Statue gefunden. Sie besteht aus demselben Sandstein und ist genauso gestaltet wie die erste Statue. Zunächst gingen die Forscher davon aus, daß es sich um eine Darstellung des zweiten im Grabhügel begrabenen Kriegers handelt. Doch bei einem Vergleich mit der Ausstattung dieses Kriegers waren die Unterschiede einfach nicht zu übersehen. Offenbar stellen die Statuen also nicht realistische Abbildungen von zwei konkreten Fürsten dar, sondern Idealbilder von keltischen Herrschergestalten aus dem fünften vorchristlichen Jahrhundert. Und Herrmann ergänzt: »Wir gebrauchen zwar das Wort ›Fürst‹, aber es handelte sich nicht um Fürsten im neuzeitlichen Sinn. Vielmehr entspricht das Wort dem englischen ›the first‹. Es waren also die Ersten, es war die Oberschicht der frühen Kelten.« Da aus dieser Zeit keine schriftlichen Zeugnisse überliefert sind, ist man bei der Rekonstruktion der Lebens- und Herrschaftsverhältnisse eben auf Fundstücke wie Schmuck, Werkzeug und bildhafte Darstellungen angewiesen. Noch nie war eine derartig konkrete Darstellung eines Menschen als Zeugnis der frühkeltischen Kultur gefunden worden – die Fürstenstatue vom Glauberg wird als eine der wichtigsten archäologischen Entdeckungen der letzten Jahrzehnte gefeiert. Sie läßt vor allem neue Interpretationen des Keltenreiches im heutigen Deutschland zu.

Die Herrschaft der Kelten

Etwa zwei Jahrhunderte lang waren die Kelten das wohl bedeutendste Volk Europas. Erste Spuren ihrer Kultur, die auf das

7. Jahrhundert v. Chr. datiert werden konnten, wurden in Südwestdeutschland und Ostfrankreich gefunden, dann auch in Böhmen und in Bayern. In der Folgezeit wuchs der keltische Kulturraum mit – für diese Zeit – rasanter Geschwindigkeit. Schon im 6. Jahrhundert v. Chr. lebten Kelten in Gallien und Spanien. Ein Jahrhundert später, etwa zu der Zeit, als die jetzt gefundenen Fürsten mit ihren Untergebenen den Glauberg besiedelten, kolonisierten Kelten die größten der britischen Inseln. Ein weiteres Jahrhundert später eroberten sie Oberitalien und Rom, darauf Makedonien und Delphi. Die Kriegführung der Kelten soll nicht gerade zimperlich gewesen sein. So wurde zum Beispiel die Gewohnheit überliefert, die Köpfe der Feinde als Trophäen zu sammeln. In dieser Zeit reichte der keltische Kulturraum von Kleinasien über Irland bis nach Andalusien. Die Kelten waren aber auch mit ihren handwerklichen Fähigkeiten anderen Völkern weit überlegen. Unter anderem in der Keramikherstellung hatten sie eine revolutionäre Technik entwickelt; so führten sie die Töpferscheibe in weiten Teilen Europas ein. Auch in der Bearbeitung von Eisen erwiesen sie sich als führend. Doch nach der maximalen Ausdehnung im 3. Jahrhundert v. Chr. fand die Herrschaft der Kelten ein jähes Ende. Bereits um die Zeitenwende waren sie in nahezu allen Gebieten von Römern oder Germanen verdrängt worden. Allein in Irland hielt sich ihre Kultur, sie erlebte im frühen Mittelalter eine Renaissance und wird sogar heute wieder gepflegt.

Wie die Kelten im 5. Jahrhundert v. Chr. ihr alltägliches Leben einrichteten, auch darüber finden sich am Glauberg zahlreiche Hinweise. Oberhalb des Grabhügels war ja schon in früheren Jahren ein System von Befestigungsmauern entdeckt worden. Der Glauberg ist für eine Siedlung geradezu wie geschaffen. Er ist 270 Meter hoch, bildet aber an seinem höchsten Punkt ein etwa acht Hektar großes Hochplateau. Von dieser Anhöhe aus lassen sich weite Teile der Umgebung überblicken. Feinde konnten also rechtzeitig erkannt werden, umgekehrt war

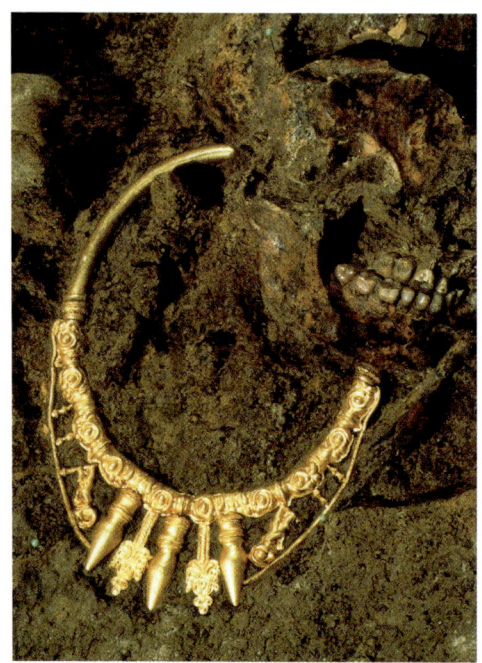

Der goldene Halsring aus Grab 1 in Fundlage, rechts daneben der Schädel des Fürsten. Zum Goldschmuck des Toten gehörten außerdem ein Arm- und ein Fingerring sowie zwei im Kopfbereich gefundene Ringlein.

die Region von hier auch hervorragend beherrschbar. Gleichzeitig bot das Hochplateau ausreichend Platz für eine größere Gruppe von Menschen, die hier wohnen und sich ernähren wollten. Die Vorzüge des Glauberges wurden schon von Menschen erkannt, die weit vor den Kelten lebten. Bereits im 5. Jahrtausend v. Chr., also in der Jungsteinzeit, war die Anhöhe bewohnt. Und auch lange nach den Kelten, im 13. Jahrhundert n. Chr., wurde der Glauberg als Siedlungsraum genutzt. Offenbar baute eine Kultur auf den Hinterlassenschaften der anderen auf. So können noch heute ein 13 Meter hoher Wall und Befestigungsmauern bestaunt werden. Andere Wälle am Hang des Glaubergs schützten eine Quelle, die den Kelten des 5. Jahrhunderts zur Wasserversorgung diente. Auch ein Weiher ist erhalten. Auf dieser Anhöhe lebte wohl eine 2000 bis 3000 Köpfe zählende Gemeinschaft, die sogar Platz für landwirtschaftliche Nutzung des Areals fand.

Mitarbeiter Herrmanns untersuchen nun schon seit über zehn Jahren die Wälle und Befestigungsmauern und gewinnen immer umfassendere Kenntnis von der Siedlungsgeschichte des Glauberges. So berichtet der Grabungstechniker Norbert Fischer, der mit Schaufel, Spachtel und Strohhut bereits seit Mitte der achtziger Jahre am Glauberg tätig ist, davon, daß bei Bau und Renovierung von Schutzwällen immer wieder die Hinterlassenschaften früherer Kulturen, gewissermaßen als Schutt, verwendet wurden. Bei der Untersuchung der Wälle treten Tausende von Scherben aus den unterschiedlichsten Epochen zutage, die Einblick in die Siedlungsgeschichte des Berges erlauben.

Honig für den Toten

Die exponierte Lage des Glauberges läßt vermuten, daß das Herrschaftsgebiet der in dem Grabhügel begrabenen keltischen Fürsten weit größer war als die Anhöhe selbst. Doch wie soll 2500 Jahre später der Umfang dieses Gebietes ermittelt werden, wenn keinerlei schriftliche Aufzeichnungen darüber vorliegen? Letztlich sind die Forscher auf Interpretationen angewiesen, doch bei der Untersuchung der Grabbeigaben stießen sie überraschend auf einen Hinweis, der einen relativ präzisen Rückschluß zuläßt. Im Mittelpunkt standen die beiden bronzenen Kannen, die in den Gräbern gefunden wurden. Sie waren aufwendig mit Stoffen umwickelt, denn bei den Gefäßen fanden sich entsprechende Gewebereste. Gespannt waren die Archäologen auf Überreste des insgesamt vier Liter umfassenden Kanneninhalts, denn Speise- und Getränkereste würden Rückschlüsse auf Kulturgeschichte und Natur des 5. Jahrhunderts v. Chr. zulassen. Gefunden wurde ein gelbes, mineralisches und ein braunes, organisches Material. Diese Substanzen unterzog man einer aufwendigen Pollenuntersuchung. Von Stichproben wurde die Pollenzahl des gesamten Materials hochgerechnet. In dem mineralischen Material, das lehmartig war, waren keinerlei Pollen nachweisbar. Offenbar hatte man es mit Löß zu tun, der im Lauf der Jahrhunderte in die Kanne geriet. Die festere, organische und braune Substanz dagegen wies 100 000 Pollenkörner je Gramm Sediment auf, also eine sehr hohe Anzahl. Den Forschern kam dies bekannt vor – es handelte sich um eine starke Konzentration von Honig, die man braucht, um ein Honiggetränk herzustellen. Dem Fürsten war dieser Met als Totentrank ins Grab gelegt worden.

Dieser Honigrest bescherte den Archäologen gleich eine ganze Reihe von neuen Erkenntnissen. So kann man von der ungewöhnlich hohen Pollenkonzentration auf die Art schließen, wie

Figurengruppe auf dem Rand der Schnabelkanne aus Grab 1, ein Meisterstück keltischer Handwerkskunst. Es folgt etruskischen Vorbildern und zeigt einen gepanzerten Krieger im Schneidersitz, den zwei rückblickende Sphingen flankieren.

die Kelten ihren Honig gewannen – offenbar preßten oder schmolzen sie die Waben. Auffällig war aber auch, daß die gefundenen Pollen nicht nur einer Art, sondern gleich 250 verschiedenen Arten zugehören. Ermittelt wurde unter anderem Honig von Wiesen-Flockenblumen, Johanniskraut, Hauhechel, Sauerampfer und Wolfstrapp. Mit anderen Worten: Bei dem Honig in der Schnabelkanne des frühkeltischen Fürsten handelte es sich um einen Mischhonig. Natürlich freuen sich Botaniker über das so entstandene Bild von der damaligen Vegetation in Hessen.

Für die Archäologen allerdings schlossen sich neue, aufregende Fragen an. Denn der vor 2500 Jahren in die Schnabelkanne gefüllte Honig stammte nur zum Teil von Pflanzen, die in der näheren Umgebung des Glauberges vorkommen. Ein Teil der Pollenarten kommt von Pflanzen aus dem Odenwald, ein anderer aus dem Gebiet um Fulda, einer aus dem Taunus, ein weiterer aus dem Rheingau – somit aus allen Himmelsrichtungen. War es möglich, daß Bienen aus diesen Gebieten zum Glauberg geflogen waren, wo dann ihr Honig produziert wurde? Ein Gespräch mit Imkern brachte den Archäologen schnell Gewißheit: Nein, es war nicht möglich. Denn Bienen haben einen Flugradius von höchstens zehn Kilometern. Also lag eine andere Erklärung nahe: Der Honig wurde von örtlichen Imkern erzeugt, dann zum Teil über weite Strecken zum Glauberg gebracht, wo er mit dem Honig aus anderen Regionen zu einem Mischhonig verrührt wurde. Ob diese aufwendige Art der Honigproduktion mit Hinblick auf die Verwendung als Grabbeigabe für den Fürsten erfolgte? Viel spricht dafür, daß die Imker allesamt im Herrschaftsbereich des keltischen Fürsten lebten. Somit läßt sich relativ leicht das Gebiet ermitteln, das diesem Herrscher untertänig war: Es erstreckte sich in einem Umkreis von 80 bis 100 Kilometern um den Glauberg. Ein kleines Detail verrät also viel über die politischen und wirtschaftlichen Verhältnisse jener Zeit, auch über die Bräuche, wie Herrscher über den Tod hinaus ver-

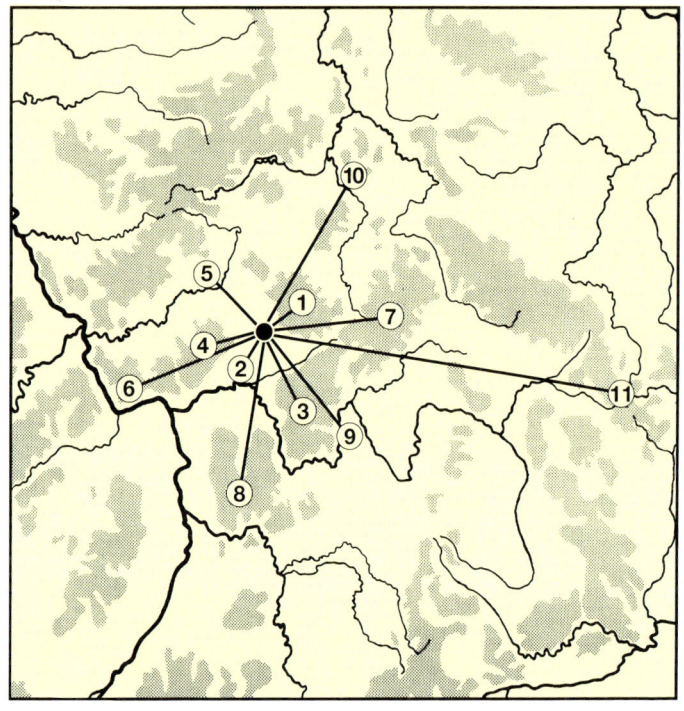

Herkunftsgebiete der Pollen des Mischhonigs aus der Schnabelkanne
nach der heutigen Pflanzenverbreitung:
1 Vogelsburg,
2 Untermain,
3 Spessart,
4 Taunus,
5 Rheingau,
6 Lahn,
7 Rhön,
8 Odenwald,
9 Marktheidenfelder Platte,
10 Fulda-Werra-Bergland,
11 Fichtelgebirge.

Der im November 1997 gefundene Kopf einer dritten Statue vom Glauberg im Fundzustand, Höhe: 26 Zentimeter. Der Kopf ist rundum abgeschlagen, das Hinterhaupt fehlt ganz, hinzuzudenken ist eine Blattkrone wie bei dem lebensgroß erhalten gebliebenen Pendant.

ehrt wurden. Die Statue des frühkeltischen Fürsten wird das Labor in Wiesbaden bald verlassen und auf Wanderschaft gehen – möglicherweise über das ehemalige Herrschaftsgebiet hinaus: Die Figur soll Mittelpunkt einer Ausstellung über die Kultur der Kelten werden. Neue Anhänger hat der keltische Fürst – 2500 Jahre nachdem er von seinen Untergebenen begraben wurde – ohnehin schon gefunden. Ein Bäcker bietet neuerdings das »Glauberger Keltenbrot« an, ein Großmarkt den »Glauberger Keltensekt« und eine Metzgerei die »Glauberger Keltenwurst«. Nur »Keltenhonig«, hergestellt nach uralten Rezepten, gibt es nicht. Noch nicht.

Marcus Fischötter

Archiv im Matsch

Während der Fahrt durch das friesische Örtchen Rodenkirchen deutet nichts auf irgendwelche archäologischen Aktivitäten hin. Weit und breit ist keine Baustelle zu sehen, kein Kran ragt in den Himmel, kein Bagger schaufelt im Erdreich. Eine Seitenstraße führt zur alten Hahnenknooper Mühle, die der fast 3000 Jahre alten Siedlung, die hier in der Nähe gefunden wurde, ihren Namen gab. Die Mühle ist ein beliebtes Ausflugsziel in der Region. Die Terrasse ihres Restaurants bietet einen hübschen Ausblick auf einen kleinen Kanal und die endlos weiten, saftigen Wiesen der Marsch. Kurz hinter der Mühle liegt der Hof von Bauer Jongmans. Von hier aus geht es zu Fuß weiter über den tiefen, schweren Marschboden, der durch die Sonneneinstrahlung der letzten Tage hart und brüchig geworden ist. Unzählige tückische Löcher laden förmlich dazu ein, sich den Fuß zu verrenken. Noch immer ist nichts Bemerkenswertes zu erkennen. Allenfalls ein Bauwagen in einigen hundert Metern Entfernung zeigt einem die Richtung an. Dort angekommen, ist die Erwartung des archäologischen Laien, bei einer als bedeutend gerühmten Ausgrabung auch eine hektische Großbaustelle mit imposantem technischen Gerät vorzufinden, endgültig enttäuscht.

Die Grabungsstelle liegt mitten auf der Jongmansschen Weide und mißt gerade mal 17 Meter in der Länge und fünf Meter in der Breite. Um sie herum grasen Kühe, die sich schon an die Ausgräber gewöhnt haben und nur durch einen dünnen, unter Strom stehenden Draht davon abgehalten werden, zu nahe an

Vorhergehende Doppelseite:
Im Schnitt liegt das Ende eines Bauernhauses, das von Zäunen umgeben gewesen ist. An diesem Hausende befand sich der Stall mit Viehboxen. Die Holzpfosten und das Flechtwerk der Zäune sind zum Teil freigelegt.

den wertvollen Fund heranzutreten. Etwa 50 Meter südlich des Grabungsgeländes fließt das Strohauser Sieltief, ein Entwässerungskanal, der dem feuchten Boden der Marsch einen Teil seines Wassers entzieht. Eine fast idyllische Atmosphäre. Nur das Geräusch eines elektrischen Handbohrers durchbricht mitunter die friedliche Stille. Beim Blick in die Grabung – den »Schnitt«, wie der Archäologe sagt – offenbart sich der Grundriß eines Hauses, dessen Erdsockel übersät sind mit kleinen, numerierten Plaketten. Sechs Arbeiter, ausgerüstet mit Spachtel und Pinsel, legen in akribischer Kleinarbeit die Reste der ehemaligen Holzpfosten von dem kleiigen Boden frei. Es wird wenig gesprochen, die Arbeit erfordert volle Konzentration. Ab und zu schmeißt einer matschige Erde auf ein Förderband, das aus der Grube herausragt. Dann geht er zurück und ist binnen Sekunden wieder in seine Tätigkeit versunken.

Ein unverschämtes Glück

Aber offensichtlich folgt die Grabung, die sich in einer erstaunlichen Tiefe abspielt, einem ausgeklügelten System, bei dem jeder Handgriff wohlüberlegt geschieht. Die Frage drängt sich auf, wie man überhaupt auf diesen alten Hof stoßen konnte, der doch mehr als zwei Meter unter der Oberfläche liegt. Denn kein Pflug der Welt reicht so tief, und Häuser dürfen hier außerhalb von Ortschaften nur noch mit Ausnahmegenehmigungen gebaut werden. Und selbst wenn, werden in der Marsch keine Keller verlegt, sondern sogenannte Streifenfundamente, die maximal 80 Zentimeter im Boden liegen und eine besondere Abdichtung gegen die Feuchtigkeit bieten. Auch spezielle Infrarot- und Falschfarbenkameras, mit denen öfters aus der Luft nach archäologischen Schätzen gefahndet wird, haben bei zwei Meter Tiefe keine Chance. »Normalerweise hätten wir diese Siedlung gar nicht finden können«, berichtet Grabungsleiter Dr. Erwin

Strahl, »wir haben einfach unverschämtes Glück gehabt.« Es kam in Gestalt der Kanalarbeiter, die 1971 das Strohauser Sieltief aushoben und mit ihren Baggern auf einzelne Siedlungsspuren stießen. Genaugenommen war es sogar doppeltes Glück. Nicht nur, daß die Arbeiter die Siedlungsreste fanden. Sie hatten auch genug Sachverstand, um von dunklen Verfärbungen an den Böschungen sowie einzelnen Hölzern und Scherben auf einen archäologischen Befund zu schließen und die zuständigen Behörden zu verständigen.

Daraufhin wurde der Oldenburger Archäologe Dr. Hajo Hayen eingeschaltet. Seine Untersuchung der Tonscherben brachte die archäologische Sensation ans Licht: Die Funde stammten aus der späten Bronze- und frühen vorrömischen Eisenzeit um 900 bis 800 v. Chr. Man schaltete das Niedersächsische Institut für historische Küstenforschung in Wilhelmshaven ein. Die Bohrungen zeigten dann, daß sich in einer Ausdehnung von knapp 100 Metern gleich mehrere Gehöfte unter der Erde verbargen. Heu-

Grabungsstelle in der flachen Marsch auf der Wiese des Hofes von Bauer Jongmans. Da die Fundschicht erst knapp zwei Meter unter der heutigen Oberfläche liegt, wird der oberste Bereich abgebaggert.

te weiß man, daß mindestens drei, eher aber fünf oder gar noch mehr Häusergrundrisse aus der Bronzezeit in dem Marschboden liegen. Was die Kanalarbeiter gefunden hatten, ist die älteste bekannte urgeschichtliche Siedlung an der deutschen Nordseeküste.

So spektakuär die Entdeckung war, sollte es doch noch ein Vierteljahrhundert dauern, bis sich die Archäologen eingehender mit ihr beschäftigten. Dem Wilhelmshavener Institut fehlten die finanziellen Mittel, zudem war ein großer Teil seines Personals in anderen Großprojekten gebunden. Als aber ein 1994 bei der DFG eingereichtes Forschungsvorhaben bewilligt war, konnten die Grabungen in der Wesermarsch beginnen. Bauer Johannes Jongmans, der 1985 den Hof nichtsahnend übernommen hatte, war sofort bereit, das Land gegen eine Ausfallentschädigung für das entgangene Heu zu verpachten. »Meistens haben die Landwirte selber großes Interesse an den Ergebnissen unserer Arbeit«, erklärt Erwin Strahl. Für die Archäologen war da-

Der tonige Kleiboden läßt Wasser nur schwer durch. Bei Regen verwandelt sich die Oberfläche des Schnitts in Matsch, der die Arbeit stark beeinträchtigt, mitunter auch gänzlich unmöglich macht.

mit der Weg frei für das Abenteuer an der Hahnenknooper Mühle. Im April 1996 gingen Strahl und der Grabungstechniker Dirk Nüsken mit vier festen Mitarbeitern, die sie aus den umliegenden Ortschaften für die erste Grabungssaison bis Ende September rekrutierten, und zwei studentischen Hilfskräften an die Arbeit. Schnell zeigte sich, daß ihre hohen Erwartungen sogar noch übertroffen wurden. »Die Siedlungsreste, die wir hier tief im Marschboden finden, sind in einem einmalig guten Zustand erhalten«, befindet der Leiter des Niedersächsischen Instituts für historische Küstenforschung, Professor Karl-Ernst Behre.

Speckgürtel der Archäologie

Um dies zu demonstrieren, steigt er behutsam die Leiter in den Schnitt hinab und deutet auf das Gewirr von Hölzern, die alle noch von einer dicken Kleischicht umgeben sind. Tatsächlich wirken die dicken Pfosten, die einmal das Walmdach dieses Hofes getragen haben, nahezu unversehrt. Drei Jahrtausende waren sie unter der Erde verborgen, doch die erhaltenen Reste der Erlen- und Eschenstämme sehen aus, als wären sie erst gestern gefällt und in den schweren Boden der Marsch eingegraben worden. Um so bemerkenswerter ist dies, wenn man weiß, welche Materialien aus dieser urgeschichtlichen Epoche den Archäologen üblicherweise zur Verfügung stehen. Funde aus der Bronzezeit gab es bislang nur in den trockenen Sandböden der Geest, die einige Kilometer landeinwärts hinter den Mooren liegen. Dort lassen sich Siedlungsreste häufig lediglich anhand von dunklen Verfärbungen nachweisen, deren Interpretation den Wissenschaftlern immer wieder große Mühe bereitet.

In der Fundstelle bei Rodenkirchen hingegen können sie lesen wie in einem offenen Buch: Der immer feuchte Boden der Marsch hat alle organischen Materialien beinahe in ihrem Ursprungszustand erhalten. Grabungsleiter Strahl nennt das Schwemmland entlang der Nordseeküste und der Flüsse, die in sie münden, den »Speckgürtel der Archäologie«. Vergleichbar einer Konserve, die Lebensmittel vor dem Verderben bewahrt, verhindert das Wasser im Boden der Marsch das Eindringen von Sauerstoff und schützt somit Hölzer, Knochen und Samen vor der natürlichen Zersetzung. Zutage tritt perfektes Anschauungsmaterial, anhand dessen auch die früheren Befunde in der Geest besser zu deuten sind. Für Behre ist die Siedlung Hahnenknooper Mühle denn auch »der Schlüssel zur Erforschung der spätbronzezeitlichen und frühen vorrömischen Siedlungsgeschichte«.

Die moderne Archäologie beschränkt sich schon längst nicht mehr auf die bloße Freilegung und Rekonstruktion eines Fundes. Sie will erfahren, wie die Menschen damals lebten, wie sie gewohnt, sich ernährt und gewirtschaftet haben. Vor allem aber wollen die Wilhelmshavener Forscher wissen, in welcher Wechselbeziehung der Siedler mit der damaligen Umwelt stand. Denn nirgendwo sonst in Deutschland besteht eine derartige Abhängigkeit zwischen Naturraum und Besiedlung wie an der Nordseeküste, wobei zunächst die Natur den Menschen beherrschte und später dann der Mensch der Natur feste Grenzen setzte. Bis zu den Anfängen des Deichbaus im 11. Jahrhundert waren die Küstenbewohner den Naturgewalten des Meeres schutzlos ausgesetzt. In Zeiten häufiger Überflutungen mußten sie ihre Höfe verlassen und sich im Hinterland eine neue Heimat suchen. Trotzdem – das zeigten schon frühere archäologische Befunde – wurde die Marsch immer wieder aufs neue besiedelt. Ihr fetter Boden und eine reiche Tierwelt versprachen ein gutes Auskommen, wenn auch nur bis zur nächsten Überschwemmung. So wurden im Lauf der Zeit zahlreiche Höfe, vielleicht sogar ganze Dörfer unter einer immer dicker werdenden Schicht von Meeresablagerungen begraben. Die Gehöfte der Hahnenknooper Mühle beispielsweise ereilte dieses Schicksal vor knapp 3000

Jahren. Seitdem hat sich eine mehr als zwei Meter dicke Sedimentschicht über sie gelegt.

Die Nordsee greift aus ins Binnenland

Die Siedlungsgeschichte in der Marsch ist so auch die Geschichte einer immer weiter vorrückenden Nordsee, die über Jahrtausende hinweg Stück um Stück des Ufers vereinnahmte und die Küstenlinie immer mehr nach hinten verschob. Welchem Rhythmus folgte der Anstieg des Meeresspiegels? Die Frage ist seit langem eines der zentralen Forschungsthemen der historischen Küstenforschung. Naturwissenschaftler und Siedlungsarchäologen arbeiten gemeinsam daran, aus der Vergangenheit Rückschlüsse auf die zukünftige Entwicklung des Meeresspiegels und des Küstenverlaufs abzuleiten. Dazu aber benötigen sie Siedlungsreste, sogenannte »Fixpunkte«, die mit Hilfe archäologischer und physikalischer Methoden altersgenau datiert werden. Jede Tonscherbe, jedes Holzstückchen und jeder Knochensplitter in der Sedimentschicht beweist, daß dort einmal Festland gewesen ist. »Je mehr dieser Fixpunkte wir haben«, so Karl-Ernst Behre, »um so exakter können wir die Meeresspiegelbewegungen auch in ihren Schwankungen erfassen. Und je weiter wir zeitlich zurückgehen können, desto sicherer werden auch Aussagen darüber, mit welcher Entwicklung des Meeresspiegels wir in Zukunft zu rechnen haben. Und die Siedlung Hahnenknooper Mühle liefert uns archäologische Daten, die Jahrhunderte weiter zurückreichen als alle bisherigen Befunde in der Marsch.«

Nach drei Jahren akribischer Arbeit in der Rodenkirchener Grabung läßt sich der Befund schon relativ detailliert rekonstruieren: Der Hof auf dem Weser-Uferwall war ein für die späte Bronzezeit typisches dreischiffiges Wohnstallhaus von wahrscheinlich 20 Meter Länge und fünf Metern Breite – Mensch und Vieh lebten unter einem Dach. Freigelegt ist bislang nur der Stall-

Freigelegt wurde bisher der Stall eines für die späte Bronze- und frühe vorrömische Eisenzeit typischen dreischiffigen Wohnstallhauses. Mensch und Vieh lebten unter einem Dach.

teil des Hauses, die Ausgrabung des Wohn- und Arbeitsbereichs wird erst im nächsten Jahr erfolgen. An den breiten Mittelgang des Stalles schließen sich zwei schmale Seitenschiffe mit den Boxen für das Vieh an. Die Kühe müssen ziemlich beengt gestanden haben, denn die Boxen sind noch nicht mal einen Meter breit. Flankiert wird der Mittelgang von zwei Reihen dicker Eschenpfosten, die das Walmdach getragen haben. Dunkle Verfärbungen an den Pfosten und den Sockeln aus Klei zeigen an, wo einmal der Fußboden des Hauses verlief. Die Ablagerungen sind vor allem durch das Schilf, mit dem der Boden vor der aufsteigenden Feuchtigkeit isoliert wurde, sowie durch Einstreu und Kuhdung entstanden. Offenkundig hatten die Bewohner es unterlassen, vor dem Verlassen ihres Hauses noch einmal den

Stall auszumisten. Auch Tausende kleiner Tonscherben lagen noch auf dem Fußboden.

Nach bronzenen oder eisernen Gegenständen jedoch suchten die Archäologen bisher vergeblich. Bronze ist eine Legierung aus den Rohstoffen Kupfer und Zinn, die es beide in der Region nicht gibt. Die Metalle waren deshalb kostbar und wurden so gut wie niemals bei der Aufgabe eines Hauses zurückgelassen. Wahrscheinlich wurden in der deutschen Marsch aber noch zur späten Bronze- und frühen Eisenzeit die meisten Werkzeuge und Haushaltsgeräte aus dem einheimischen Rohstoffen Holz und Stein gefertigt. Gefunden wurden beispielsweise mehrere Flint-steine, die wegen ihres rasiermesserscharfen Randes als Schneid-geräte Verwendung fanden. Jeder Fund im Boden wird mit ei-ner Zahl versehen – »unsere Buchführung«, wie Erwin Strahl er-läutert. Mittlerweile ist man bei Nummer 892 angekommen. Zu jeder Zahl gibt es ein entsprechendes Formblatt, auf dem die wichtigsten Daten des Fundes festgehalten sind. Denn auch wenn es den Ausgräbern in der Seele weh tut, müssen viele der Hölzer nach einer ausreichenden Probenentnahme weggeworfen werden, da sie schon aufgrund ihrer schieren Menge nicht voll-ständig zu konservieren sind. Aber schließlich geht es den For-schern ja um Erkenntnisgewinn und nicht um die Bewahrung Hunderter modriger Hölzer und zerbrochener Scherben.

Der Hof erstreckte sich in Ost-West-Richtung, mit dem Wohn-bereich im Westen und dem Stall im Osten, so daß die Schmal-seite des Hauses gegen die Hauptwindrichtung gestanden hat. So konnte der vorherrschende Westwind nur wenig Schaden an-richten und hielt zudem die Stallgerüche vom Wohn- und Ar-beitsbereich fern. In einem Abstand von etwa zwei Metern um den Hof herum war ein erster Zaun aus dünnen Erlenhölzern, der wohl die Kühe daran hinderte, dem Wohnbereich zu nahe zu kommen. Das Flechtwerk des Zaunes ist noch erhalten und wird derzeit in äußerst mühsamer Kleinarbeit aus dem Sockel freigelegt.

Die Erdsockel, welche die Hölzer zunächst noch schützten, werden im Lauf der Bearbeitung abgebaut, so daß Pfosten und Flechtwerk freiliegen.

Es erinnert an Chirurgen mit ihrem Skalpell, wie zwei junge Leute mit kleinen Spachteln, Messern und Pinseln akribisch Stück für Stück des braunen Kleis entfernen, um das Gestrick aus dünnen Astverstrebungen auch ja nicht zu beschädigen. Alle paar Sekunden müssen sie aufblicken, denn ihre Augen werden bei dieser konzentrierten Arbeit extrem beansprucht – die Hölzer haben nämlich etwa die gleiche Farbe angenommen wie die umgebende Erde.

Um das gesamte Flechtwerk und die zugehörigen Pfosten aus diesem etwa vier Meter langen Sockel zu befreien, anschließend zu fotografieren und maßstabgerecht zu zeichnen, werden die Männer fast einen Monat benötigen. An einigen Hölzern, die jüngeren Datums sind als die übrigen, erkennt man, daß an dem Zaun öfters Reparaturarbeiten verrichtet wurden, wogegen das

225

Haus allem Anschein nach 30 bis 40 Jahre lang bewohnt wurde, ohne daß Teile erneuert wurden. Das würde auch den bisherigen Erkenntnissen der Siedlungsarchäologen entsprechen, wonach es in vorgeschichtlicher Zeit üblich war, einen Hof bei größeren, durch natürlichen Zerfall hervorgerufenen Schäden zu verlassen und einen neuen oft nur ein paar Meter weiter aufzubauen. So wurden auch in der Rodenkirchener Grube Spuren eines neueren Hauses gefunden. Bei den bisher drei nachgewiesenen Höfen der Siedlung Hahnenknooper Mühle können die Archäologen noch nicht mit Gewißheit sagen, ob sie zur selben Zeit oder vielleicht doch nacheinander existiert haben. Auf jeden Fall aber war die Siedlung kein geschlossenes Dorf, sondern sie bestand aus einzelnen Bauernhöfen, in Sichtweite voneinander auf dem Uferwall der Weser verteilt.

Das täglich Brot des Siedlungsarchäologen

Einmal mehr durchbricht ein dröhnendes Geräusch die ruhige und konzentrierte Atmosphäre auf der Ausgrabungsstelle. Auf der angrenzenden Fläche westlich des Schnittes sind Dr. Bianka Petzelberger, die Geologin des Instituts, und der technische Mitarbeiter Niels Renner mit einer Handbohrmaschine, einer Spezialanfertigung aus Holland, zugange. Bemerkenswert an diesem Gerät ist der über einen Meter lange, auf einer Seite offene Bohrlöffel mit einem Durchmesser von fünf Zentimetern, der nach einer Bohrung auf seiner ganzen Länge mit der sehr tonigen Erde des Marschbodens angefüllt ist. Die Wissenschaftler haben Glück: Am unteren Ende des Löffels zeigt die Erde in einer Dicke von fast 20 Zentimetern eine auffallend dunkle Verfärbung. Schon bei oberflächlicher Betrachtung wird deutlich, daß an dieser Stelle einmal Menschen gesiedelt haben. Genau wie beim Fußboden des Stalles ist die Erde stark mit humosem Material und Holzkohlepartikeln angereichert. Die Geologin

Jeder Fund wird mit einer Zahl versehen – die »Buchführung« der Archäologen. Zur Zeit dieser Aufnahme war man bereits bei Nummer 892 angekommen.

stochert ein wenig mit einem Messer in der fast schwarzen Erdschicht herum, auf der Suche nach Keramiksplittern oder anderen menschlichen Mikro-Spuren. Und sie wird tatsächlich fündig: Ein pfenniggroßes, leicht verkohltes Holzstückchen deutet darauf hin, daß hier einmal Feuer gebrannt hat.

Seit Beginn der Ausgrabungen wurden Dutzende solcher Bohrungen unternommen, um die Ausdehnung der spätbronzezeitlichen Siedlung zu erfassen. Doch die Forscher interessiert nicht nur die Anzahl der Höfe und wo die einzelnen Grundrisse zu finden sind. Mit Hilfe der Torfe können sie auch die damalige Vegetation rekonstruieren. So fand die Botanikerin Dusanka Kucan heraus, daß die Siedlung in einer sogenannten Weichholzaue mit überwiegenden Erlenbeständen gebaut wurde. Eine für die Archäologen wichtige, aber auch nicht weiter überraschende Entdeckung, da der weitaus größte Teil der Baumaterialien aus ebendiesem Holz bestand. Ein Novum hingegen war, daß die Menschen in der Marsch schon im achten vorchristlichen Jahrhundert Ackerbau betrieben haben. In der Siedlungsschicht ermittelte Kucan Reste von Ölpflanzen wie Lein und Leindotter sowie verschiedener Gersten- und Weizenarten, von denen manche heute nicht mehr existieren. Durch aufwendige Laboruntersuchungen konnte nachgewiesen werden, daß die Feldfrüchte wirklich vor Ort angebaut und nicht etwa aus der Geest eingeführt wurden. Der Ackerbau ist also für die Siedler eine ganz wichtige Ergänzung zur Viehhaltung gewesen.

Die Pflanzenreste, die aus der Grabung und aus Bohrungen zutage kommen, untersuchen die Wissenschaftler aber nicht nur im Hinblick auf die damaligen Lebensumstände. »Dieser Mist hier ist unser täglich Brot«, sagt Karl-Ernst Behre und greift mit

Die Überreste der Erlen- und Eschenhölzer sind durch den immerfeuchten Boden der Marsch in einem einmalig guten Zustand erhalten geblieben.

bloßen Händen nach einem schmierigen Klumpen Erde, den Bianka Petzelberger dem Marschboden in fast zehn Metern Tiefe entrissen hat. Torfschichten sind neben den prähistorischen Siedlungen die wichtigsten Indizien für die Meeresspiegelbewegungen der Nordsee in den letzten 10 000 Jahren, Behres Forschungsschwerpunkt. Die Torfe zwischen den Marschsedimenten lassen sich durch Pollenanalysen oder physikalische Datierungen, die sogenannte C 14-Analyse, zeitlich genau einordnen. So haben beispielsweise geologische Bohrungen auf dem Meeresgrund der Nordsee Torfe geliefert, die unter Süßwasserbedingungen gebildet wurden. Daher weiß man, daß der Meeresspiegel während der letzten Eiszeit um mehr als 100 Meter tiefer war als heute. Der größte Teil der Nordsee war damals Festland, auf dem sich in der frühen Nacheiszeit Wälder erstreckten. Der Kontinent reichte bis nördlich der Doggerbank, und auch die Britischen Inseln waren damals landfest. Durch das globale Abschmelzen der Gletscher wurden in der Folgezeit riesige Wassermassen, die im Eis gebunden waren, freigesetzt, was einen raschen Anstieg des Meeresspiegels bewirkte.

Gletscher vor Hamburg?

Dieser Anstieg verlief jedoch nicht kontinuierlich, sondern unter Schwankungen, besonders seit dem fünften Jahrtausend v. Chr. Zunehmend kam es zu Ruhephasen oder sogar zum zeitweiligen Rückzug des Meeres, bevor das Wasser erneut die Küsten überschwemmte. Um diesen Prozeß möglichst genau nachzuvollziehen, werden Torfe in verschiedenen Tiefenbereichen der offenen Nordsee und der Marsch erbohrt. Genaue Datierungen dieser Basistorfe liefern den Wissenschaftlern Fixpunkte für die Kurve des Meeresspiegelanstiegs. Für den Nachweis der jüngsten Meeresspiegelbewegungen sind neben den Pflanzenresten vor allem die vorgeschichtlichen Siedlungen von Bedeutung.

Mit Spachtel, Messer und Pinsel wird in akribischer Kleinarbeit Stück für Stück des braunen Kleis entfernt, um das hölzerne Flechtwerk des ehemaligen Zaunes freizulegen.

Denn die Menschen in der Marsch waren von den Meeresspiegelschwankungen abhängig. Während der Ruhephasen drangen sie auf die Uferwälle der Nordsee oder ihre Zuflüsse vor, um sich bei der nächsten Überflutungsphase wieder zurückzuziehen. Die Siedlung Hahnenknooper Mühle ist demnach der Nachweis, daß um 800 v. Chr. der Anstieg des Meeresspiegels für lange Zeit unterbrochen war.

Und auch die folgenden Überschwemmungs- und Rückzugsphasen der Nordsee sind nun kein Geheimnis mehr. An dem vertikalen Wandprofil der Rodenkirchener Grabung können die Wissenschaftler anhand der dunklen Streifen, die sich deutlich von den helleren Sedimentschichten absetzen, exakt ablesen, wann und für welche Dauer Menschen auf dem Uferwall der

Ein in der Siedlung Hahnenknooper Mühle gefundenes Holzgerät, dessen Funktion bislang noch nicht eindeutig bestimmbar ist.

Weser gelebt haben. So zeigt beispielsweise die dickste dunkle Verfärbung an der Wand des Schnittes die erste großflächige Besiedlung um die Zeitenwende an. In dieser Epoche haben die Bewohner der Marsch zum ersten Mal versucht, sich gegen die Fluten zu schützen, indem sie künstliche Wohnhügel, sogenannte Wurten, errichteten und diese ständig weiter erhöhten. In einer dieser Wurten haben Behre und seine Mannschaft Reste von sieben Dörfern übereinander gefunden. Erst ab dem 11. Jahrhundert trotzten die Menschen den Sturmfluten, indem sie Deiche anlegten – bis zum heutigen Tag.

Was aber sagt uns das Wandprofil des Schnittes auf der Weide von Bauer Jongmans über die Zukunft? Werden wir die Deiche immer weiter erhöhen müssen? Steht uns das Wasser eines

Mit diesen Klopf- und Reibsteinen hantierten die Bewohner der Marsch in der späten Bronzezeit, um sich das Wirtschaften und die Ernährung zu erleichtern.

Tages buchstäblich bis zum Hals? Karl-Ernst Behre schüttelt den Kopf. Wenn seine Berechnungen stimmen, wird das Gegenteil der Fall sein. Er ist überzeugt, daß der Meeresspiegelverlauf seit dem Abschmelzen der Gletscher bis heute dem natürlichen Zyklus der Erdgeschichte entspricht. »Unsere Forschungen zeigen, daß der Anstieg des Meeresspiegels immer geringer wird. Das war auch in den Erdperioden vor der letzten Kaltzeit so. Wir nähern uns klimatisch dem Ende der Zwischeneiszeit, so daß wir in absehbarer Zeit, also in ein- bis zweitausend Jahren, wieder mit einer neuen Kaltzeit mit Gletschern vielleicht bis vor Hamburg rechnen müssen.«

So weit in die Zukunft denken die Arbeiter in der Grube derzeit nicht. Sie haben damit begonnen, die Grabungsstelle mit

Plastikfolien abzudecken, denn der Feierabend steht unmittelbar bevor. Erwin Strahl geht noch einmal die paar Schritte vor zum Strohauser Sieltief. Unter seinen Füßen liegt noch ein Gehöft aus der Spätbronzezeit, auf der anderen Seite des Tiefs ein weiteres. Es könnten noch viel mehr sein, denn momentan weiß niemand, aus wie vielen Höfen die Siedlung Hahnenknooper Mühle bestand. Am Ufer des Kanals kniend, buddelt der Archäologe mit den Händen ein wenig im Schlick. Zum Vorschein kommen ein dicker Holzpfosten und eine große Keramikscherbe. Dieses wie auch die anderen prähistorischen Häuser wird Strahl wohl nie zu Gesicht bekommen, denn für weitere Ausgrabungen fehlt das Geld. »Natürlich blutet einem da das Herz, aber ganz Niedersachsen ist voll von archäologischen Überresten. Und jeder, der diesen Job macht, weiß, daß er in seinem Leben nicht mal ein Prozent davon ausgraben wird. So ist das halt.«

Ingo Helm

Der versunkene
Wald

Der Himmel hat sich verdüstert. Eben noch brannte gnadenlos die Sonne, jetzt zucken Blitze über den Horizont. An diesem Abend bietet die Mondlandschaft des Braunkohletagebaus im Lausitzer Urstromtal einen gespenstischen Anblick. Das schwarze Stahlskelett des Vorschnittbaggers zeichnet sich, im kalten Licht Dutzender Scheinwerfer, wie ein Urweltmonstrum gegen die Wolkenberge ab. Über 200 Meter lang ist das Ungetüm mit seinen Förderbändern und Seilzügen, fahrbar mit autobreiten Raupenketten. Mühelos frißt sich das Schaufelrad auf 17 Meter Höhe in die Erdwand.

Die Gewitterfront rollt näher heran. Sturmwarnung. Von einem Moment zum andern steht der Schaufelradbagger still. Die ersten Tropfen klatschen auf den gelben Helm des Fahrsteigers, aufgewirbelter Sand schlägt ihm ins Gesicht. Zusammen mit seinen Besuchern flüchtet er sich in die bereitstehenden Geländewagen. Die Mächte, die in Millionen Jahren die Erdoberfläche Schicht um Schicht gestaltet haben, sind noch wach. Es ist, als wollten sie sich dagegen erheben, daß der Mensch mit seiner gigantischen Maschinerie in ein paar Augenblicken beseitigt, was so unendlich langsam entstanden ist. Der Braunkohletagebau, der in der Lausitz für kilometerlange Gruben von bis zu 100 Meter Tiefe sorgt, wird von Archäologen begleitet. Denn die Bagger, die das Deckgebirge abtragen – so heißen die Schichten über dem Kohleflöz –, sind wie eine Zeitmaschine. Unter den jüngsten Bodenschichten liegt das Mittelalter, darunter die Bronze-

Vorhergehende Doppelseite:
Unmittelbar vor der Abbaukante des Tagebaus Reichwalde wurde ein versunkener Wald freigelegt, fast 14 000 Jahre alt. Hinter den Erdwällen im Hintergrund geht es steil hinunter zur Braunkohle.

zeit, und noch tiefer finden sich, wenn man Glück hat, Spuren der Steinzeit, der Eiszeit, im Boden konservierte Relikte von Urmenschen. Und von der Umwelt, in der sie lebten.

Dr. Jürgen Vollbrecht und sein Grabungsteam im Vorfeld des Tagebaus Reichwalde haben Glück. Nicht überall sind die Bedingungen zur Erforschung der Vergangenheit so günstig wie auf diesen zehn Quadratkilometern. Ein interdisziplinäres Projekt ist entstanden: Archäologen, Geologen und Bodenkundler durchsuchen das Erdreich, Botaniker und Umweltphysiker an baden-württembergischen Universitätsinstituten unterstützen sie mit Analysen und Datierungen. Es ist nicht nur ein Abtauchen in die Vergangenheit, es ist auch ein Rennen gegen die Zeit. Denn die Zeitmaschine Braunkohletagebau arbeitet sich unerbittlich voran. Bei jedem neuen Grabungsschnitt weiß das Team schon im voraus, wann die freigelegten Bodenprofile auf Nimmerwiedersehen im Schaufelrad des Riesenbaggers verschwinden werden. Immerhin ist die LAUBAG, die Betreiberin des Tagebaus, kooperativ. Sie unterstützt die Grabung nicht nur mit viel Geld, das indirekt auch den 30 ABM-Kräften zugute kommt, die als Grabungshelfer eine Beschäftigung gefunden haben – Arbeitsplätze sind hier selten geworden, seit der Kohleabbau zurückgefahren wird. Vor allem läßt sie den Wissenschaftlern vom Sächsischen Landesamt für Archäologie jedesmal zwei, drei Monate, um die Flächen zu untersuchen, bevor der Bagger die nächsten 50 Meter von der Landschaft wegnimmt. Und wenn außergewöhnliche Funde auftauchen, läßt sie auch über eine Fristverlängerung mit sich reden.

Das Geheimnis der toten Bäume

Es ist einer der heißesten Tage des Jahres, als wir das Grabungsteam besuchen. Fast 40 Grad im Schatten. Manchmal stellt die Arbeit auf der vorbereiteten Grabungsfläche körperliche Anforderungen wie bei einer Wüstenrallye. Glücklich ist, wer einen Platz unter dem einzigen Sonnenschirm hat. Klimaerwärmung in unserem Jahrhundert? Niemand weiß es. Ein Jahrhundert ist ohnehin nicht viel, gemessen an den Maßstäben, in denen Jürgen Vollbrecht denkt. Die Epoche, die ihn vor allem interessiert, liegt rund 14 000 Jahre zurück und dauerte ein Jahrtausend. Und selbst diese 1000 Jahre waren nur eine »kurze« Episode: eine Phase relativer Erwärmung innerhalb der letzten Eiszeit, bekannt als Allerød-Interstadial. Nur ein Intermezzo in einem Eiszeitalter, das zweieinhalb Millionen Jahre gedauert hat. Ein Intermezzo, das – nicht zuletzt dank der Funde von Reichwalde – seine Geheimnisse mehr und mehr preisgibt.

Das Klima ist es vor allem, was die Umwelt und Lebensverhältnisse hier geprägt hat. Da ist einmal der Klimawandel im großen, der dramatische Dimensionen hatte. Das große Eis der

Sorgfältig wird jeder einzelne Baum untersucht. Hier liegen vor allem Kiefern, die aus dem letzten Abschnitt der Altsteinzeit stammen. Unter den Kiefern die Sandschicht, in der auch Steinwerkzeuge gefunden wurden.

Weichsel-Eiszeit ist zwar nicht bis zum heutigen Reichwalde gekommen – es endete 60 Kilometer weiter nördlich bei Cottbus.
Aber die vorübergehende Erwärmung im Allerød-Interstadial
reichte aus, um die Umwelt auch hier wesentlich zu verändern:
An die Stelle der kaltzeitlichen offenen Landschaft trat lockere
Bewaldung. Und dann gibt es die kleinen Klimaschwankungen,
die sich damals wie heute in den Wachstumsringen der Bäume
niederschlagen. Und genau das läßt sich in Reichwalde detailliert belegen.

Denn es sind veritable Bäume, die die Grabungshelfer hier ausgegraben haben. Keine Versteinerungen, keine Verfärbungen
des Bodens, aus denen in akribischer Arbeit auf Baumreste geschlossen wird, sondern handgreifliches, nasses Holz, dem man
sein astronomisches Alter auf den ersten Blick nicht ansieht. Un-
willkürlich sieht man nach, ob nicht irgendwo ein verliebter

Grabungsleiter Jürgen Vollbrecht erläutert Gisela Graichen die genaue Lage des versunkenen Waldes und der Stein-Artefakte, aus deren Verteilung
sich ein paläolithisches Zelt erschließen läßt.

Steinzeitmensch ein Herzchen in die Rinde geschnitzt hat, so gegenwärtig wirken die Bäume, die da auf dem Sand liegen. Wenn man ein Stück Holz aufhebt, liegt es so schwer in der Hand wie von frisch geschlagenen Stämmen. Der Grund für den ungewöhnlich guten Erhaltungszustand ist leicht nachzuvollziehen: Luftabschluß unter Wasser. Im Vorfeld des Tagebaus, also dort, wo der Vorschnittbagger noch nicht angekommen ist, lag ein großes Niedermoor. Und unter vier Meter mächtigen Schichten von nassem Torf war das Holz der prähistorischen Bäume perfekt gegen Fäulnis und Verwitterung geschützt. Etwa auf der Fläche eines halben Fußballfeldes sind die Bäume freigelegt – nur ein Ausschnitt aus einem Wald, der sich ursprünglich noch viel weiter ausgebreitet hat. Schon dieser Ausschnitt bietet ein eindrucksvolles Bild, und dem geschulten Auge erschließt sich die facettenreiche Geschichte des Wäldchens.

Gewöhnliche Kiefern standen hier, erläutert der Grabungsleiter, die gleichen Bäume, wie sie auch heute direkt neben der Ausgrabung stehen, und dazwischen einige Birken, deren weißliche Rinde noch immer zu erkennen ist. Die Bäume wurzelten in der Sandschicht, die unmittelbar unter dem Moor liegt. Sie hatten gute Wachstumsbedingungen, wurden über 20 Meter hoch und bis zu 250 Jahre alt. Jeder Baum ist ein Individuum, jeder Standort hat unterschiedliche Wuchsformen hervorgebracht. Einige Bäume haben flache Tellerwurzeln, was auf oberflächennahes Grundwasser schließen läßt, andere haben lange Pfahlwurzeln in den Boden getrieben, um tiefer gelegenes Wasser anzuzapfen. Die einen haben auf ganzer Höhe zahlreiche Astansätze, andere haben erst ganz oben eine Baumkrone ausgebildet.

Todeszeitpunkt eines Waldes

Jürgen Vollbrecht deutet mit seiner kleinen Archäologenkelle auf den Stamm, der vor seinen Stiefeln liegt. Für einen Moment ist es, als ob wir Augenzeugen der steinzeitlichen Aktualität wären: Feuer hat an zahlreichen Kiefernstämmen einen Aschepanzer hinterlassen – Spuren eines großen Waldbrandes. Doch das war noch nicht das Ende des Waldes. Die schwarzen Schichten sind eingewachsen, die Bäume haben den urzeitlichen Brand also überlebt. Sie wuchsen sogar besser als vorher, weil die Asche den Boden gedüngt hat und konkurrierende Nachbarbäume fehlten. Es war ein anderes Umweltereignis, das die Kiefern und Birken schließlich zum Absterben brachte: Der Grundwasserspiegel stieg stark an, worauf das Wäldchen, das ursprünglich am Rande eines Sees gestanden hatte, nasse Füße bekam. Ein paar Stürme reichten aus, um die geschwächten Bäume umzustürzen. Man kann es noch heute genau sehen: An den Richtungen, in die die Bäume gestürzt sind, läßt sich ablesen, daß ein Sturm aus Südwest und einer aus Südost der Existenz des Waldes ein Ende setzte. Der See dehnte sich aus und wurde später zum Moor. Ein Waldsterben setzte ein, Jahrtausende bevor dieses Wort geprägt wurde, und zugleich waren die Bedingungen geschaffen, die die Baumleichen bis heute konserviert haben.

Der Grabungstechniker wirft die Motorsäge an. Zwei kurze Schnitte, und aus einem der liegenden Kiefernstämme ist eine Scheibe herausgetrennt: eine Probe für die Altersbestimmung. Zwei Verfahren stehen dafür zur Verfügung. Einmal die Dendrochronologie, bei der an der charakteristischen Stärke jedes einzelnen Jahresrings die Kalenderjahre abgelesen werden können. Und dann die C 14- oder Radiocarbon-Methode – hier wird der im Holz enthaltene Anteil des radioaktiven Kohlenstoff-Isotops 14C gemessen. Beide Verfahren für sich genommen haben ihre Schwächen. Denn um an den Jahresringen das Alter abzulesen, muß zunächst eine typische Wachstumskurve für die fragliche Zeit bekannt sein. Die C 14-Methode andererseits muß »kalibriert« werden, weil der C 14-Gehalt der Atmosphäre über die Jahrtausende geringfügigen Schwankungen ausgesetzt war.

Wieder erweist sich hier der Fund von Reichwalde als Glücksfall. Denn aus dem Zeitraum von 500 Jahren, während dessen diese Bäume wuchsen, gibt es tatsächlich Referenzdaten für die Altersbestimmung. Der Botaniker Michael Friedrich hat an der Universität Hohenheim in geduldiger Kleinarbeit eine Kiefernchronologie aus dem Donaugebiet zusammengestellt, und in die paßten die Jahresringe der Reichwalder Kiefern genau hinein. Friedrich war von seinem Ergebnis selbst überrascht, denn immerhin stammen die Vergleichsproben von Bäumen, die Hunderte von Kilometern entfernt wuchsen. So erfahren wir wie nebenbei, daß das Witterungsgeschehen jener Zeit eine einheitliche überregionale Ausprägung hatte. Und mühelos läßt sich nun die Geschichte des Allerød-Waldes mit Jahreszahlen versehen: Um 12 000 v. Chr. wuchsen die ersten Bäume. Etwa 11 480 v. Chr. brach der große Waldbrand aus, und zwar im Winterhalbjahr. Warum im Winter, fragt man sich – unsere Urahnen kannten ja damals schon den Umgang mit Feuer. Waren sie schuld an dem Brand? Hat da einer beim Wildbret-Grillen nicht auf Funkenflug geachtet? Auf diese Frage schweigt der Wissenschaftler, denn die Spuren von Menschen jener Zeit enden bereits einige hundert Jahre vor dem Waldbrand. Sicher ist dagegen, daß ab 11 450 v. Chr. die Vernässung und die Vermoorung begannen, die den Wald absterben ließen.

Die Ergebnisse gehen in ihrer Bedeutung weit über diese Nahaufnahme faszinierender Einzelheiten hinaus. Denn wie immer, wenn die Forscher weiße Flecken auf der Landkarte des Wissens schließen, arbeiten sie gleichzeitig an der Verfeinerung ihres eigenen Instrumentariums. Parallel zur Dendrochronologie wurden am Institut für Umweltphysik der Heidelberger Universität von Dr. Bernd Kromer C 14-Untersuchungen durchgeführt, die nicht nur die Ergebnisse der Baumringuntersuchung abgesichert haben. Gleichzeitig ist es durch die Verbindung beider Verfahren gelungen, die C 14-Methode für den Zeitraum zwischen 12 200 und 9800 v. Chr. neu zu kalibrieren, also wesentlich genauer und aussagekräftiger zu machen. Auf ± 26 Jahre exakt läßt sich organische Materie jener Zeit nun datieren; das entspricht einer Meßungenauigkeit von weniger als 0,2 Prozent. So weiß der Grabungstechniker, wie alt die Baumscheibe ist, die er herausgesägt hat: nicht weniger als 13 700 Jahre.

Menschheitsgeschichte schichtenweise

Nicht nur der Wald ist damit datiert. In derselben Bodenschicht, auf der die Kiefern und Birken wuchsen, wurden auch Überreste menschlicher Tätigkeit gefunden, die folglich aus genau derselben Epoche stammen müssen. Vor dem inneren Auge des Besuchers ersteht die damalige Landschaft neu: ein Waldrand am Ufer eines Sees – ein guter Platz für die Menschen des Spätpa-

Eine vier Meter mächtige Torfschicht hat die Bäume über die Jahrtausende konserviert. Der Kiefernstubben (links) hat noch seine ursprüngliche Lage, er wurzelt im Sand unter dem Torf.

läolithikums. Die ahnten natürlich nicht, daß 50 Meter unter ihnen ein Braunkohleflöz liegt, das Jahrtausende später einmal ausgegraben werden sollte. Und zwar von Angehörigen einer Kultur, die nicht nur Kohle verbrennt, sondern sogar die Steinwerkzeuge sammelt, die dabei mit ans Tageslicht kommen.

Die Menschen der Altsteinzeit waren Wildbeuter, oder Jäger und Sammler, sie zogen von Ort zu Ort, immer dorthin, wo sie Nahrung zu finden hofften. Ihnen gilt die ganze Aufmerksamkeit der Archäologen. Und das, obwohl mit Überresten von Urmenschen in Reichwalde gar nicht zu rechnen ist. Im kalkarmen und sauren Milieu des Bodens haben sich über die Jahrtausende nämlich bis auf ein paar millimetergroße Tierknochensplitter, die aus einer Feuerstelle geborgen wurden, alle Skelettrelikte aufgelöst.

Jürgen Vollbrecht muß mit seinem Team nicht am Lagerfeuer kampieren. Er ist am Rand des Fleckens Schadendorf untergebracht, in einem ehemaligen Bauhof aus DDR-Zeiten. Von dort fährt er mit seinem altersschwachen Allrad-Pick-up am Loch des Reichwalder Tagebaus entlang in einer riesigen Staubwolke zur Grabungsstelle. Er hat seinen baumlangen Körper hinter das Steuer geklemmt und fängt jede Bodenwelle, jedes Schlagloch gekonnt ab – Archäologie ist immer auch ein Stück Abenteuerexpedition, im niederschlesischen Oberlausitzkreis nicht anders als in noch exotischeren Landstrichen.

Auf dem Weg zu den paläolithischen Fundstellen fällt der Blick zunächst auf eine runde Steinstruktur, die aus einer der oberen Bodenschichten freigelegt wurde. »Spätes Mittelalter«, sagt Vollbrecht etwas geringschätzig – viel zu jung, um seine Begeisterung zu wecken. Es handelt sich um einen Teerofen, mit dem in ausgeklügelter Technik Holzteer gewonnen wurde, oder Pech, wie man es damals nannte: eines der wenigen Produkte, die jahrhundertelang von hier den Weg in den Fernhandel antraten, bis zu den Hafenstädten der Ostsee, wo Pech ein begehrtes Mittel zur Abdichtung von Schiffen war.

Etwas abseits, in einer tieferen Schicht, wird unter der Leitung von Dr. Derk Wirtz nach Spuren der Bronzezeit gegraben. Am Rande des Moores lag seit dem 14. vorchristlichen Jahrhundert etwa 900 Jahre lang eine Siedlung, die Gräberfelder und Keramikscherben hinterlassen hat, darunter auch Keramik der nach dieser Gegend benannten Lausitzer Kultur. Neben Vorrats- und Abfallgruben sind es vor allem zwei ergrabene Hausgrundrisse, deren Pfostenlöcher die Besiedlung belegen. Aber leider – anders als unter meterdickem nassen Torf ist hier das Holz nicht konserviert worden. Nur zarte Spuren sind im Boden geblieben, die, wenn sie einmal akribisch dokumentiert sind, mit der Grabung zugleich vernichtet werden. Archäologenalltag.

Wieder etwas tiefer in der Erde liegen Spuren des Mesolithikums, der Mittelsteinzeit, die nach dem Ende des Eiszeitalters einsetzte. Noch immer waren die Menschen Jäger und Sammler, aber das mildere Klima sorgte für bessere Lebensverhältnisse und kulturelle Fortschritte, wie sie sich in der verfeinerten Werkzeugherstellung zeigen. Auch diese Periode ist Gegenstand systematischer Grabungen in Reichwalde, doch liegen für sie bisher nur wenige Ergebnisse vor. Eine Frage interessiert die Ausgräber besonders: Wie vollzog sich der Übergang von der Mittelsteinzeit zum Neolithikum, jene Revolution um das Jahr 5000 v. Chr., die aus Jägern und Sammlern seßhafte Bauern machte, die eine differenzierte Gesellschaft hervorbrachte, die am Anfang aller Hochkulturen stand? Offenbar lebten andernorts, etwa im sächsischen Elbtal, schon die »modernen« Neusteinzeitler, als in der Oberlausitz noch gejagt und gesammelt wurde. Haben die Menschen, die hier lebten, Errungenschaften wie Keramik, feste Behausungen und Viehzucht sich selbst angeeignet, oder wurden die Neuerungen von außen in das Gebiet hineingetragen? Viele offene Fragen, die im Zeichen des unerbittlich vorrückenden Braunkohlebaggers auf Klärung warten.

An der steilen Böschung, die zur Kohle hinunterführt, arbeitet Olaf Ullrich, der Geologe des Teams, an minuziösen Unter-

Biologische Reste im Torf erlauben eine Rekonstruktion der steinzeitlichen Umwelt: links die Schale einer Süßwassermuschel aus dem See, der später zum Moor wurde, rechts eine Probe zur Pollenbestimmung.

suchungen der Tagebauwand. Er vermißt das Profil, zeichnet, dokumentiert die Schichtung, prüft die Körnung des Sandes – die Geologie ist die Mutter der Archäologie. Nur wer die verschiedenen Schichten richtig deutet, kann aus ihnen Geschichten herauslesen. Man muß beispielsweise Flugsand, glaziale Sedimente und Urstrom-Ablagerungen unterscheiden können, um die Bodenfunde richtig einzuordnen. Wie sah die Landschaft aus, als die Menschen der Altsteinzeit hier jagten? Liegen die Funde noch so, wie sie damals hinterlassen wurden, oder haben sich die Sand- und Bodenschichten später verlagert? Die Geologie hilft, Antworten zu finden.

Spurensicherung am Tatort

Hart an der Abbaukante des Tagebaus geht Jürgen Vollbrecht über seine frisch vorbereitete Grabungsfläche. Ein Bagger macht einen Schnitt von 40 Metern Länge, um eine erste Orientierung zu ermöglichen. Der Baggerführer steuert seine Hydraulik mit viel Fingerspitzengefühl, denn hier geht es schließlich nicht um eine banale Baugrube. In dem Graben, den er aushebt, ist schon

Andrea Renno, die Bodenkundlerin, beschäftigt. Boden, das ist für die Fachfrau keineswegs alles, was der Bagger durchschneidet. Boden ist nur das, was durch die Vegetation entstanden ist, zum Beispiel Humus. Auch für sie ist ein geschultes Auge das wichtigste Handwerkszeug. Wenn sie erläutert, wo einmal eine kleine Senke war, wo sich Boden gebildet hat, wie die Bodenbildung darunterliegende Schichten gebleicht oder mit humosen Infiltrationen durchsetzt hat, dann erschließt sich ein ganzes Drama vorgeschichtlicher Umweltveränderungen. Mit kleinen Blechkästen entnimmt sie dort, wo die interessantesten Verfärbungen zu beobachten sind, Proben für genauere Untersuchungen unter dem Mikroskop.

Vollbrecht gesellt sich zu ihr und beginnt mit seiner kleinen Kelle geradezu zärtlich über das ausgebaggerte Profil zu kratzen. Ihn, den Archäologen, interessiert in diesem Augenblick nur

Ein Kiefernstück, wie es zur Altersbestimmung im Labor verwendet wird. Erst nach der Freilegung bilden sich durch die Austrocknung Risse, zuvor war es im Moor perfekt konserviert.

eins: Wird sich seine Vermutung bestätigen, daß auch hier von Menschen hergestellte Steinsplitter zu finden sind? Leider nein. Dies ist nicht der Tag der sensationellen Funde. Schnell zeigt sich, daß die paläolithische Schicht an dieser Stelle gestört ist, daß spätere Einflüsse die ursprüngliche Abfolge der angeschnittenen Horizonte durcheinandergebracht haben. Aber auch das ist kein unwichtiges Ergebnis. Mit ein paar Anweisungen an die Grabungshelfer, die in vorbereiteten Quadraten jeden Krümel Erde untersuchen, zieht Jürgen Vollbrecht die Konsequenz: Für die von ihm ausgewählte Suchstrategie ist mitunter auch eine Fehlanzeige wichtig, denn sie hilft, in der knappen zur Verfügung stehenden Zeit überflüssigen Aufwand zu vermeiden.

Auch sonst sind sensationelle Funde ganz seltene Momente in der Arbeit des Steinzeitforschers. Vielleicht zählt dazu der Tag, an dem der Archäologe und Moorkundler Paul van der Kroft als erster in der Tagebauwand den Rest einer Feuerstelle und einige Steinartefakte entdeckte, von Urmenschen gemachte Gegenstände. Aber meist ist es die akribische Kleinarbeit, die in diesem Metier die größten Früchte trägt. Mehr als 20 000 Steinfunde – darunter Werkzeuge, aber auch Absplisse von wenigen Millimetern Größe – sind in Reichwalde während knapp zweijähriger Arbeit zutage gefördert worden. Jedes einzelne von ihnen wurde genau untersucht, bestimmt, beschriftet und vermessen. Die Meßdaten über die Lage jedes Fundstücks in drei Dimensionen, die mit einer »Totalstation« sofort elektronisch erfaßt werden, mögen für den Uneingeweihten den Ruch von Erbsenzählerei haben. Aber gerade sie können sich als Datenbasis für überraschende Erkenntnisse erweisen.

Vollbrecht klappt seinen Laptop-Computer auf. Auf dem Display erscheint ein Muster schwarzer Punkte. Jeder steht für ein Stückchen Feuerstein, das die Experten als Artefakt identifiziert haben – sei es ein steinzeitliches Werkzeug oder ein Abfallprodukt der Werkzeugherstellung. Mit der Maus steuert der Archäologe den Cursor über den Bildschirm. Hier ein Haufen, da ein Haufen, Konzentrationen von Fundstücken, die schon erste Rückschlüsse zulassen. Offenbar waren Menschen des Spätpaläolithikums an diesen Stellen damit beschäftigt, Steine zu behauen. Vielleicht haben unsere Vorfahren hier, am Ufer des Sees, im Schatten des nahen Waldrandes, in gemütlicher Runde singend am Feuer gesessen und Werkzeuge hergestellt. Oder sie haben sich einen Vorrat von Abschlägen zugelegt, die bei Bedarf schnell zu fertigen Werkzeugen weiterbearbeitet werden können, Halbzeug sozusagen. Schließlich sind hier nur Artefakte im allgemeinen kartiert. Was für ein Stück jeder Punkt im einzelnen repräsentiert, geht aus der Computergrafik nicht hervor. Aber, so kristallisiert sich schnell heraus, die Darstellung läßt doch verblüffende Rückschlüsse zu. »Hier war eine Feuerstelle, wie wir aus Resten von Holzkohle ablesen können«, sagt Vollbrecht. Um die Feuerstelle herum sieht man auf dem Computerdisplay mehrere Steinkonzentrationen. Und dann, in einem Radius von rund zwei Metern, einen weiteren Kreis von einzelnen, verstreuten Punkten. Der Grabungsleiter, der sonst so vorsichtig mit Deutungen ist, sieht darin einen eindeutigen Befund: »Hier stand ein Zelt«, lautet seine bündige Auskunft. »Die Menschen, die in der Mitte saßen, haben alles, was sie nicht mehr brauchten, hinter sich geworfen. Um sie herum war eine Zone, in der die Stücke, die im Weg lagen, zur Seite getreten wurden. Aber weiter als bis zur Zeltwand konnte logischerweise kein Stein kommen.«

Die Handschrift des Werkzeugmachers

Weitere Erkenntnisse ergeben sich aus der Untersuchung jedes einzelnen Steinartefakts. Feuersteinknollen, die aus benachbarten Gegenden herbeigetragen wurden, bilden das Ausgangsmaterial. Mit steinernen Schlegeln wurden davon Teile abgeschlagen. Jürgen Vollbrecht hat in geduldiger Puzzlearbeit aus Tausenden von Stücken diejenigen herausgefunden, die genau zu einer Knolle zusammenpassen. Das Gefühl, wenn es »klick« macht, wenn sich endlich zwei Abschläge nahtlos ineinanderfügen, läßt seine Augen aufleuchten wie ein Volltreffer im Roulett. Wieder ist es, als wären wir Zeitzeugen des Spätpaläolithikums. Die Steinstücke, die Vollbrecht in seiner großen Hand hält, ergeben zusammen den Stein, mit dem die Arbeit des prähistorischen Werkzeugmachers begann. Sie lassen genau erkennen, wie er gearbeitet hat: Hier ist ihm ein Stück mißraten, da gab es einen Einschluß im Stein, der das durchgängige Abschlagen verhindert hat, und dort hatte er noch Hoffnung, ein brauchbares Stück zu gewinnen. Schließlich hat er auch den zurückbleibenden Kern weggeworfen, denn Flintstein war kein knappes Gut.

Im Winterhalbjahr, wenn das Wetter keinen Grabungsfortschritt erlaubt, bleibt genug Zeit, um sich den Einzelheiten der 20 000 Steinartefakte zu widmen. Manchmal sehen die Archäologen in solchen Momenten Dinge, die den Außenstehenden nur noch staunen lassen. Zum Beispiel, wenn einer behauptet, die »Handschrift« eines einzelnen Allerød-Menschen bei der Steinbearbeitung zu erkennen: »Hier ist wieder ein Stück von dem, der immer danebengehauen hat.« – »Und hier der mit dem Faible für genau abgezirkelte Rundungen.« So geht es zu, wenn hochqualifizierte Experten sich in Details vertiefen. Wenn die Steinzeitmenschen, um die sich alle Fragen drehen, mit ihren Relikten allgegenwärtig sind und zugleich ungreifbar bleiben, Lichtjahre entfernt.

Die gesicherten Erkenntnisse sind demgegenüber eindrucks-

Oben: Der helle Feuerstein, aus dem dieses Werkzeug gefertigt wurde, ist durchscheinend und zeigt Einschlüsse aus dem urzeitlichen Meer, in dem er entstanden ist.
Unten: Typische Werkzeuge aus der Zeit des Allerød-Interstadials: oben ein sogenanntes »Federmesser«, unten ein Kratzer, mit dem zum Beispiel Fell-Innenseiten gesäubert wurden.

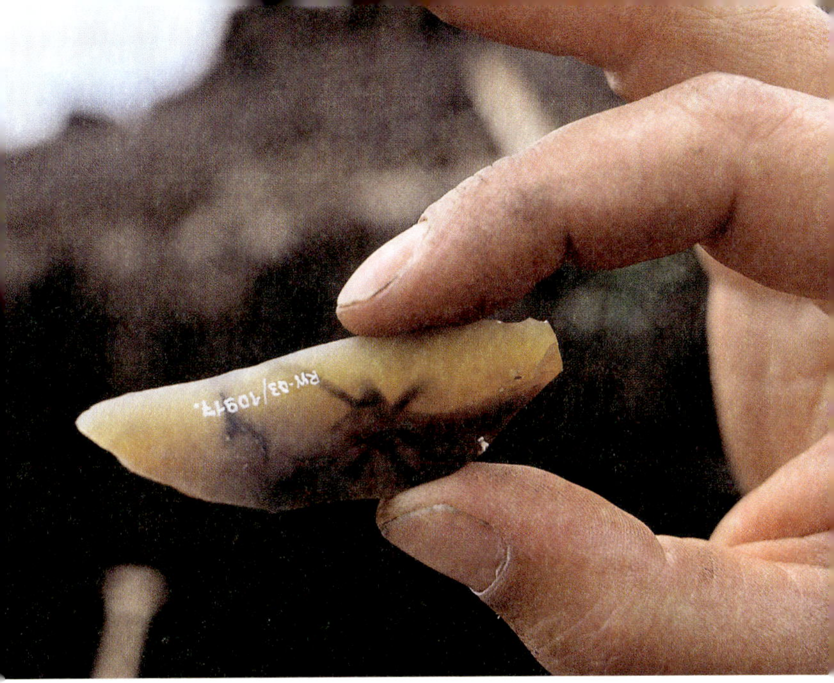

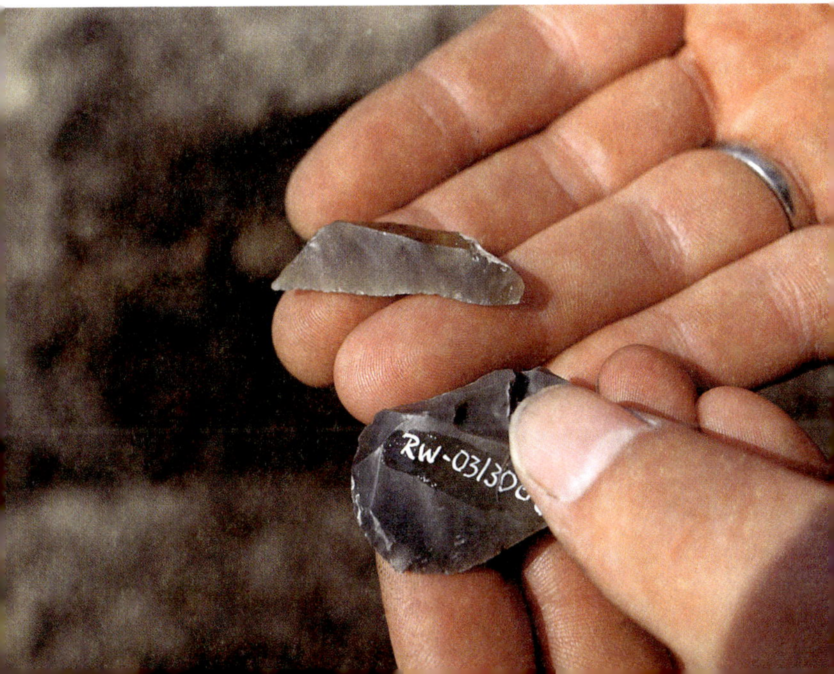
RW-03/30

voll genug. Aus den Feuerstein-Abschlägen entstanden verschiedene typische Formen, zunächst sogenannte Klingen, die schon so scharfkantig sind, daß man damit ohne weiteres Fleisch und Sehnen durchtrennen kann. Oftmals wurden sie noch weiter bearbeitet. Zum Beispiel durch sogenannte Retuschen, millimeterfeine Zuformungen mit feinen Schlägen, die die Kanten stumpf und stabil machten. Da gibt es Kratzer zur Säuberung der Innenseite von Fellen oder Bohrer, mit denen etwa Leder zur Weiterverarbeitung durchlocht werden konnte. Typisch für die Zeit des Allerød-Interstadials sind die sogenannten Federmesser, wenige Zentimeter große, halbmondförmige Steine mit einer scharfen Kante und Spitze. Sie waren natürlich nicht wirklich Federmesser. Laut einer der Hypothesen über ihren Verwendungszweck kamen sie, in Holz geschäftet, als Pfeilspitzen bei der Jagd zum

Das Holz der Steinzeit-Bäume fühlt sich schwer und naß an – wie frisch geschlagen. Faszinierend die Vorstellung, daß die Steinzeit-Menschen in ihrem Schatten Werkzeuge gefertigt haben.

Einsatz. In der Nachbarschaft der Steine einmal einen wirklichen hölzernen Bogen zu finden, der diese Annahme belegt – das wäre eine wirkliche Sternstunde.

Zelte, Pfeil und Bogen – in Umrissen zeichnet sich ab, wie die Menschen am Rand des ergrabenen Kiefernwalds gelebt haben. Doch viele Fragen sind noch zu klären, bis ein rundes Bild der Lebensverhältnisse jener Zeit entworfen werden kann. Wie war der zeitliche Ablauf zwischen den Steinkonzentrationen, die der Lageplan auf dem Computer ausweist? Die Menschen der Altsteinzeit waren bekanntlich Nomaden, und sie haben bestimmte Lagerstätten in gewissen Abständen immer wieder aufgesucht. Wie oft waren sie an den Feuerstellen von Reichwalde? Wie lange? Haben sie eine ganze Saison hier verbracht, waren sie nur kurz hier, zur Jagd oder nur zum Werkzeugmachen? Noch ist das Projekt Braunkohle des Sächsischen Landesamts für Archäologie nicht abgeschlossen, noch gibt es viele Daten auszuwerten und viele Analysen durchzuführen. Danach werden wir ein Stück mehr wissen über die Besiedlungsgeschichte der Lausitz in der späten Altsteinzeit und über das Leben der Menschen vor 14 000 Jahren. An der Beantwortung dieser Fragen werden auch Archäologen vieler anderer Ausgrabungsstätten ihren Anteil haben.

Und nicht nur die Archäologen. Der interdisziplinäre Ansatz des Projekts Braunkohle in Reichwalde ist noch längst nicht ausgeschöpft. Welche Pflanzen wuchsen hier außer den ausgegrabenen Kiefern und Birken? Pollenanalysen können Aufschluß geben. Dann ließen sich weitere Rückschlüsse auf das Klima ziehen – und auf die Tiere, die hier lebten. Haben die Menschen hier Rothirsche, Elche oder Kleinwild gejagt? Und wie hat sich das Moor entwickelt? Die mächtigen Torfschichten enthalten Pflanzenreste, die von Botanikern nach Jahrtausenden noch genau bestimmbar sind. Einige Steine des großen Puzzles sind schon zusammengefügt wie die Feuerstein-Abschläge in Vollbrechts Hand, aber große Flächen des Bildes sind noch zu ergän-

Die Bäume von Reichwalde wurden bis zu 250 Jahre alt und über 20 Meter hoch, einige von ihnen überlebten sogar einen Waldbrand, der um das Jahr 11 480 v. Chr. ausbrach.

zen, durch unsere Phantasie, durch kriminalistischen Spürsinn und durch exakte wissenschaftliche Arbeit.

Ein Grabungstag geht zu Ende. Jürgen Vollbrecht steigt in seinen Geländewagen. Durch ein Wolkenloch leuchtet das Abendrot. Hinter dem Erdwall, den der Bagger bei der Grabungsfläche aufgeworfen hat, ragt das Kraftwerk Boxberg mit seinen Schloten schwarz in den Gewitterhimmel. Braunkohle war zu Zeiten der DDR der Energieträger Nummer eins. Generationen vor uns mußten zum Heizen Briketts und Eierkohlen schleppen. Generationen nach uns werden vielleicht mit den Folgen von Klimawandel und Treibhauseffekt leben müssen. Vollbrecht, wen wundert's, hält allerdings eine neue Eiszeit für wahrschein-

254

licher. Wie auch immer, der Braunkohleabbau hat Funde möglich gemacht, die von einer gemäßigten Klimaphase am Ende der
letzten Eiszeit zeugen. Sie dauerte 1000 Jahre – nur ein kurzer
Moment in der Entwicklung der Menschheit.

Stephan Lamby

Jäger der Urzeit

In Schöningen gehen die Uhren langsamer als anderswo. An der Ortseinfahrt der niedersächsischen Kleinstadt macht ein Schild Reklame für eine Tankstelle, die der letzte Kunde vermutlich vor der Ölkrise 1973 beehrt hat. Der Bahnhof wirkt an diesem regnerischen Tag so verschlafen, als würden durch ihn nicht mehr als zwei Züge am Tag fahren – einer am Morgen, einer am Abend. Und ein paar Kilometer entfernt, entlang der ehemaligen deutsch-deutschen Grenze, stehen noch Reste der alten Grenzanlage. Fast so, als habe man sie vergessen. Auch die riesigen Bagger, deren Spitzen aus den Braunkohlegruben ragen und die an urzeitliche Saurier erinnern, bewegen sich nicht eben rasant. »Wenn sie ihren Standort wechseln, legen sie in der Stunde sieben Meter zurück!« schreit ein Bergbau-Ingenieur, um den Lärm der Ungetüme zu übertönen. Schöningen bei Helmstedt lag einmal im Zonenrandgebiet, vom Lauf der Geschichte ins Abseits gedrängt. Seit dem Zusammenbruch der DDR befindet sich der Ort plötzlich im Herzen Deutschlands, sogar im Herzen Europas. Und dennoch wird die Menschen hier nichts so schnell aus der Ruhe bringen.

Auch als die Archäologen im Herbst 1995 im Tagebau Tierknochen und hölzerne Jagdwaffen fanden, ging bei den Anwohnern der Puls nicht schneller. Irgendwann hieß es, die Forscher seien Menschen auf die Spur gekommen, die hier vor einigen

Vorhergehende Doppelseite:
Durch die guten Erhaltungsbedingungen sind in den hochwarmzeitlichen Schichten der Reinsdorf-Warmzeit (rund 400 000 Jahre alt) umfangreiche Fossilreste überliefert. Dieser ausgeschlämmte Probenrückstand enthält zahlreiche Knochen sowie Zähne von Kleinsäugern, Schnecken, pflanzliche Makroreste und Kleinkies.

Braunkohlentagebau Schöningen im Herbst 1994. Grabungssituation in der hohen Abbauwand: Unaufhaltsam rückt im Hintergrund Schaufelrad-bagger 43 heran. Im Vordergrund wird das dunkle Schichtpaket ausgegra-ben, das zahlreiche Knochen vom Wildpferd und Steinwerkzeuge enthält. 1995 wird hier der erste Wurfspeer entdeckt.

hunderttausend Jahren gelebt hatten. Gewissermaßen die Vor-fahren der Schöninger. Das war dann doch eine Sensation, stand sogar in der Zeitung. Einige Bürger gingen hinaus zum Tagebau, um nachzuschauen. Und kamen mit leuchtenden Augen nach Hause. Da draußen, am Stadtrand, hinter der Kleingärtnersied-lung, da tat sich etwas. Doch daß ihr Ort durch die Funde welt-weit bekannt werden würde, das konnten sie nicht ahnen.

Dr. Hartmut Thieme ist ein Mann, der Staub aufwirbelt. Schon wenn er eilig über den Feldweg am Tagebaurand fährt, erkennen ihn seine Mitarbeiter von weitem. »Der Doktor kommt«, sagen sie dann respektvoll. Thieme steigt aus und hält sich nicht lange mit Vorreden auf, kommt gleich zur Sache. »Was hier in Schöningen gefunden wurde«, erklärt er, »ist einmalig. Das vermittelt ein völlig neues Bild vom frühzeitlichen Menschen.« Von Anfang an sei seine Arbeit ein Rennen mit der Zeit gewesen. Wenn nicht vor vier Jahren die Unternehmensleitung der Braunschweigischen Kohlen-Bergwerke AG, kurz BKB, die Bedeutung seiner jüngsten Entdeckung erkannt und daraufhin den neuen Fundplatz großräumig zunächst von der Tagebauerschließung ausgespart hätte, wären die Spuren des Homo erectus von Schöningen für alle Ewigkeit zerstört worden, die völlig neuen Erkenntnisse verloren.

Wie alles anfing

Alles begann, als sich 1982 der Schaufelradbagger Nummer 40, ein ungeheures Monstrum aus Stahl, durch die Erdschichten eines benachbarten Tagebauabschnitts fraß. Um zu verhindern, daß im Vorfeld ur- und frühgeschichtliche Siedlungsreste unerkannt verlorengehen, wird seitdem der Tagebau gezielt von einem archäologischen Großprojekt begleitet. Die Forscher standen immer unter Zeitdruck. Denn anders als sie machte der Bagger keine Pause, Tag und Nacht war er im Einsatz. Aber der Bagger war nicht nur Gegner, er war auch Freund. Als Jahre später ein noch größeres Monstrum, Bagger 43, in einem Baufeld am Stadtrand von Schöningen eingesetzt wurde, legte es Schichten frei, an die Hartmut Thieme und sein Team nicht so ohne wei-

Der rund 400 000 Jahre alte Speer II aus der frühen Altsteinzeit wurde in Originallage auf einem Sedimentblock in einem Metallkasten geborgen. Die Basis des Speers ist abgebrochen. Darunter ein Beckenfragment vom Pferd.

Mai 1995: Von der Tagebauerschließung ausgespart, ragt ein mächtiger Sedimentsockel (60 x 50 Meter) mit fast vollständiger Schichtenfolge in den Tagebau. Im Hintergrund das Kraftwerk Offleben der Braunschweigische Kohlen-Bergwerke AG (BKB), Helmstedt.

teres herangekommen wären. Etwa 15 Meter tief im Boden wurden 1992 mächtige warmzeitliche Ablagerungen freigelegt. In ihnen entdeckten Thieme und seine Mitarbeiter Knochen von Großsäugern und Steinwerkzeuge. Offenbar hatten hier am Rande des Harzes vor einigen hunderttausend Jahren, in der Altsteinzeit, Urmenschen gelebt. Wie sie gelebt hatten, wie sie sich ernährten und wie sie sich vor winterlicher Kälte schützten, darüber konnte zunächst nur spekuliert werden. Aber die Archäologen ahnten, daß der Bagger in den folgenden Jahren noch mehr freilegen würde. Sie sollten nicht enttäuscht werden.

Im Jahr 1994 war es wieder der Schaufelradbagger 43, der den Archäologen innerhalb kurzer Zeit eine wahre Schatztruhe an Funden und Erkenntnissen öffnete. Bagger 43 hatte sich durch Kies und Sand gefressen und war, in etwa zwölf Meter Tiefe, auf Schichten aus der frühen Holstein-Warmzeit gestoßen. Hartmut Thieme bat die Werksleitung der BKB, mit weiteren Arbeiten bis zu einer Sondiergrabung zu warten. Und schon bald fanden die Forscher einen etwa 1,70 Meter langen Stoßzahn eines Steppenelefanten. Peter Pfarr, ein alter Hase unter den Grabungstechnikern, und sein Mitarbeiter Wolfgang Mertens legten Zentimeter um Zentimeter des Fundes frei.

Eine Woche später kamen auch Feuersteinwerkzeuge zutage, deren Alter auf etwa 500 000 Jahre geschätzt wurde. Noch nie waren in Niedersachsen ältere Spuren menschlichen Lebens gefunden worden. Was nun folgte, wird Hartmut Thieme vermutlich ebensowenig vergessen wie die Funde selbst. Zwar konnte er die BKB davon überzeugen, um den Fundort in den kommenden drei Monaten mit ihren Baggern einen Bogen zu machen. Doch als Thieme bei der niedersächsischen Landesregierung anklopfte, um die Finanzmittel für eine umfangreiche Freilegung zu erhalten, zeigte man ihm, so erinnert er sich, nur die kalte Schulter. Daraufhin fing eine viel zu kleine Grabungsmannschaft mit einem viel zu geringen Etat an, das Gelände genauer zu erkunden. Schon bald entdeckten sie Rinder- und Bisonknochen,

Reste von Hirschen und Pferden. Und weitere Feuersteinwerkzeuge. Wie die Landschaft damals aussah, wie sich die Menschen damals in ihr bewegten und vor allem, wie gejagt wurde – das alles wußten Thiemes Leute noch nicht. Doch sie hatten mit der Erkundung des Geländes ja gerade erst begonnen.

Bereits zwei Jahre zuvor waren die Forscher am Rand eines ehemaligen Seeufers auf Funde gestoßen, die in eine bis dahin unbekannte Warmzeit, die Reinsdorf-Warmzeit (Alter ca. 400 000 Jahre), gehörten. Außer Resten von Fröschen sowie Skelettresten von Fischen, Bibern und Vögeln am Ufer des Sees, an dem in der Hochwarmzeit ein Laubmischwald gestanden hatte, konnten die Archäologen mehr als 1000 Knochen von Großsäugern bergen. Darunter waren auch die von Tieren, die man heute nur aus Afrika oder Asien kennt, oder die bereits ausgestorben sind. Das Klima während dieser Warmzeit war im Jahresmittel um zwei bis drei Grad wärmer als unser heutiges. So fanden sich neben den Knochenresten von Bären, Wildschweinen und Hirschen auch die Überbleibsel von Waldnashörnern und Waldelefanten. Auf all diese Großsäuger hatten die Urmenschen Jagd gemacht. Und vor allem auch auf Wildpferde, von denen in Schöningen ab Herbst 1994 zahlreiche Knochen gefunden wurden.

Weltsensation in Niedersachsen

Hartmut Thieme holt einen Karton hervor und packt den erstaunlich gut erhaltenen Schädel eines Pferdes aus. Dieser ist durch die Belastung des Erdreichs zwar eingedrückt, doch seine längliche Form ist mühelos zu erkennen. Für die Evolutionsgeschichte der Pferde sind vor allem die komplett überlieferten Zahnreihen bedeutsam. Die 400 000 Jahre, die der Schädel im Boden gelegen hat, haben kaum Spuren hinterlassen. Der Fund wirkt, als sei das Pferd erst vor kurzem Jägern zum Opfer gefallen und verendet. Aus einem zweiten Karton holt Thieme den dazugehörigen Unterkiefer. Auch er ist hervorragend erhalten.

Einige Knochen weisen tiefe Kratz- und Schnittspuren auf. Nicht weit von diesen Funden entfernt lagen sorgfältig zugerichtete Feuersteinwerkzeuge. Der Schluß liegt nahe, daß die Urmenschen mit diesen frühen Werkzeugen ihre Jagdbeute zerlegt und ausgeweidet haben. Auf der Ausgrabungsstätte fanden sich auch die Überreste von mehreren Feuerstellen. Holzkohle kam ans Tageslicht. Dazu ein knapp ein Meter langer Holzstab, der an seinem oberen Ende verkohlt war. Er hatte allem Anschein nach dazu gedient, das Feuer zu schüren. Denkbar auch, daß man mit ihm das Fleisch der erlegten Tiere aufspießte und über dem offenen Feuer briet. Die Fähigkeit, Feuer zu entfachen oder zu hüten, hatte neben der Nahrungszubereitung noch einen weiteren Vorteil. Die Menschen der Warmzeit konnten in ihrer Region bleiben, auch während der Wintermonate. Sie mußten nicht wie viele Tiere in wärmere Gefilde ausweichen, wenn es Kälteeinbrüche gab.

Andere Funde zeigen, wie weit das handwerkliche Geschick der Menschen bereits vor etwa 400 000 Jahren entwickelt war. In Schöningen fanden sich bis zu 32 Zentimeter lange Aststücke, deren oberes Ende mit Feuersteinwerkzeugen eingeschnittene Kerben enthielten. In diese waren früher vermutlich scharfkantige Feuersteine eingeklemmt. Mit den Geräten, die an heutige Teppichmesser erinnern, konnten die Menschen damals beispielsweise die Sehnen der erlegten Tiere durchtrennen oder gezielt Fleisch zerlegen und portionieren. Nirgendwo sonst in der Welt wurden bisher derartige Werkzeuge aus dieser Zeit gefunden. Sie sind der älteste Nachweis sogenannter Komposit-Geräte – zweier aus verschiedenen Materialien, Holz und Stein, zusammengesetzter Geräte.

Detail der auf mehr als 60 Zentimeter Länge aus einem Fichtenstämmchen herausgearbeiteten Spitze von Speer II. Deutlich sind die abgearbeiteten Astansätze und die Jahrringe zu erkennen.

Zügig geht Hartmut Thieme durch die Gänge seines Instituts in Hannover. Hier wird die Denkmalpflege des Landes Niedersachsen organisiert und verwaltet. Als sich der Archäologe dem Labor nähert, wird sein Tempo merklich langsamer. Mit behutsamen Schritten und gedämpfter Stimme nähert er sich dem Raum, in dem sich ein archäologischer Schatz befindet. Strenggenommen besteht er nur aus Hölzern, lang und dünn. Für den Unwissenden nichts Besonderes. Doch für Thieme steckt in diesen Blechwannen der wahre Lohn für jahrelange, geduldige Arbeit. Etwas, was es so kein zweites Mal gibt auf der Welt. Etwas, um das ihn Archäologen selbst aus weit entfernten Ländern beneiden. Etwas, das Wissenschaftler aus Amerika, Japan, Australien elektrisiert. Etwas, das den Namen Schöningen aus der verschlafenen Idylle des Harzvorlands reißt und der Stadt in den wissenschaftlichen Debatten einen unverwechselbaren Klang verleiht.

Grabungssituation Ende August 1995 mit dem frühaltsteinzeitlichen Fundhorizont direkt unterhalb eines Torfes: links ein Ausschnitt aus der dichten Konzentration von Großsäugerresten (Pferde), direkt neben der großen Fototafel ein Schädel vom Wildpferd, rechts auf dem quadratischen Sockel die zugespitzte Basis eines Holzspeeres (Speer I).

Behutsam hebt Hartmut Thieme die langen Blechdeckel von den Wannen, und der Betrachter kann einen ersten Blick auf die Objekte werfen. Dann tritt er, als wäre nicht genug Spannung im Raum, zwei, drei Meter zurück und zieht sich langsam und sorgfältig ein Paar Gummihandschuhe an. Schließlich greift er in eine der Wannen. Seine Handschuhe gleiten durch destilliertes Wasser. Mit ruhiger Hand zieht Hartmut Thieme jetzt einen Speer hervor und hält ihn in das Licht der Deckenbeleuchtung. »Kaum zu glauben«, sagt er leise, »wie alt dieses Stück ist. Kaum zu glauben, über welche handwerklichen Fähigkeiten die Menschen damals verfügten.«

Es sind keine Gegenstände, die zufällig aufgefunden und dann zur Jagd eingesetzt wurden, sondern Waffen, die für diesen Zweck eigens hergestellt worden waren – vor fast einer halben Million Jahren! »Diese Speere«, so Thieme, »erinnern an moderne Wurfspeere.« Und tatsächlich ist erkennbar, wie präzise die Hölzer bearbeitet wurden. Auf ihrer gesamten Länge – der kleinste Speer mißt 1,82, der längste 2,50 Meter – sind sie erstaunlich ebenförmig, an ihrem vorderen Ende laufen sie völlig symmetrisch spitz zu. Alle Astansätze sind entfernt. Die Herstellung eines solchen Speeres setzt nicht nur handwerkliche Fertigkeiten voraus, sondern auch detailliertes Wissen um die Beschaffenheit von Holz. Denn die Speerspitzen wurden aus den Basisbereichen von Fichtenstämmen herausgearbeitet, die besonders hart sind: ein bewußtes, geplantes Vorgehen in einer Zeit, zu der wir das bislang für undenkbar hielten.

Der Plan der Jäger

So zeichnet sich für diesen neuentdeckten Fundplatz in Schöningen ein Szenario der Jagd des Homo erectus vor 400 000 Jahren ab, für das es aus dieser frühen Zeit bislang keine Belege gab. Nach der Schilderung von Hartmut Thieme weideten Wildpferde am Ufer des Sees. Die Urmenschen kannten natürlich das Verhalten der Tiere genau und entwickelten einen Jagdplan. Sie legten sich mit ihren Wurfspeeren auf die Lauer, vermutlich hinter Büschen versteckt. Auch der Wind muß günstig gestanden haben, sonst wären sie von den empfindsamen Tieren gleich gewittert worden. Als eine Herde von Wildpferden zum Seeufer gezogen kam (»nichts Böses ahnend«, wie sich Thieme ausdrückt), sprangen die Jäger hervor und warfen ihre Speere auf die Tiere. Die bisherigen Ausgrabungsergebnisse lassen darauf schließen, daß die Jäger großen Erfolg hatten. Denn die Wurfspeere wurden inmitten der zerlegten Jagdbeute von immerhin 18 Pferden gefunden. Offenbar waren die Speere so sorgfältig hergestellt worden, daß sie nicht nur 20 bis 30 Meter weit flogen und ihr Ziel trafen. Sie verletzten die Tiere auch so stark, daß sie verendeten.

Der Jagd- und Tötungsplatz wird anschließend auch das Lager des Homo erectus von Schöningen gewesen sein. Denn an der Ausgrabungsstelle wurden außerdem fünf Feuerstellen entdeckt. Die durch die Feuereinwirkung rot gefärbte Erde wurde bei der Ausgrabung der Archäologen zunächst ausgespart. Später sollen genaue Untersuchungen und Probenentnahmen erfolgen, um beispielsweise Datierungen vornehmen zu können. Um die Feuerstellen derweil vor Wind und Wetter zu schützen, wurden sie mit Plastikplanen abgedeckt, so daß sie jetzt wie Höcker bizarr in den Himmel ragen. Hier lagen auch die zum Teil verkohlten Hölzer, mit denen die Urmenschen offenbar Feuer schürten und das Fleisch in die Glut hielten. Nach Ansicht von Hartmut Thieme wurde an Ort und Stelle aber nicht nur die

Der weitgehend freigelegte Wurfspeer II (Länge etwa 2,30 Meter), daneben ein Pferdeschädel und weitere Faunenreste (Wirbel, Rippen usw.) sowie Projekt- und Grabungsleiter Hartmut Thieme mit Grabungstechniker Peter Pfarr (rechts), die zusammen seit 1983 im Tagebau Schöningen ein urgeschichtliches Langzeitprojekt zur Siedlungsgeschichte im Nordharzvorland durchführen.

Jagdbeute verzehrt, man nutzte die Felle auch, um sich vor Kälte zu schützen.

Als Wolfgang Mertens, langjähriger Mitarbeiter aus Thiemes Team, bei der Ausgrabung auf die Spitze des ersten Speeres stieß, da hatte er, nach seiner eigenen unnachahmlichen Erzählweise, eine Gänsehaut am ganzen Körper: »Das war unglaublich. Da gräbst du, und plötzlich entdeckst du so ein Stück Holz. 400 000 Jahre liegt das da, und du bist der erste, der es anschaut. Ich dachte mir nur, hoffentlich wird das Holz länger. Ich habe dann weitergegraben, und dieser Speer hat sich richtig angestrengt. Er wurde länger und länger. Und dann lagen da über zwei Meter vor mir.« Der Sensationsfund von Schöningen war ein mächtiger Motivationsschub für die Forscher, die sich schon seit vielen Jahren durch den Braunkohletagebau gewühlt hatten. Jetzt arbeiteten sie im Bewußtsein, daß jeder Fund Geschichte schreiben könnte. Selbst Kälte und Regen waren nicht imstande, sie von ihren Rettungsbemühungen abzuhalten. Und tatsächlich kamen weitere Speere zum Vorschein – bis heute insgesamt sieben Exemplare. Und nicht weit davon entfernt immer wieder Knochenreste hauptsächlich von Wildpferden, vereinzelt auch von anderen Tieren wie Wildeseln und Hirschen.

Daß die Hölzer nach einer solch langen Zeit noch so gut erhalten sind, haben sie ihrer besonderen Lage zu verdanken, dem verhältnismäßig feuchten Boden am Ufer des langgestreckten, flachen Sees. Hätten die Speere in trockeneren Erdschichten gelegen – sie wären längst zerfallen. So aber sind sie schlimmstenfalls an einigen Stellen durch die Last des Erdreichs eingedrückt. Kaum etwas fürchtet Hartmut Thieme daher mehr als eine langanhaltende Trockenheit. Die bereits ausgegrabenen Speere sind feucht und sicher im Labor deponiert. Doch die Hölzer, die auf dem Fundplatz möglicherweise noch dicht unter der Ausgrabungsfläche liegen und bislang nicht gefunden wurden, sind gefährdet. Es mag seltsam anmuten, aber während einige Mitarbeiter im stillen über den norddeutschen Landregen fluchen, freut sich ihr Chef über jeden Tropfen. Als Thieme einmal wieder über die Grabungsstätte führt und dabei von einem Regenschauer überrascht wird, kann er sich ein Lächeln nicht verkneifen.

So gut die in Sicherheit gebrachten Speere auch erhalten waren, die genaue Holzart konnte zumindest nicht gleich auf den ersten Blick ermittelt werden. Schließlich hatten die Jagdwaffen im Laufe der Jahrtausende ihre Farbe verändert – jetzt sind sie dunkelbraun, fast schon schwarz. Und ihren Geruch, bei frischem Holz untrügliches Erkennungsmerkmal, haben die Speere völlig verloren. Erst eine mikroskopische Untersuchung der Zellstruktur im Labor ergab, daß es sich bei dem Material der Wurfspeere um Fichtenholz handelt. Zusammen mit der Analyse der anderen in Schöningen gefundenen Hölzer, Blütenpollen, Früchte und Samen läßt sich so ein Bild der Vegetation, in der der Homo erectus von Schöningen lebte, rekonstruieren: eine offene Landschaft mit Wald- und Wiesensteppen und schon verhältnismäßig kühlen Temperaturen.

Daß sich Menschen in dieser frühen Zeit schon in Europa aufhielten, war den Archäologen bereits vorher bekannt. Die ältesten Reste von Urmenschen stammen aus Ostafrika und sind mehr als anderthalb Millionen Jahre alt. Bis zu 800 000 Jahre lassen sich die ältesten bisher in Europa entdeckten Reste des Homo erectus zurückdatieren. Skeletteile des Urmenschen aus dieser Zeit wurden in Ungarn, in Italien, in Frankreich und in Deutschland – bei Heidelberg und in Thüringen – gefunden. Die Ausgrabung von Schöningen liefert nun neue Erkenntnisse über den Lebensraum des Homo erectus, der sich offenbar bis an den Rand der Norddeutschen Tiefebene erstreckte. Besonders wichtig sind jedoch die Aussagen über den Zivilisationsgrad des Menschen, der vor 400 000 Jahren in Schöningen lebte. Denn er war keineswegs mehr ein primitiver Aasesser, sondern ein aktiver Jäger, der seine Handlungen durchdachte und planvoll vorbereitete.

Feuersteinwerkzeug (Schaber) mit sorgfältig zugerichteter, retuschierter Arbeitskante aus dem frühaltsteinzeitlichen Fundhorizont.

Auch die Leitung der BKB, der Betreiberfirma des Bergbaus von Schöningen, ist von den Entdeckungen beeindruckt. Einige Mitarbeiter, wie der stellvertretende Betriebsleiter Klaus Cornelius, haben die Arbeit von Thiemes Mannschaft seit über zehn Jahren verfolgt. Inzwischen hat sich ihre Neugier zu einer Leidenschaft entwickelt. Cornelius beispielsweise bildet sich am Feierabend mit archäologischer Fachliteratur weiter. So fiel es Thieme nicht mehr besonders schwer, die Werksleitung davon zu überzeugen, vorerst ein Areal von etwa 3000 Quadratmetern im Bereich des Wildpferd-Jagdlagers mit den Wurfspeeren zu verschonen. Am Rand der alten Kulturlandschaft, durch die sich die Bagger fressen, ragt nun ein Sockel Erdreich hervor. Wie ein letzter Zahn aus einem ansonsten zahnlosen Gebiß. Und auch diese letzte Erhebung schrumpft und schrumpft. Thiemes Leute tragen eine Schicht nach der anderen ab und arbeiten sich durch die Erdgeschichte. Doch ein wichtiges Steinchen fehlt bislang im Mosaik der Forscher: ein Rest des Urmenschen selbst. Für Hartmut Thieme und seine Mannschaft wird die Arbeit so schnell nicht ausgehen.

Derweil haben 50 renommierte Fachkollegen aus dem In- und Ausland einen eindringlichen Appell an den ehemaligen Ministerpräsidenten von Niedersachsen gerichtet: Bundeskanzler Gerhard Schröder möge alles in seiner Kraft Stehende tun, damit auch Schöningen in die erste Kategorie des Weltkulturerbes erhoben wird.

Erwin Keefer

Troja in Ober-
schwaben

Die weiße Kerbe im Stamm des vor vier Tagen gefällten Ahorns wird immer tiefer – in gleichmäßigem Rhythmus, Schlag für Schlag längt Wulf Hein mit seinem Beil das Rundholz exakt auf das für eine Zwischendecke benötigte Maß ab. Wie man das handwerklich gekonnt hinbringt, welcher Schlagwinkel optimal ist und wie man am wenigsten Energie für diese Arbeit braucht, hat sich Hein schon vor Jahren angeeignet – learning by doing. Und man lernt ja immer dazu, vom neuen Originalfund, bei Tagungen, Seminaren und auch jetzt gerade: Schließlich arbeitet der gelernte Schreiner hier im Freilichtbereich des oberschwäbischen Federseemuseums mit einem Steinbeil. Das Haus aus Holz, Lehm und einem Dach mit Rinde, an dem seit vier Monaten gebaut wird, ist bereits so gut wie fertig – im Innern bullert ein Kuppelofen aus Lehm und sorgt für wohlige Wärme an dem empfindlich kalten Septembertag. Irgendwo knarrt eine Motorsäge als Kontrast zur melodischen Schlagfolge des Steinbeils.

Die Häuser

Was hinter dem Museum Haus für Haus emporwächst, soll sich bis ins Jahr 2000 auf ein Dutzend Nachbauten aus lokalen urgeschichtlichen Moorsiedlungen vermehrt haben. Das hiesige Federseebecken hat es in sich, wurde doch rund um den vorzeit-

Vorhergehende Doppelseite:
Hölzerner Hausboden von Riedschachen im Federseeried. Bei den Ausgrabungen des Urgeschichtlichen Forschungsinstituts der Universität Tübingen wurden in den 20er Jahren drei steinzeitliche Dörfer mit exzellenter Holzerhaltung freigelegt.

lichen, damals nahezu zehnfach größeren See während mehr als dreieinhalb Jahrtausende auf torfig-schwankendem Grund, am Ufer und selbst im Flachwasser gebaut. Die Ruinen lagen teils über 6000 Jahre im Ried, geschützt unter mächtigen Torfen. Dann kamen die Ausgräber, erste Entdeckungen gelangen 1875. Auch heute noch ist das Moor von Archäologen bevölkert, finden neue Grabungen statt. Aus der Zeit von 4300 bis 600 v. Chr. sind bisher an die 80 Häuser und 20 Siedlungsplätze flächig erforscht, sondiert oder durch Bohrungen erfaßt – ein in dieser Dichte und zeitlichen Tiefe für die Landschaften des Pfahlbaukreises rund um die Alpen einmaliger Bestand. Hier scheint die Lust am Bauen, Tüfteln und eigenem Heim vorgeprägt, die man den Schwaben gern nachsagt.

Natürlich spielt auch das Image der Federseeregion in Tourismus und Kur eine wichtige Rolle, daß man sich für diese Art des Bauens entschieden hat: Schließlich wird das Projekt von der Stadt Bad Buchau verantwortet und kräftig von der Europäischen Union gefördert. Doch wie baut man aktuell-experimentell auf der Höhe des Forschungsstandes, welcher theoretische Entwurf hält der Praxis stand, was erachtet man als typisch und wo will man Akzente setzen? Dem Team um den Archäologen Karl Banghard, zu dem auch Wulf Hein gehört, stellt sich diese zentrale Frage von Anfang des Buchauer Freilichtprojekts an. Klar war allen, daß es am Federsee wie auch in der näheren und weiteren Umgebung eine Fülle an Funden und Befunden gab, die es zu sichten galt. Alsbald wurde deutlich, daß die Hausbauten aus der Stein-, Bronze- und Eisenzeit anders als vor 10, 25, 40 oder gar 140 Jahren aussehen würden.

Daß den vorangegangenen Rekonstruktionsversuchen von Moor- und Seeufersiedlungen seit Beginn der Pfahlbauforschung nur extrem wenige, dafür aber sehr einprägsame langlebige Vorstellungen zugrunde lagen, war dennoch ebenso erstaunlich wie die Erkenntnis, daß die Federsee-Forschungen gerade bei diesen Denkmodellen eine äußerst wichtige Rolle spielten.

Pfahlwerke im Wasser

Beginnend mit ihrer Erstbeschreibung im Jahr 1854 wurde den Pfahlbaukulturen rund um die Alpen spezifische Charakteristika mit durchweg starken, assoziativen Bildern zugeschrieben. Sie avancierten nahezu unbesehen zu gerne akzeptierten Standards in der Beschäftigung mit der europäischen Urzeit: »Aus... Entdeckungen ist ... hervorgegangen, daß in frühester Vorzeit Gruppen von Familien, höchst wahrscheinlich keltischer Abstammung, die sich von Fischfang und Jagd ernährten, aber auch des Feldbaus nicht ganz unkundig waren, am Rande der schweizerischen Seen Hütten bewohnten, die sie nicht auf trockenem Boden, sondern an seichten Uferstellen auf Pfahlwerk errichtet hatten. Es ist ferner ausgemacht, daß diese Wasserbauten durch Feuer zerstört wurden und daß ihre Besitzer bei diesem Ereignisse untergingen oder sich mit Zurücklassung ihrer sämmtlichen Fahrhabe an andere Orte flüchteten und von da nie mehr zu ihren früheren Wohnsitzen zurückkehrten...«

Mit seiner hier zitierten Publikation Die keltischen Pfahlbauten in den Schweizer Seen eröffnete der Zürcher Antiquar Ferdinand Keller eines der spannendsten und wohl auch nachhaltigsten Abenteuer in der europäischen Vorgeschichtsforschung.

Um das Für und Wider einer aquatischen Lebensform wurde lange heftig gestritten. Es sollte letztlich über 100 Jahre an Ausgrabungen bedürfen, bis z.B. Dendrochronologie, Sedimentologie, Befundbeschreibungen und vergleichende archäologische Betrachtungen dafür gesorgt hatten, daß Kellers Pfahlwerke widerlegt waren. Mitte des 19. Jahrhunderts aber schuf er romantisch verklärend und von exakter wissenschaftlicher Dokumentation noch unbelastet eine aus den Tropen entlehnte Vor-

Häuser wie aus der Urzeit – am Federseemuseum entsteht zur Zeit ein Dutzend 1:1-Modelle urgeschichtlicher Moorbauten. Ob es damals wirklich so ausgesehen hat, bleibt dennoch Spekulation.

zeit-Welt im Stil seiner Zeit. Ihre grandiose Kulisse gaben die heimischen Alpen ab. Im See selbst stand die berühmte Pfahlbau-Plattform, darauf runde oder rechteckige, teils mit Pultdach versehene Südsee-Bauten. Ausgehend von Funden am Zürichsee wies er die Pfahlbaukultur den Helvetern und ihren direkten Vorfahren zu. In den idealtypischen »Wilden« sah man gerne seine eigenen »keltischen« Ahnen. Für den altvorderen Pfahlbauer stand damals in zahllosen Abbildungen der fellbekleidete Jäger im Einbaum, unterwegs nach Hause zu seinen vier wartenden Pfahlbaugenerationen, das Boot angefüllt mit Bär, Auerochs oder Waller als sichtbarem Jagderfolg.

Schnell griff die helvetische Pfahlbaubegeisterung auf das württembergische, vor allem aber das badische Bodenseeufer über und löste dort einen recht hektischen winterlichen Run auf ergiebige Claims am Strand und im Flachwasser aus. Die von der Euphorie der ersten Stunde durchdrungene Grabungstätigkeit mag uns heute seltsam anmuten. Ausgräber in eigenem Auftrag begaben sich mit Schapfen, Schaufel und Spaten auf Schatzsuche nur allzuoft ratlos über das vorgefundene Pfahlgewirr und die zahlreichen Kulturschichten, aber gleichwohl beseelt von der Gewißheit, mit ihren Funden der Forschung entscheidende Dienste zu leisten. Vor allem die vaterländische Geschichtsbegeisterung nahm sich des Themas an.

Pfahlbauten im Moor

Kellers Vision erreichte bereits 1866, Jahre vor den ersten Grabungen, als Tagträumerei den Federsee, festgehalten von Oscar Fraas, dem Ausgräber des späteiszeitlichen Rentierjäger-Lagers an der Schussenquelle. Während einer Zugfahrt von dort zurück nach Stuttgart schnitzte er solch eine Dorfansicht in einen der ausgegrabenen Rentierknochen.

Neun Jahre danach waren tatsächlich prähistorische Siedlungsreste im Moor entdeckt. Im darauffolgenden Jahrzehnt gab es im Federseeried erstmals ernsthafte Ansätze wissenschaftlicher Vorgehensweise, da es dem ersten Ausgräber Eugen Frank gelang, seinen Befund eigenständig und unabhängig zu hinterfragen. Frank war Förster – staatlicher Oberförster des Reviers Schussenried. Hierzu gehörten große Teile des Hochmoors. Seit 1864 baute man dort in großem Stil Torf ab. Im zweiten Beruf war Frank daher auch Chef des Torfwerks. 1875 stießen seine Arbeiter auf alte Hölzer, Pfahlbauten hätte man gefunden, wurde ihm mitgeteilt. Frank ließ den Abbau stoppen und wurde damit zum Entdecker.

1879 hatte er einen weiteren spektakulären Erfolg zu verzeichnen – ausgegraben wurde die 200 Meter weiter gelegene steinzeitliche Siedlung Aichbühl. Kein Wunder, daß die Presse stolz titelte: »Schussenrieder Pfahlbauten gefunden« und »Das schwäbische Pompeji entdeckt«.

Die Altertumswissenschaften steckten damals noch in den Kinderschuhen. Weder hatte man Standards, die es erlaubten, den Befund sachgemäß freizulegen und zu beschreiben, noch war man sich über den Charakter und das Alter des Vorgefundenen im klaren.

Oscar Fraas, zu den Grabungen aus Stuttgart hinzugezogen, favorisierte denn auch nach wie vor Wasserbauten: Auf der Konstanzer Tagung der Deutschen Anthropologischen Gesellschaft im Jahr 1877 legte er seine Vorstellungen dar: Dasselbe Volk, das außerhalb des Federseemoors auf fruchtbaren Lößböden nachgewiesen war, könne unmöglich im wenig ergiebigen Moor gesiedelt haben. Die von Frank aufgedeckten Bauten hätten demnach zweifellos kultischen Charakter: »Auf der künstlichen Insel im See, auf dem Estrich des Knüppeldamms, wurden zu Ehren der Gottheit die heiligen Feuer entzündet und die Opfer dargebracht. Die Krüglein, Schalen und Näpfe enthielten die Weihegaben, der dargebrachte Weizen das Dankopfer für die glücklich eingeheimste Ernte.«

Häuser mit Pfählen

Im »Schwäbischen Pompeji« wirkten die Bauhölzer wie frisch gefällt. Unter Torf, ständig im Wasser und damit ohne Kontakt mit der Luft, waren sie hervorragend konserviert. Gleiches galt für das übrige Fundgut und hier besonders für organisches Material wie Schnüre, Netzreste, Geflechte oder auch den Weizen. All das assoziierte man geradezu zwangsläufig mit den damals ungemein populären Ausgrabungen in Pompeji. Die Ruinen im Torf machten deutlich, daß Archäologie nicht nur Klassische Antike, Orient oder Ägypten bedeutete. Die Schauplätze lagen im Gegenteil oft direkt vor der eigenen Haustüre.

Heute findet man die Frankschen Fundstellen im abgetorften südlichen Federseeried in Wald und Wiese. Hier lohnt sich gerade noch, Maulwurfs- und Wühlmaushügel näher zu betrachten. Bei genauerem Hinsehen sind in der frisch ausgeworfenen Erde Holzkohlen, Torffetzen und mit etwas Glück auch kleine, von den Ausgräbern unbeachtet gebliebene Scherben der über 6000 Jahre alten jungsteinzeitlichen Gefäße auszumachen. Das Rest-Moor ist seit langem am Austrocknen, Feuchtbodenverhältnisse trifft man hier kaum mehr an. Den Grund sieht man gleich neben der Aichbühler Wiese in Riedschachen. Hier verläuft, die erste jungsteinzeitliche Entdeckung Eugen Franks brutal durchschneidend, ein heute drei Meter tiefer und ebenso breiter Graben. Angelegt wurde der Vorfluter zu Beginn des Torfabbaus zum Entwässern des damals nahezu zwei Meter höheren Geländes. In Folge mehrfach tiefer gelegt, zieht er auch heute noch Wasser aus dem längst abgetorften Boden.

Was hatte Frank gefunden? Pfahlbauten waren es ja wohl nicht – die Holzböden lagen direkt den Torfen auf. Seiner Meinung nach waren es zunächst einmal »Häuser mit Pfählen«, viel-

Abendliche Rückkehr ins Pfahlbaudorf. Der Maler Hippolyte Couteau (1866–1946) schuf 1896 dieses romantisch verklärte Stimmungsbild der Protohelveter vom Genfer See.

282

leicht könnten die einfachen Holzbauten ebenerdig auf tragfähigem Moor an Land gestanden haben. Allerdings war es damals noch nicht entschieden, ob Torfmoose nicht auch im Wasser wachsen konnten. So blieb immer noch Spielraum für herabgestürzte Holzböden, die im Flachwasser versanken. Also doch Kellersche Wasserpfahlbauten?

Frank war sich selbst nicht wirklich sicher, zumal da auch die von ihm befragten Fachleute nur wenig Erhellendes wußten. Er wurde nicht recht glücklich mit seinen Mutmaßungen. Die aufgedeckten Hölzer, so schrieb er einmal frustriert, seien »das unleserlichste Blatt des ganzen vor uns liegenden Buches vorgeschichtlichen Kulturlebens«, und: »Mit jedem Tag weiteren Grabens [wurde] mehr Unklarheit statt Licht bemerklich.«

Das Steinzeithaus

Trotz großer fachlicher Beachtung führten die Frankschen Forschungen und Entdeckungen letztlich nicht zu der zeitweise für möglich gehaltenen Neubewertung der Pfahlbaufrage. Ob Kellers Modell am Federsee Gültigkeit hatte, sollte erst noch entschieden werden. 1919 und damit kurz nach dem Ersten Weltkrieg begann man fachgerechte, methodisch fundierte Arbeitsweisen anzuwenden, heute noch übliche Standards wurden geschaffen. Eines dieser Experimentierfelder bildete der Federsee. Getragen wurde die Grabungstätigkeit vor allem von der Landesuniversität Tübingen und dem Buchauer Verein für Altertumskunde sowie dem Staatlichen Amt für Denkmalpflege.

Möglich wurde sie durch die erste professionelle Herangehensweise an die Pfahlbaufrage – dank des gerade gegründeten Urgeschichtlichen Forschungsinstituts Tübingen. Dessen Chef, Professor R.R. Schmidt, hatte sich bereits als Pionier der Erforschung urgeschichtlicher Höhlenstationen der Schwäbischen Alb einen Namen gemacht. Jetzt nahm er siedlungsarchäologische Ziele der Pfahlbauforschung ins Visier. Dies unter großer, so nicht gekannter Beteiligung naturwissenschaftlicher Disziplinen. Was bis Ende der zwanziger Jahre folgte, waren sehr ambitioniert angelegte Untersuchungen in fünf Moorsiedlungen. Vollständig ausgegraben wurden dabei die Frankschen Siedlungen »Aichbühl« und »Riedschachen« sowie »Taubried« und die »Wasserburg Buchau«.

Schnell war den Ausgräbern im Frankschen Pfahlbauland klar, daß es hier keine meterhohen Plattformen mit Hausbauten gegeben hatte. Offenbar stand jeder Bau für sich an Land auf dem Niedermoor. Zur weiteren Klärung baute man in Tübingen maßstäblich getreue Modelle. Bereits 1920 wagte man sich dann an die 1:1-Rekonstruktion eines jungsteinzeitlichen Hauses aus dem Moor.

Hinweise auf Inneneinrichtungen, Wandverputze oder gar das Dach, seine Firsthöhe oder seine Eindeckung hatte man bei den Grabungen nicht entdeckt – man behalf sich also mit Analogieschlüssen aus heimat- und volkskundlichen Bereichen. Zustande kam ein Haus mit lehmverschmiertem Prügelboden, aus Rundhölzern aufgeführten Wänden und einem steilen, schilfgedeckten Dach. Damit war der Typus der »Steinzeithütte« schlechthin geboren. Von jetzt an bis in unser Jahrzehnt zeichnet und baut man schilfgedeckte Häuser – Inbegriff des Neolithikums.

Germanenhäuser

In den südwestdeutschen Hütten und Häusern wohnten bereits damals keine Helvetier mehr. 1920 wurden diese Siedlungen als »Zeugen des Eintreffens nordisch-indogermanischer Volksstämme« und einer damit ausgelösten, fiktiven »Kulturmischung zwischen nordischen und einheimischen Elementen« interpretiert. So schrieb Hans Reinerth: »Das nordische Rechteckhaus,

Pfahlbauten auf einem Rentierknochen, 1866 geschnitzt von Oscar Fraas,
dem Ausgräber des Jagdlagers der Rentierjäger an der oberschwäbischen
Schussenquelle. Solch einen Pfahlbau konnte er sich gut am Federsee vorstellen – neun Jahre später war er seiner Ansicht nach tatsächlich gefunden.

in der gleichen Form wie es zum ersten Male in Riedschachen
aufgeschlossen wurde, hat seinen Siegeszug bis ins ägäische Gebiet, bis nach Troja und Mykene gehalten, wo der griechische
Tempel aus ihm entstand.« Der Haustyp wäre demnach früher
am Federsee nachgewiesen als in Griechenland.

Von den Urgermanen Norddeutschlands über das oberschwä-
bische Moor wurde scheinbar ein weiter Ausgriff auf die elysi-
schen Gefilde des Klassischen Griechenland erzwingbar. Woher,
wenn nicht aus ihrem alpennahen Verbreitungsgebiet – so die
damalige Urgeschichtsforschung – wären die Erbauer der Mar-
mortempel eingewandert? Rückschauend kann man sagen, daß
die Urgeschichtsforschung mit solchen Zuweisungen schon damals auf eine schiefe Bahn geriet. Der Weg war damit bereits
vorgezeichnet für die Entwicklung ab 1933.

Denn wie große Teile der deutschen Prähistorie verkam die Fe-
derseeforschung und mit ihr unsere reetgedeckten Häuschen,

Hütten und Höfe geradezu zwangsläufig zum Parolenbeschaffer nationalsozialistischer Ideologie. Die rechteckigen Pfahlbauten und ihre architektonischen Vergleichsstücke wurden jetzt von hellhäutigen, blonden, blauäugigen und wehrhaften Germanen bewohnt – natürlich in ganz Europa. Und es war denn auch eine peinliche, heute eher skurril anmutende Episode der deutschen Besetzung Griechenlands im Zweiten Weltkrieg, daß ernsthafte Urgeschichtsforscher in brauner Uniform auf klassischem Boden nach Architekturbeweisen für die Herkunft des Griechischen aus Nordeuropa mit zwischenzeitlich steinzeitlichem Aufenthalt am Federsee suchten.

Die Lücke

Nach dem Ende der NS-Diktatur und ihrer erstickenden Vereinnahmung der Altertumswissenschaften sollte es viele Jahre dauern, bis man sich wieder in größerem Umfang an siedlungsarchäologische Interpretationen wagte. Auch der Federsee machte da keine Ausnahme, erst 1979 wurden Archäologen dort wieder aktiv. Überhaupt eignete sich die Nachkriegszeit in Deutschland kaum für neue spekulative Bilder der Vorzeit. So blieben die schilfgedeckten Vorzeithäuser zwar wie selbstverständlich Schulbuchstandard. Nur wohnte jetzt niemand mehr in ihnen. Es sei denn, der Lehrer vergaloppierte sich während des Geschichtsunterrichts, was hin und wieder geschah. Dann erklärte er sehr überzeugend, daß dies altgermanische Ansiedlungen waren . . .

Im Lauf der Zeit wurden die Pfahldörfer und Moorsiedlungen doch wieder von »Kulturträgern« bevölkert. Ausgrabungsfortschritt, immer perfektere Dokumentation, erstaunliche Restaurierungsergebnisse und außergewöhnliche Funde wie der Südtiroler Eismann führen zu ständig plausibleren Rekonstruktionen. Das Federseeried steuert hier unter anderem die ältesten Holz-

räder der Welt, frühe Bohlenwege und einige erstaunliche Gewebe und Geflechte wie z. B. einen jungsteinzeitlichen Basthut bei. Breiten Raum nehmen heute zudem Umweltfragen ein, genannt sei hier der Wandel von der Naturlandschaft zum Kulturraum, oder auch Klimafragen.

Transit

Im Ried selbst sind auch nach 123 Jahren noch Entdeckungen möglich, allein 1998 konnte an vier Stellen gegraben werden. Auf einer großen Riedwiese neben der Straße, die heute Buchau mit Kappel verbindet, hat die Kurklinik 1996 ein neues Gästehaus erstellt – das »Haus in den Torwiesen«. Vorab kamen aber die Archäologen vom Landesdenkmalamt Baden-Württemberg zum Zug. Schließlich hatte man beim Ausschachten in ungefähr einem Meter Tiefe Holzbohlen entdeckt. Seit 1949 war damit erstmals wieder ein prähistorischer Bohlenweg nachgewiesen. Dieses Jahr nun lag ein weiterer Abschnitt der bronzezeitlichen »Autobahn« frei, die um 1500 v. Chr. vom Festland auf die rundum von Moor und Sumpf umgebene Buchauer Insel führte. Es ist die bisher früheste fahrtaugliche Verbindung bronzezeitlicher Siedler im Ried mit der Außenwelt.

Das eng umgrenzte Wiesenstück, das in den nächsten Jahren komplett überbaut werden soll, stellt sich für Dr. Helmut Schlichtherle immer mehr als reichhaltiges Archiv der frühen Besiedlungsgeschichte des Federsees heraus: Wohl mindestens drei jungsteinzeitliche Siedlungen konnte das Landesdenkmalamt durch Probebohrungen und Sondagen lokalisieren, in einer wird derzeit ein Hausboden freigelegt.

Er liegt da wie das in sich zusammengefallene Gerippe eines

Eine steinzeitliche Autobahn: freigelegter Bohlenweg von neun Metern Breite, der wohl eine Insel im Federsee mit dem Festland verband, zumindest aber trockenen Fußes über das Moor führen sollte.

gestrandeten, skelettierten Wals, imposant, unwirklich und urweltlich. Auch hier, unter einem noch erhaltenen, jetzt aber bereits von den Ausgräbern minutiös dokumentierten und anschließend entfernten Estrich aus Stampflehm, sind die Hölzer vorzüglich konserviert – unter Luftabschluß im Grundwasser überdauerte das organische Material die Jahrtausende. Doch es sind gerade diese spezifischen Erhaltungsbedingungen, die den Denkmalpfleger Schlichtherle seit dem Neubeginn seiner Pfahlbauforschungen Sorge machen: Spätfolgen des Torfabbaus wie dauerhaft abgesenkte Grundwasserspiegel, unzählige Drainagegräben im Ried, steigender Landschaftsverbrauch und nun auch allzu trockene Jahre setzen den Jahrtausende alten Ruinen im Boden zu. Die Schadensbilder sind dieselben wie schon vor Jahrzehnten in Aichbühl und Riedschachen: Beginnend von oben trocknen die einst mit Wasser vollgesogenen Prügelböden aus, Sauerstoff und damit Mikroben dringen stetig tiefer in bislang dauernasse Torfe, Mudden und Kulturschichtreste ein. Um diesen das archäologische Kulturgut dezimierenden Prozeß zu unterbinden, werden seit einigen Jahren mit gutem Erfolg vom Denkmalamt zusammen mit der Naturschutzbehörde siedlungsarchäologisch wertvolle Flächen erworben und wieder vernäßt.

1920er Jahre revisited

Im Riedteil Egelsee ist die Fliegergruppe Federsee zuhause. Mit ihren beiden Motorseglern bieten die Piloten bei schönem Wetter unter anderem auch Federseerundflüge an. Aus der Luft sieht man ihn dann: den See, der sich ansonsten am Boden fast durchweg hinter undurchdringlichem Schilf versteckt. Die Topographie der kleinen, nur knapp 45 Quadratkilometer kleinen Bekkenlandschaft ist in 400 Meter Höhe spielend mit einem Vollkreis zu erfassen. Nur wenige Meter neben der Graspiste liegt, ebenfalls im Flurstück Egelsee, die spätbronzezeitliche »Wasser-

Detektivarbeit im Federsee-Moor: Archäologen bei der Vermessung eines Holzbodens, der wahrscheinlich zu einem Wohngebäude gehörte.

burg Buchau«. Schaut man in trockenen Wochen dorthin hinunter, läßt sich im Gras ein Kreis dunkleren Grüns ausmachen. Es sind die nassen Pfahlstümpfe einer uralten Palisade. Das »schwäbische Troja« – so haben Tageszeitungen und Illustrierten getitelt – lag hier 3000 Jahre in den Riedwiesen verborgen. Bis sich 1920 ein Bauer beim Mähen die Sense an den harten Pfahlköpfen schartig schlug. Die Nachricht über diese seltsamen Holzpfosten gelangte auch zu den nahebei tätigen Archäologen der Universität Tübingen. Zwischen 1920 und 1929 fanden hier jene Ausgrabungen statt, durch die Buchau regelrecht berühmt wurde. Bis zu 40 000 Besucher strömten jährlich auf die Ausgrabungen des Vereins für Altertumskunde. Der Fundreichtum an keramischen Erzeugnissen, aber auch an Schmuck und bronzenem Gerät war erstaunlich. Zu sehen gab es komplette, bestens erhaltene Hausböden, die oft mehrfach erneuert und umgebaut waren, dicht an dicht gesetzte Palisadenringe und zahlreiche Einbäume. In einem Stummfilm-Fragment ist dieser Besucher-Boom heute noch zu bewundern. Es war ein regelrechtes gesellschaftliches Ereignis geworden, die Grabungen zu besuchen: Die württembergische Staatsregierung gab sich die Ehre – Herren in Zylinder und mit Stöckchen erklettern die aus Grabungsaushub bestehenden Hügel, die Schuhabsätze mancher Damen versinken in der feuchten Riedwiese ebenso wie die Räder der imposanten motorisierten Staatskarossen der Zeit.

Die Freilegung der »Wasserburg« stellte zweifellos den Höhepunkt der archäologischen Aktivitäten der zwanziger Jahre dar, die Erwartungen an die dabei gewonnenen Einblicke in die späte Bronzezeit waren nicht nur bei Fachleuten riesig. Doch gerade hier verhinderte die Ideologisierung massiv eine weitere seriöse Beschäftigung mit dieser zentral im Niedermoor gelegenen Ansiedlung. 1937 schließlich mißbrauchte die nationalsozialistische Propaganda anläßlich eines Parteitags im nahen Ulm die »Wasserburg« für eine großangelegte Schaugrabung. Zu einer wissenschaftlich abschließenden Bewertung oder gar einer entsprechenden Publikation ist es nicht gekommen.

61 Jahre später hat es sich Dr. Gunther Schöbel vom Pfahlbaumuseum in Unteruhldingen am Bodensee zur Aufgabe gemacht, die alten und immer noch aufschlußreichen Manuskripte zu sichten, durch eigene Forschungen anzureichern und zu publi-

Sammeln, numerieren, klassifizieren, Verzeichnisse führen – nachdem einmal die Freilegungsarbeiten abgeschlossen sind, ist dies das tägliche archäologische Brot auch im Federsee-Moor.

zieren. Hierzu gehören natürlich auch sondierende Nachgrabungen in der »Wasserburg«. Schöbel erhofft sich von ihnen unter anderem weitere Aufschlüsse zur Stratigraphie der mehrfach erneuerten Anlage, ebenso stehen moorgeologische Fragestellungen an. Zu hoffen bleibt, daß mit den neuerlichen Aktivitäten um Funde und Befunde der Wasserburg nun auch endlich das Happy-End einer Grabungs-Odyssee gelingt, die mit der Entdeckung der »Wasserburg« im Jahr 1920 begann.

Kelten im Ried

Draußen im Bruckgraben – einer Flur auf Markung der alten Seegemeinde Oggelshausen mitten im Ried – steht ein Bauwagen und ein mit Planen verhangenes halbrundes Gewächshauszelt. Es ist gar nicht so einfach, mit dem Pkw dorthin zu kommen, auf dem weichen Feldweg drücken die Fahrspuren immer tiefer ein, am Bodenblech kratzt das Gras. Wie immer, wenn man längere Zeit nicht im Ried war, ist man überrascht von dem schwingenden Boden, der bei jedem Schritt nachgibt und die durchs Auftreten ausgelöste Erschütterung wellenförmig weitergibt. Unterm Zelt wird gezeichnet und ein Pfosten gezogen. Zuerst erkennt man nur ein wüstes Durcheinander von eng an eng steckenden, kantig zugerichteten Hölzern. Dann differenziert sich die freigelegte archäologische Oberfläche: Lehme, Scherben, Holzkohlen werden erkennbar, alles auf Kalk- und Lebermudde, dem Seesediment liegend. Grabungsleiter Dr. Joachim Köningers präzise Ausführungen führen schnell dazu, daß wir uns die eisenzeitliche Ruine besser erklären können.

Bereits in den zwanziger Jahren war man hier während des Torfabbaus auf Einbäume und schier undurchdringlich wirkendes Pfahlgewirr gestoßen. Die Notbergungen des damaligen Landesamts für Denkmalpflege blieben aber ohne detaillierte wissenschaftliche Auswertung. Pauschal wurden die Fundplätze als »Landestellen« bezeichnet, gemeinsam war ihnen anscheinend vor allem die Lage am prähistorischen Federbach. Erst dank der neuen Ausgrabungen Köningers wird deutlich, daß zumindest ein Teil dieser »Landestellen« zeitlich und bautechnisch zusammengehört. Offenbar lag hier eine prosperierende, auf bisher 500 Meter zu verfolgende Siedlung in einer Lagune. Furore macht die Datierung. Durch Funde und dendrochronologische Vermessung ist zweifelsfrei nachgewiesen, daß am »Bruckgraben« zwischen 720 und 620 v. Chr. – und damit während der älteren Eisenzeit – Häuser standen. Eigentlich ein Ding der Unmöglichkeit, sprachen doch bisher alle Indizien dafür, daß die Pfahlbauten rund um die Alpen während der späten Bronzezeit im 9. Jahrhundert aufgrund einer großräumigen Klimaverschlechterung mit einhergehenden Überschwemmungen verlassen wurden. Und alles deutete darauf hin, daß es danach zu keiner neuerlichen Besiedlung der Seeufer und Moore mehr gekommen war. Der »Pfahlbaukreis« schien nach 3500 Jahren zu Ende.

Neubauten

Noch wissen weder Schlichtherle noch Köninger abschließend, wie sie ihre Befunde zu werten haben. Erst die Auswertungen der kommenden Wintermonate werden zeigen, was auf welche Weise zusammengehört. Ist z.B. das steinzeitliche Haus in den Torwiesen wirklich nur etwas über 2 x 3 Meter groß? Kaum zu glauben, meint Schlichtherle. Seine Arbeitshypothese geht derzeit dahin, daß es sich bei dem ausgegrabenen Boden eher um den mittleren Teil eines viel größeren Gebäudes gehandelt hat. Hier könnten Grabungen im kommenden Jahr Klarheit schaffen. Welche Holzarten wurden verbaut, wie groß muß man sich die Gebäude vorstellen, wie hoch über dem Flachwasser lag der keltische Pfahlbau im Bruckgraben, in welchem Abstand folgten die weiteren Häuser und wie sah ihr Dach aus? Einer wartet bereits sehr gespannt auf die winterlichen Ergebnisse: Projektleiter Karl Banghard vom Freilichtmuseum will sobald als möglich die neusten Grabungsbefunde auf seinem Gelände nachbauen. Schließlich ist der Platz dafür vorhanden.

Die Bauten, das wissen wir heute, haben kaum länger als sieben Jahre unversehrt gestanden. Die verwendeten Holzarten wie Buche, Esche oder Hasel sind alles andere als wasserbautauglich. An den Häusern hat man damals ständig gebaut, weil kaum ein Jahr ohne Ausbesserungen verging. Kaum eines scheint länger als 10 Jahre lang bewohnbar gewesen zu sein, dafür war die Auswahl an Bauhölzern nicht tauglich genug. Aber wozu auch – im Bruchwald und auf den Randhöhen hatte es genügend Holz. Und nach 15 bis 20 Jahren waren Stockausschlä-

Aichbühl und sein Häuptlingshaus. Die zeichnerische Rekonstruktion der 20er Jahre suggeriert mit gigantischem Dach und »Stabsäulen« ein pazifisches Männerhaus. Wenige Jahre später waren es frühe Germanen, die man hier mit einem Stammesoberhaupt zusammensitzen ließ.

ge der zuvor gefällten Hölzer so weit gediehen, daß man sie zum Bau nutzen konnte.

Zudem blieben die Menschen nie auf Dauer im Moor – vielleicht eine Generation, maximal zwei können wir heute nachweisen. Dann zogen sie wieder weg. Die Bilder werden sich weiter wandeln. Entsprechend werden sich auch hier in Bad Buchau das Aussehen der Häuser und die damit verbundenen Vorführungen ändern. Mit den Rindendächern ist ein erster Anstoß gemacht, ein etwas anderes Bild in den Kopf zu bekommen, was für die Museumsbesucher, aber ebenso für die Ausgräber gilt: Man sieht und findet schließlich das, was man kennt.

Die Motorsäge

Wulf Heins Arbeitstag geht zu Ende. Zusammen mit dem Zimmermann Frank Michaelis, der einen Nachbau aus der »Wasserburg Buchau« mit Legeschindeln versieht, und weiteren Beschäftigten haben sie heute nicht nur einem Filmteam typische, bei der Errichtung eines solchen Freilichtmuseums anfallende Tätigkeiten gezeigt, sondern auch einen Hausboden, der mit Wasser vollgelaufen war, ausgeschöpft, eine Kiesdrainage auf Geotextil eingebracht und die Bodenhölzer mit der Kettensäge neu zugerichtet. Bereits winterfest gemacht wurde ein Rohbau. Plastikplanen sichern das Dach. Zur Hälfte ist es mit Schindeln aus Eichenrinden eingedeckt. Mehr Material war dieses Jahr nicht zu bekommen, Rinden sind heute nicht gefragt. Karl Banghard hat nach langem Suchen doch noch einen Schälbauern im Schwarzwald ausgemacht, lange nach der Saison dafür im späten Fühjahr. Kommendes Jahr werden die Eichenrinden kein Kopfzerbrechen mehr machen. Dafür vielleicht der keltische Pfahlbau und sein Erscheinungsbild im Freilichtgelände. Wulf Hein zumindest wird sich über den Winter vorsorglich eine keltische Stahlaxt besorgen.

Die Erfindung der Archäologie aus dem Geist der Ruine.

Eine Wissenschaft für »bedrängte Gemüter« als Vermittler zwischen Kultur und Natur

Hans Helmut Hillrichs

Überall auf seinen Reisen, begeisterte sich Alexander von Humboldt, habe er den »ewigen Einfluß« spüren können, welchen die Natur »auf die moralische Stimmung der Menschheit und auf ihre Schicksale ausübt«. Vorzugsweise den »bedrängten Gemütern« habe er deshalb seine Ansichten der Natur gewidmet, wie er im Mai 1807 in der Vorrede dieses Buches schrieb. Denn wer sich herausgerettet habe »aus der stürmischen Lebenswelle«, aus der lärmenden Geschäftigkeit des Alltags, so Humboldt, der folge ihm gewiß besonders gern in das Dickicht der Tropenwälder, in die Einöden der Steppen oder auf die hohen Rücken der Bergketten.

Wie Alexander von Humboldt brachen zur damaligen Zeit auch viele andere, die sich als Dichter, Denker, Künstler oder Forscher verstanden, dorthin auf, wo sie die Natur am reinsten und ursprünglichsten vermuteten. Vor allem die sogenannte »erhabene Natur«, die wilde, schroffe, grandiose, malerische Landschaft war es, die sie vorzufinden hofften. Und um ihrer ansichtig zu werden, mußte man nicht – wie der Naturforscher Alexander von Humboldt es tat – in exotische Fernen schweifen, auch mitten in Europa gab es Ziele, die die Sehnsucht einer ganzen Generation weckten. An erster Stelle: der deutsche Rhein.

Dabei hatten die Deutschen den Fluß, den sie später zur nationalen Stromlinie kürten, lange Zeit links liegenlassen. Noch als Georg Forster, der Lehrer und Freund Alexander von Humboldts, im Frühjahr 1790 stromabwärts fuhr, erschienen ihm die

Felsen und Höhenrücken »unwirtlich und bedrohlich«. Dem Reisenden, dessen Ansichten vom Niederrhein später als Buch herauskamen, fehlte der Blick für die Reize des Rheintals. »Für die Nacktheit des verengten Rheinufers unterhalb Bingen«, notierte er, »erhält der Landschaftskenner keine Entschädigung. Selbst die Lage der Städtchen, die eingeengt sind zwischen den senkrechten Wänden des Schiefergebirges und dem Bette des fruchtbaren Flusses, ist melancholisch und schauderhaft.«

Die Landschaft änderte sich nicht, wohl aber die Empfindungen, die sie hervorrief. Friedrich Schlegel, Philosoph und Theoretiker der heraufziehenden literarischen Romantik, begeisterte sich während einer Rheinfahrt im Jahr 1802 an denselben engen Tälern und schroffen Felsen, die Forster so erschreckt hatten: »Für mich sind nur die Gegenden schön, welche man gewöhnlich rauh und wild nennt; denn nur diese erregen den Gedanken der Natur.« Schlegel fühlte sich beeindruckt durch ein großartiges Landschaftspanorama und eine nicht minder große, an den »Bruchstücken alter Burgen« ablesbare Geschichte.

Der romantische Rhein ist später immer wieder befahren und besungen worden, und Friedrich Schlegel gehört nicht einmal zu seinen berühmtesten Bewunderern. Aber unter dem Eindruck des stimulierenden Schauplatzes artikulierte er selbstbewußt und gedankenklar wie kaum ein anderer den Charakter des neuen Naturgefühls, das um die Wende des 18. zum 19. Jahrhundert um sich griff. Die Natur wurde nicht länger als das autonome, isolierte und letztlich unberechenbare Gegenbild der humanen Existenz erlebt, auch nicht als Widersacher oder Widerpart der Kultur, sondern als Spiegel und Synonym menschlicher Befindlichkeiten. Vor allem wurde sie zur Verbündeten, zur kongenialen Partnerin der Künstler.

Es war eine Zeit der Brückenschläge, der Grenzüberschreitungen und Annäherungen. Die »coincidentia oppositorum«, das Zusammenfallen der Gegensätze, wurde zum Leitmotiv der Epoche. Vor allem das Verhältnis zwischen Natur und Kunst,

Wildnis und Zivilisation, zwischen Landschaft und Kultur wurde neu bestimmt. Tief in der Ursprünglichkeit der Wälder fand man die Bauprinzipien und das Raumgefühl der großen Kathedralen, tief im eigenen Herzen entdeckte man die Maßstäbe der Natur. Daß die erhabene, die von Forster noch als »schauderhaft« empfundene Landschaft dabei eine Schlüsselrolle spielen konnte, liegt an der Entschlossenheit der romantischen Künstler, auch zu den eigenen Nacht- und Schattenseiten, zu den abgründigen und animalischen Zügen des Menschen einen neuen Zugang zu finden. Es war Zeit, in den Spiegel zu sehen, in den der äußeren Natur wie in den inneren, den Spiegel der Seele.

Wenn die Schöpfung und der schöpferische Mensch sich aussöhnen, wenn Kultur und Natur aus dem Konflikt erlöst werden und in Korrespondenz treten, wird auch die Sprache frei für Neuentwicklungen. Der Schlüsselbegriff des »Denkmals« macht das besonders deutlich. Vorrangig reserviert für eine in die Vergangenheit weisende architektonische oder literarische Kulturschöpfung, nimmt Friedrich Schlegel den Begriff ganz selbstverständlich auch für die Natur in Anspruch. Er klassifiziert die malerischen Rheinfelsen als »sprechende Denkmale«, die »von den alten Kriegen im Reiche der noch wilden Natur« zeugen und »Erinnerung und Geschichte in großen Zügen vor unser Auge« treten lassen. Und als Inbegriff solcher Denkmäler stellt sich ihm dar, was der Rhein in Überfülle zu bieten hat, was über die realen Erscheinungsformen hinaus aber auch in der Phantasie der Zeitgenossen eine unerhörte Rolle spielt: die Ruine.

Ruinen waren seit jeher ein beliebtes Motiv in der Malerei und in der Literatur gewesen. In der Epoche der Romantik wurden sie zum zentralen Topos. Efeuumrankt und mondbeschienen glänzen sie in der Poesie Eichendorffs, düster und spukhaft erheben sie sich in den Novellen Kleists, abgründig und unheimlich ragen sie hinein in die Dichtung E.T.A. Hoffmanns. Aber auch die Klassiker Goethe, Schiller und Hölderlin kommen nicht ohne die Kulisse verfallener Burgen und Schlösser aus, vom Ruinenkult in der Malerei ganz zu schweigen. Caspar David Friedrich malt die heimische Klosterruine Eldena bei Greifswald in einer Fülle von Varianten und verpflanzt sie schließlich überdies ins Erzgebirge, andere romantische Künstler brechen in den Süden auf und widmen sich antiken Tempelresten, aber erneut behauptet sich der Rhein als denk- und denkmalwürdiger Schauplatz: Der Maler Carl Gustav Carus macht die Wernerkapelle bei Bacharach sogar zu einer Art nationaler Wallfahrtsstätte.

War es früher die Nähe zur Vergänglichkeit und zur Melancholie, die die Ruine begleitete, so ist es jetzt der historische Hintergrund, der Hinweis auf eine reiche Geschichte, der das Motiv der Ruine prägt. Zugleich provoziert der romantische »Sinn für die herrlichsten Denkmale der Vergangenheit« (Schlegel) auch den Blick nach vorn, auf das neue Leben, das aus den Ruinen blüht, wenn die alten Ordnungen, die zumeist feudalen oder sogar tyrannischen Herrschaftsstrukturen zerfallen sind. Vor allem aber ist die pflanzenüberwucherte, vom Erdreich zurückeroberte Ruine das Symbol für die Untrennbarkeit von Natur und Kultur, die ideale Symbiose von Natureinfluß und Menschenwerk. Schiller sah in solchen »Denkmälern der alten Zeit« sogar Überbleibsel einer gänzlich der Ordnung der Natur anheimgegebenen »Urwelt«.

Es ist kein Zufall, daß in dieser Zeit, die sich so intensiv mit Denkmälern und deren vornehmster Erscheinungsform, der Ruine, beschäftigt, auch die Archäologie geboren wird. Johann Joachim Winckelmann gilt als Erfinder dieser Wissenschaft, die sich nach der traditionellen, inzwischen längst erweiterten Definition mit den Denkmälern des klassischen Altertums beschäftigt. Blickt man genau hin, dann ist die Archäologie in dieser ruinensüchtigen Zeit an vielen Schauplätzen und von vielen Autoren zugleich erfunden worden. Sie lag gewissermaßen in der Luft, in der rheinischen vor allem, wo Friedrich Schlegel den Blick bis zu den Römern und Germanen zurücklenkt; aber auch Alexander von Humboldt betreibt auf seinen Reisen eine Ganzheitswissenschaft, zu der die archäologische Komponente untrennbar dazugehört. Die Zeit war reif, überreif dafür, daß die Archäologie ins Leben trat, denn allerorten entdeckte und beschrieb man die Gegenstände, denen sie sich zu widmen hatte. Nun fehlte nur noch die dazugehörige Disziplin, die eigene, eigenständige Wissenschaft.

Inzwischen hat die wissenschaftliche Archäologie einen unerhörten Siegeslauf angetreten und ist zu weltweiter Blüte gekommen. Sie hat spektakuläre Ergebnisse gezeigt, sie ist populär geworden, aber seriös geblieben. Sie hat sich dem Fernweh hingegeben wie einst Alexander von Humboldt, und sie betreibt Heimatkunde in der Tradition Friedrich Schlegels – wovon das vorliegende Buch anschaulich Zeugnis gibt. Das zeitliche und geistige Umfeld ihrer Herkunft hat sie geprägt, verleiht dieser Wissenschaft ihre eigene Würde. Die Erfindung der Archäologie aus dem Geist der Ruine kennzeichnet die Arbeit der Forscher noch heute. Das romantische Symbol des Denkmals als Bindeglied zwischen Kultur und Natur steckt den Horizont dieser Disziplin ab: einer Kulturwissenschaft, die auf mehrfache Weise der Natur verpflichtet ist und ihr Respekt erweist.

Zum einen arbeiten die Wissenschaftler direkt und hautnah mit den Elementen der Natur. Ihre Grabungen und Tauchgänge sind allerdings keine gewaltsamen Eroberungszüge, sondern sehr behutsame, sondierende Erkundungen, die zu bergen versuchen, was die Schatzkammer Erde bewahrt hat. Nicht selten bleiben die Funde am Ort ihrer Entdeckung, um natürliche, naturgewachsene Zusammenhänge nicht zu zerstören.

Zweitens sind es keine toten Gegenstände, die die Wissenschaftler zutage fördern, sondern stets auch Nachrichten und Mitteilungen darüber, wie frühere Generationen mit Umwelt und Natur ihrer Zeit umgegangen sind. Die ökologische Perspektive, die eine zukunftsorientierte Betrachtung einschließt (ähnlich dem dem romantischen Ruinenblick), ist zum wichtigsten Merkmal der modernen Archäologie geworden.

Und nicht zuletzt erfahren die Archäologen durch ihre Arbeit an der Nahtstelle von Kultur und Natur auch etwas über die Natur des Menschen selbst, über seine Aggressionen, seine Leidenschaften, seine Triebstruktur, seine Einsichtsfähigkeit und seine Überlebensstrategien.

Solche Erfahrungen sind nicht dazu angetan, Euphorie zu schüren – weder was die äußere Natur noch was die Natur des Menschen angeht. Zu offensichtlich sind die Hinweise darauf, daß in die Lernfähigkeit und die Kultureignung des Menschen nur begrenztes Vertrauen zu setzen ist. Die stürmischen »Lebenswellen« der Zivilisation sind nicht nur über Alexander von Humboldts grandiosen Versuch, die »ästhetische Behandlung naturhistorischer Gegenstände« zu wagen, sondern auch über die Natur selber hinweggegangen. Daß von der Natur eine ästhetische, kulturelle und moralische Schulung ausgehen kann, wird unter die verstaubten Lebensweisheiten der Romantiker gerechnet.

Eine neue Wissenschaft für »bedrängte Gemüter« ist gefordert, eine Art »Universalpoesie« im Geiste Friedrich Schlegels, die der Zersplitterung des Wissens ein Ende und aus den romantischen Brückenschlägen zwischen Natur und Kultur das Fundament für eine zukunftsfähige Forschung macht. Die aus den Ruinen entstandene, den Ruinen verpflichtete Archäologie würde sich überschätzen, wenn sie sich als eine solche Universalwissenschaft verstehen würde. Aber sie kann all denen, die sie begründet und mitbegründet haben, ein Denkmal setzen, indem sie dazu beiträgt, daß wir unsere Lebensgrundlagen nicht weiter ruinieren.

In den »Produkten des fernen Altertums« sah Schiller sowohl eine Art »Darstellung unserer verlorenen Kindheit« als auch Zeugnisse »unserer höchsten Vollendung im Ideale«: »Sie sind, was wir waren; sie sind, was wir wieder werden sollen. Wir waren Natur wie sie, und unsere Kultur soll uns auf dem Wege der Vernunft und der Freiheit zur Natur zurückführen.«

Eckdaten menschlicher Spuren

Kursiv gesetzte Angaben beziehen sich auf Beiträge in diesem Buch.

Ab etwa 800 000	Fossile Menschenfunde und Faustkeile (Altsteinzeit)
Etwa 400 000	*Jäger der Urzeit*
Etwa 120 000–30 000	Neandertaler (in Europa)
Ab etwa 30 000	Zeugnisse erster Felsbilder (Höhlenmalerei)
Um 11 800	*Der versunkene Wald*
Um 10 000	Ende der letzten Eiszeit
Um 8000	Jericho, erste Ansiedlung
Um 4300	*Troja in Oberschwaben*
Um 2600	Cheopspyramide
Um 2500	Großsteingräber (Hünengräber)
Um 2000	Erste Gilgamesch-Epen (Herrscher von Uruk)
Ab etwa 2000	Bronzezeitliche Funde
Um 1500	Burg von Mykene
Um 1340	Pharao Tutenchamun
Um 1250	Auszug der Israeliten aus Ägypten unter Moses
Um 1200	»Trojanischer Krieg«
Um 970–931	König Salomon
Um 950	Gründung Athens
Um 900	*Archiv im Matsch*
Um 900	*»Waren die Deutschen Cannibalen?«*
Um 814	Gründung Karthagos
Ab etwa 800	Eisenzeitliche Funde
Ab etwa 800	Griechische Handelsniederlassungen im Mittelmeerraum
776	Erste Olympische Spiele
753	Mythische Gründung Roms
Um 600	*Grabraub per Internet*
Um 490	Schlacht bei Marathon

Die Autoren

Marcus Fischötter, Jahrgang 1962, Studium der Politischen Wissenschaften und Geschichte; seit 1990 tätig für SPIEGEL TV, seit 1996 freier Autor und Dokumentarist.

Thomas Förster, Jahrgang 1966, Studium der Museumswissenschaften; Vorsitzender des Landesverbands für Unterwasserarchäologie in Mecklenburg-Vorpommern, seit 1994 freiberuflich tätig am dortigen Landesamt für Bodendenkmalpflege, Leiter verschiedener Tauchexpeditionen wie zur Bergung des »Gellenwracks« und der Wismarer Kogge, Fachpublikationen.

Ingo Helm, Jahrgang 1955, Studium der Geschichte und Germanistik; 1992–1996 Redaktionsleiter des ZEIT TV-Magazins, freier Autor und Regisseur von Fernsehdokumentationen, zahlreiche Filme und Veröffentlichungen.

Hans Helmut Hillrichs, Dr. phil., Jahrgang 1945, Studium der Germanistik, Psychologie und Philosophie; seit 1977 beim ZDF, seit 1993 Leiter der Hauptredaktion Kultur und Wissenschaft, Autor und Herausgeber zahlreicher Veröffentlichungen.

Walter Irlinger, Dr. phil., Jahrgang 1957, Studium der Vor- und Frühgeschichte, Europäischen Ethnologie und Geologie; seit 1989 wissenschaftlicher Mitarbeiter des Bayerischen Landesamtes für Denkmalpflege in München, seit 1991 Leiter des Luftbildarchivs. Fachpublikationen.

Erwin Keefer, Dr. phil., Jahrgang 1951, Studium der Vor- und Frühgeschichte; Archäologe am Württembergischen Landesmuseum in Stuttgart, wissenschaftlicher Betreuer des Federseemuseums in Bad Buchau, Fachpublikationen.

Rita Knobel-Ulrich, Dr. phil., Jahrgang 1950, Studium der Slavistik, Politikwissenschaft und Geschichte; freie Journalistin, zahlreiche Features und Dokumentationen für verschiedene Anstalten der ARD und das ZDF.

Stephan Lamby, Jahrgang 1959, Studium der Germanistik und Anglistik; ab 1992 Redakteur und Moderator des ZEIT TV-Magazins, seit 1997 Geschäftsführer einer TV-Produktionsfirma in Hamburg und Autor von zeitgeschichtlichen Fernsehdokumentationen.

Peter Prestel, Jahrgang 1962, Studium an der Hochschule für Fernsehen und Film München, Abteilung Dokumentarfilm; seit 1986 Autor und Regisseur zahlreicher TV-Dokumentationen, u.a. Regiearbeit für die Archäologie-Reihe »Schliemanns Erben«.

Stefan Winghart, Dr. phil., Jahrgang 1952, Studium der Vor- und Frühgeschichte, Alten und Mittelalterlichen Geschichte; ab 1978 am Germanischen Nationalmuseum Nürnberg und am Römisch-Germanischen Zentralmuseum Mainz tätig; seit 1981 am Bayerischen Landesamt für Denkmalpflege in München. Hauptkonservator, Leiter des archäologischen Gebietsreferates Oberbayern. Fachpublikationen.

Literatur

»Waren die Deutschen Cannibalen?«

G. Behm-Blancke: Zur Funktion bronze- und früheisenzeitlicher Kulthöhlen im Mittelgebirgsraum. In: Ausgrabungen und Funde 21, 1976.

Ders.: Höhlen-Heiligtümer-Kannibalen. Leipzig 1958.

C. Colpe: Theoretische Möglichkeiten zur Identifizierung von Heiligtümern und Interpretation von Opfern in ur- und parahistorischen Epochen. In: Vorgeschichtliche Heiligtümer und Opferplätze in Mittel- und Nordeuropa. Göttingen 1970.

St. Flindt: Die Lichtensteinhöhle bei Osterode, Landkreis Osterode a. Harz. Eine Opferhöhle der jüngeren Bronzezeit im Gipskarst des südwestlichen Harzrandes. In: Die Kunde N.F. 47, 1996.

Ders.: Die Lichtensteinhöhle – eine Kultstätte der jüngeren Bronzezeit bei Osterode. In: NNA Berichte 2/1998.

M. Geschwinde: Höhlen im Ith. Urgeschichtliche Opferstätten im niedersächsischen Bergland. Hildesheim 1988.

G. Graichen: Das Kultplatzbuch. Ein Führer zu den alten Opferplätzen, Heiligtümern und Kultstätten in Deutschland. Hamburg 1988.

W. und L. Lindenschmit: Das germanische Todtenlager bei Selzen, Mainz (1848) 1969.

R. Maier, F-A Linke: Die Lichtensteinhöhle bei Dorste, Stadt Osterode am Harz. In: Ausgrabungen in Niedersachsen. Stuttgart 1985.

W.-E. Peuckert, H. Pröhle: Harzsagen. Bad Harzburg 1957.

H. Polenz: Überlegungen zur Nutzung westfälischer Höhlen während der vorrömischen Eisenzeit. In: Karst und Höhle 1982/83. München 1983.

E. Probst: Deutschland in der Bronzezeit. München 1996.

P. Schauer: Urnenfelderzeitliche Opferplätze in Höhlen und Felsspalten. In: Studien zur Bronzezeit. Festschrift für W.A. v. Brunn. Mainz 1981.

H. Schmidt: Globalisierung. Stuttgart 1998.

Grabraub per Internet

S. Dusek: Das Problem der Raubgräberei in Thüringen. In: Archäologisches Nachrichtenblatt 2, 1997.

J. Faßbinder/W. Irlinger: Luftbild und magnetische Prospektion zur Erforschung einer keltischen Viereckschanze bei Oberframmering, Stadt Landau a. d. Isar, Landkreis Dingolfing-Landau, Niederbayern. In: Das archäologische Jahr in Bayern, 1995.

Gegen die Raubgräber. Hrsg. Deutsches Nationalkomitee für Denkmalschutz.

W. Irlinger/L. Kreiner: Brennpunkt: Kriminell und kenntnisreich. In: Archäologie in Deutschland 2/1998.

D. Plank: Kolloquium »Archäologie und Raubgräberei«. Denkmalpflege in Baden-Württemberg 22, 1993, 174 ff.

Raubgrabungen zerstören das archäologische Erbe. Wiesbaden 1995 (Archäol. Denkmäler in Hessen 127).

Hitlers geheime Raketenfabrik

V. Bode, G. Kaiser: Raketenspuren. Peenemünde 1936-1996. Augsburg 1997.

M. Bornemann: Geheimprojekt Mittelbau. Vom zentralen Öllager des Deutschen Reiches zur größten Raketenfabrik im Zweiten Weltkriegs. Bonn 1994.

U. Brunzel: Hitlers Geheimprojekte in Thüringen. Zella-Mehlis 1995.

F. Dittmann, J. Michels: Die »Mittelwerk GmbH«. Im Kohnstein bei Nordhausen. Kelbra 1992.

J. Neander: Das Konzentrationslager Mittelbau in der Endphase der NS-Diktatur. Clausthal-Zellerfeld 1997.

Titanic der Ostsee

Bundesarchiv Freiburg, Untersuchungs-Akten betreffend den Untergang S.M.S. Wacht, RM 51/v 417, 1901.

H. Drescher: Mittelalterliche Bronzegrapen in Lübeck. In: Der Wagen (1968).

Th. Förster: Die Methodik der Prospektion und Dokumentation von Unterwasserfundstellen am Beispiel von sechs Wrackstellen des 16.–20. Jahrhunderts vor Rügen und Hiddensee. Leipzig 1994 (unveröffentlichte Diplomarbeit).

Ders.: Entdeckung einer Schiffssperre aus dem frühen 18. Jahrhundert. In: Nachrichtenblatt für Unterwasserarchäologie 3 (1997).

Ders.: Ein Schiffsfund aus dem 14. Jahrhundert in der Ostsee vor Hiddensee. In: Nachrichtenblatt für Unterwasserarchäologie 4 (1998).

E. Gröner, Die deutschen Kriegsschiffe. Bonn o.J.

Ein Wunder muß her!
H. Angerer/H. Wanderwitz (Hrsg.): Regensburg im Mittelalter – Beiträge zur Stadtgeschichte vom frühen Mittelalter bis zum Beginn der Neuzeit. Regensburg 1995.

Die Tempelburg von Kap Arkona
K. Coblenz (Hrsg.): 825 Jahre Christianisierung Rügens. Altenkirchen 1993.
P. Feist: Der Burgwall am Kap Arkona. Berlin 1995.
A. Haas: Arkona im Jahre 1168. Stettin 1925.
R. Piechocki: Kap Arkona. Putbus auf Rügen 1997.

Atlantis des Nordens
A. von Bremen: Bischofsgeschichte der Hamburger Kirche. In: Ausgewählte Quellen zur deutschen Geschichte des Mittelalters. Freiherr-vom-Stein-Gedächtnisausgabe, Bd. XI, Darmstadt 1961.
W. Filipowiak, H. Gundlach: Wolin. Vineta. Die tatsächliche Legende vom Untergang und Aufstieg der Stadt. Rostock 1992.
K. Goldmann, G. Wermusch: Vineta. Die Wiederentdeckung einer versunkenen Stadt. Bergisch Gladbach 1999.
H. von Bosau: Slawenchronik. In: Ausgewählte Quellen zur deutschen Geschichte des Mittelalters. Bd. XIX, Darmstadt 1963.
G. Jacob: Arabische Berichte von Gesandten an germanische Fürstenhöfe aus dem 9. und 10. Jahrhundert. Berlin und Leipzig 1929.
C. Schuchhardt: Arkona, Rethra, Vineta. Berlin 1926.
Vineta. Sagen und Märchen vom Ostseestrand. Rostock 1965.

Das blaue Geheimnis
N. Engel: Stollen und Schächte der Blaugräber von Wallerfangen an der Saar. In: Der Anschnitt 46 (1994), Heft 6.
G. Müller: Zur Bergbautechnik des historischen Bergbaus bei Wallerfangen/Saar. In: Der Aufschluß 9 (1967).
Ders.: Zur Diagnose römischer Bergbauspuren im Buntsandstein des Saar-Moselraumes. In: Der Anschnitt 20 (1968), Heft 1.
H. Rücklin: Die alten Azuritbergwerke in der Umgebung von St. Barbara. In: Abhandlungen zur Saarpfälzischen Landes- und Volksforschung 1 (1937).
R. Schindler: Studien zum vorgeschichtlichen Siedlungs- und Befestigungswesen des Saarlandes. Trier 1968.

A. Weyhmann: Der Bergbau auf Kupferlasur (Azur) zu Wallerfangen a. d. Saar unter lothringischen Herzögen (1492 bis 1669). In: Wirtschaftsgeschichtliche Studien, 1911, Heft 1.

Der Keltenfürst vom Glauberg

F. Fischer: Frühkeltische Fürstengräber in Mitteleuropa. Mit zwei Beiträgen von J. Biel. Sonderheft Antike Welt (1982).

O.-H. Frey/F.-R. Herrmann: Ein frühkeltischer Fürstengrabhügel am Glauberg im Wetteraukreis, Hessen. Bericht über die Forschungen 1994-1996. Mit Beiträgen von A. Bartel, A. Kreuz, M. Rösch. In: Germania 75 (1997).

A. Haffner (Hrsg.): Heiligtümer und Opferkulte der Kelten. Sonderheft Archäologie in Deutschland (1995).

F.-R. Herrmann/O.-H. Frey: Die Keltenfürsten vom Glauber. Archäologische Denkmäler in Hessen 128/129 (1996).

F.-R. Herrmann: Keltisches Heiligtum am Glauberg in Hessen. Ein Neufund frühkeltischer Großplastik. In: Antike Welt 29 (1998).

Archiv im Matsch

K.-E. Behre, P. Schmid: Das Niedersächsische Institut für historische Küstenforschung. Wilhelmshaven 1998.

K.-E. Behre: Kleine historische Landeskunde des Elbe-Weser-Raumes. Stade 1994.

Ders.: Küstenvegetation und Landschaftsentwicklung bis zum Deichbau. In: J. L. Lozán u.a.: Warnsignale aus dem Wattenmeer. Berlin 1994.

Naturraum Kulturraum, Landschaftsgeschichte und Besiedlungsentwicklung südlich der Nordsee, Begleitheft zur Ausstellung des Niedersächsischen Institutes für historische Küstenforschung, Bremerhaven 1993

Der versunkene Wald

O. Ullrich, D. Wirtz, J. Vollbrecht: Archäologische Untersuchungen im Tagebau Reichwalde. In: Sächsische Heimatblätter 1999.

Jäger der Urzeit

Hartmut Thieme, Reinhard Maier: Archäologische Ausgrabungen im Braunkohlentagebau Schöningen. Helmstedt 1995.

Troja in Oberschwaben

E. Keefer: Die Suche nach der Vergangenheit. 120 Jahre Archäologie am Federsee. Stuttgart 1992.

Ders.: Rentierjäger und Pfahlbauern. Stuttgart 1996.

F. Keller: Die keltischen Pfahlbauten in den Schweizer Seen. Zürich 1854.

H. Reinerth: Das Federseebecken als Siedlungsland des Vorzeitmenschen. Schussenried 1922.

H. Schlichtherle (Hrsg.): Pfahlbauten rund um die Alpen. Stuttgart 1997.

Archäologie in Baden-Württemberg. Stuttgart (Jahrbuch).

Die Erfindung der Archäologie aus dem Geist der Ruine

G. Forster: Ansichten vom Niederrhein. Hrsg. von G. Steiner. Frankfurt/Main 1989.

Alexander von Humboldt: Ansichten der Natur. Hrsg. von H. M. Enzensberger. Nördlingen 1986.

E. Kleßmann: Die deutsche Romantik. Köln 1979.

F. Schiller: Über naive und sentimentalische Dichtung. In: Werke in drei Bänden, Bd. II. Hrsg. von H. G. Göpfert. München 1984

F. Schlegel: Rheinfahrt. In: Deutsche Landschaft. Hrsg. von H. J. Schneider. Frankfurt/Main 1981.

Personen- und Sachregister

Stichwörter in *Kursivdruck* bezeichnen Werktitel, *kursiv* gesetzte Seitenangaben verweisen auf Abbildungen.

317

318

Bildnachweis

K. Andrews: 86/87, 94 links und rechts, 96, 97, 98

K. Barthel: 91

J. Bauer: 112, 116, 117 links und rechts

Bayerisches Landesamt für Denkmalpflege: 36/37, 42, 43, 45; Fotos O. Braasch: 39, 46, Foto E. Keller: 111

Bildarchiv Preußischer Kulturbesitz: 148/149, 154, 157, 159, 162

A. Böhm: 164

A.T. Da Silva: 11, 14, 17, 19

Deutsches Bergbau-Museum, Bochum: 177

O. Dreyer-Eimbcke: 151, 152

Nach Faßbinder/Irlinger (1995): 48, 51

Faustus: 119

Federseemuseum Bad Buchau: 274/275

G. Floto: 128/129, 132, 134 links und rechts, 136, 137, 139, 143, 234/235, 238 links und rechts, 239, 243, 246 links und rechts, 247, 251 oben und unten, 253, 254

Gäubodenmuseum Straubing: 58, 60, 62

M. Gentzel: 64/65, 68, 70, 74, 76, 81

Dr. Thijs van Kolfschoten (Rijksuniversiteit Leiden): 256/257

Landesamt für Denkmalpflege Hessen, Wiesbaden: 198, 212; Fotos O. Braasch: 194/195, 197, Fotos M. Bosinski: 203, 210, 213, Foto

P. Will: 208, Foto U. Seitz-Gray: 205

Landkreis Osterode am Harz – Kreisarchäologie: 8/9, 22, 24

Lichtbildstelle der Stadt Regensburg, Foto P. Ferstl: 124 links

Musée d'Art et d'Histoire, Genf: 283

Museum der Stadt Regensburg, Foto: J. Zink: 108/109, 122, 124 rechts, 126

Niedersächsisches Institut für historische Küstenforschung, Fotos D. Nüsken: 214/215, 218, 219, 225, Fotos R. Kiepe: 231, 232

Niedersächsisches Landesamt für Denkmalpflege: 33; Fotos P. Pfarr: 259, 266, Fotos Christa R. Fuchs: 260/261, 265, 272, Foto Michael Meier: 269

A. Plöger: 27, 30, 145, 169

P. Prestel: 50, 55, 170/171, 185, 186, 188, 288, 291, 292 links und rechts

Reichsarchiv Stockholm: 89

O. Ritter: 223, 227, 228, 230

R.R. Schmidt: Jungsteinzeitsiedlungen im Federseemoor. Augsburg 1930-1937: 295

Stadtverwaltung Bad Buchau, Foto Marion Benz: 278

Ullstein Bilderdienst: 84, 85

Prof. G. Weisgerber: 174, 178, 180, 182, 184, 192, 193

Württembergisches Landesmuseum Stuttgart, Foto Hendrik Zwietasch: 286

WZ-Bilddienst: 102, 104